本书出版受"中央高校基本科研业务费专项资金"
（项目批准号20720151258、项目编号ZK1059）
与"双一流"人文社会科学提升计划专项经费资助

寻踪觅迹

重访西方文明的
历史坐标

丁晓君　著

厦门大学出版社
XIAMEN UNIVERSITY PRESS

国家一级出版社
全国百佳图书出版单位

图书在版编目（CIP）数据

寻踪觅迹：重访西方文明的历史坐标 / 丁晓君著
. -- 厦门：厦门大学出版社，2024.12
ISBN 978-7-5615-9266-3

Ⅰ. ①寻… Ⅱ. ①丁… Ⅲ. ①西方文化-概况 Ⅳ.
①K103

中国国家版本馆CIP数据核字(2024)第017287号

责任编辑　高奕欢
责任校对　郑鸿杰
美术编辑　李夏凌
技术编辑　许克华

出版发行　厦门大学出版社
社　　址　厦门市软件园二期望海路 39 号
邮政编码　361008
总　　机　0592-2181111　0592-2181406(传真)
营销中心　0592-2184458　0592-2181365
网　　址　http://www.xmupress.com
邮　　箱　xmup@xmupress.com
印　　刷　厦门市竞成印刷有限公司

开本　889 mm×1 194 mm　1/32
印张　12.375
字数　300 千字
版次　2024 年 12 月第 1 版
印次　2024 年 12 月第 1 次印刷
定价　83.00 元

厦门大学出版社
微信二维码

厦门大学出版社
微博二维码

题　记

如果文明是颗种子，那它是"啪"的一声就发芽了吗？还是需要在土里沉睡多年，蓄满了阳光的能量才冒出来的呢？

如果文明是面镜子，那我们该如何捕捉古代文明的影子呢？我们是要找到属于它的那束阳光，回到它的那片残垣断壁，趁它不注意将它拦腰抱起吗？

序

  时代有它行走的方式，名士有他行走的姿态。谢灵运穿着木屐，李白策着白马，济公打着蒲扇，孙悟空驾着筋斗云；徐霞客、乾隆皇帝、希罗多德、哈德良皇帝、福楼拜、拜伦、毛姆、亚历山大·洪堡、华兹华斯、狄更斯、海明威皆是名扬天下的行者。时至今日，越来越多同胞行至欧亚大陆的最西端或太平洋的东岸，然而，若想重访西方文明各个时期的文化坐标该从何开启？如何开启？文明古迹对我们说着什么悄悄话？

  人类文明的起源可追溯到大河文明。大河文明是以农业文明为基础、自给自足的文明模式，两河流域、古埃及、中国、古印度文明皆是如此。随后，欧洲的爱琴海文明与古希腊文明开启了海洋文明。因为海岛面积狭小，资源单一，所以相较于农业文明，海洋文明的发展取决于物资交换的频率与广度，于是海洋文明走向了扩张与侵略。古罗马文明虽然是从台伯河边发展起来的，然而鉴于它的半岛位置与文化特质，古罗马紧紧跟随了古希腊的海洋扩张，最终将古希腊、古埃及、两河流域的区域全部纳入帝国版图内，还将疆域扩大到大西洋东部与北海，将地中海变为其内湖。西罗马帝国灭亡之后，西方文明的火炬在西欧各王国接力，最终英国从群雄逐鹿中胜出，将西方文明沿着文艺复兴开拓的航道拓展到了位于大西洋西岸的美洲与太平洋的大洋洲。

中华文明是唯一未曾中断的古老文明，中文作为其载体亦是沿用至今的古代文字。作为中国人，如今面对西方文明的多次断裂与传承——文明中心的变迁、语言的更替、艺术样式的嬗变，不禁要问：这其中有没有一条可以把握的脉络？答案是肯定的。

法老文明的古迹神韵、古希腊社会的人文情怀、意大利半岛的建筑与绘画，深深影响了欧洲文明。当我们去认识这些文化符号、感受它们的审美旨趣，不但能通晓、辨析西方文化的美学要素与流变过程，更重要的是还能吸收异质文明的养分，促进中华文明在全球化时代的自我更新。而认识英文的来龙去脉，是了解英国对西方乃至世界的独一无二的馈赠，解锁英国对世界格局的影响力来源与发展进程，进而将我们的焦点过渡到当代西方文明的强国——美国。美国短暂的历史没有产生可与西方文明各高峰相媲美的古迹，然而美国梦的内涵与其呈现方式，让我们看清美国的闪光之处与其无法自拔的黑洞、它对世界的贡献与它的霸权野心。

全球化在每一个时代的巅峰时刻都存在过，譬如两河流域的以色列人摩西在埃及的宫殿里长大，希腊的陶瓶在意大利出土，欧洲"条条大路通罗马"。当今信息社会的全球化，虽然在一定程度上使得人类的生活水平不断提高，但是资本操控带来的极大恶果便是对自然资源的过度采撷，对地球环境的极度破坏，贫富悬殊加剧，民粹主义抬头，种族矛盾激化。受三年新冠疫情的影响，全球产业受到重创，西方国家通货膨胀，民族、种族、阶层不稳定因素的冲突加剧，暴力事件激增，社会治安下滑。西方文明发展到现在，巅峰之后开始走下坡路。物质的极度丰富无法解决一部分人的穷困潦倒与毒品成瘾；科技的昌明也无法解答人生的终极价值问题。特别在上帝的约束式微之后，科技理性越来越疏离人与自我的关系，西方自由意志造成极端化行为与排他的危险性思维，对他者文明的排挤与误解无处不在，西方文明越来越实现其局限性。然而不容置疑的是，西方文明在各个历史时期的顶峰阶段，都曾经创造出令人惊叹的艺术形式，不断拓展着人类智慧的边界。

西方文明的轨迹包括了交换、买卖、侵占、殖民，其共性是流变。在交换中，不管是人员的迁徙、商品的买卖、语言的传播与相融，文明样式的继承与改造，都蕴含着思维的碰撞，沉淀着智慧的结晶。探访西方文明洗礼下的辉煌古迹，仿佛在千年之后听它重述自己的故事，而在这样的行走与阅读中，我仿佛一瞬间老去，又在每一次心有所悟中重新焕发生命力。

古迹不只是一座座被文明照亮的"石雕"，更是一处处邀请我们关联它们的圣地，在此朝圣之路上，我们与世界文化的土壤产生了新的联结。

本书的断代基本参考了《大英百科全书》，但历史分期总是存在分歧和争议，同时囿于笔者行走有限，历史坐标有挂一漏万之嫌，历史时期也不像历史著作那般完备，请读者明鉴与见谅。

Contents 目录

第一篇　古埃及神韵访

第二篇　古希腊情怀说

第三篇　意大利建筑论

第四篇　不列颠英语谈

第五篇　美利坚筑梦纪

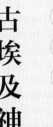

第一篇

古埃及神韵访

尼罗河

——非洲大地上的一朵莎草花

　　不论如何，探访西方文化，第一站得去尼罗河！这并非要深入阿拉伯世界的埃及，而是探访那曾经深刻影响过欧洲的法老文明。古埃及文明诞生于公元前3000年左右的尼罗河畔，后与古希腊、罗马文明产生了深刻碰撞，直接影响了西方雕塑、建筑、医学的发展。尼罗河到底是怎样一条神秘的大河呢？

　　抵达卢克索国际机场后，马不停蹄跳上大巴向南朝阿斯旺驰骋，突然听有人惊呼"尼罗河！"，才发现不知何时窗外挂着一条蔚蓝色的隽秀带子，在棕榈树叶子的缝隙里若隐若现。这条宛若山间小溪般清巧恬静的河流，是世界第一长河吗？邀请我卷起裤腿、摸鱼抓虾的这条河流，是历史上那条波澜壮阔、鳄鱼出没的尼罗河吗？

　　从地图上看，尼罗河宛若盛开在撒哈拉大沙漠里的一株莎草花；尼罗河与埃及本地植物纸莎草（造纸原料）象形耦合，可谓鬼斧神工。

图 1-1　尼罗河泛舟（邓万莉 / 摄）

希腊人见纸莎草花序伞梗神似倒立的希腊字母 Δ，便以 Δ 命名下埃及，音译出来即 Delta（三角洲）。

　　尼罗河全长 6670 千米，在埃及境内也有 1500 千米（相当于北京到长沙的距离），两岸古迹鳞次栉比，从上埃及的阿布辛贝神庙到阿斯旺的菲莱神庙，再到卢克索的埃德福神庙、帝王谷、王后谷、卢克索神庙和卡纳克神庙以及上下埃及交汇点的孟菲斯，直至吉萨的胡夫金字塔和地中海港口城市亚历山大（见图 1-2）。古埃及的文化遗址全部坐落于尼罗河边，尼罗河的地位可见一斑。公元前 2000 多年，《尼罗河赞歌》便记录了古埃及人对埃及生命源头的礼赞：

　　尼罗河汛期将至，献祭的物品备好，盛大的节日也制定了，飞禽、野兽、圣洁的火种整装待发。祭尼罗河，也祭诸神。尼罗河啊，人们赞美你，正如赞美诸神！

　　尼罗河——你的炙热，令人畏惧；你的威严，叫人敬畏。尼罗河，你的馈赠，不可名状！

来吧，万物富庶！来吧，万物富庶！尼罗河啊，你的到来，土地肥沃、果园茂盛；你的到来，羊群肥美、富饶盈门。来吧，万物富庶，尼罗河啊，来吧，万物富庶！①

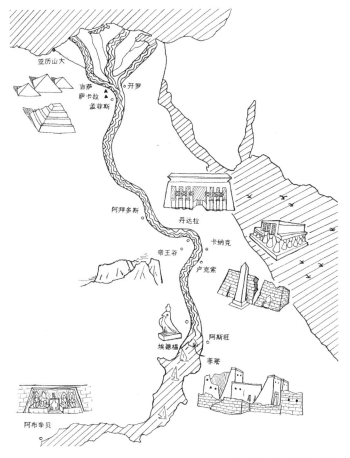

图 1-2 埃及古迹分布示意图（刘文瑾／绘）

---

① Digital Egypt for Universities, "The Hymn to the Nile Flood, " https://www.ucl.ac.uk/museums-static/digitalegypt/literature/floodtransl.html, accessed on Oct.1, 2023. 若无特殊说明，本书译文均为笔者译。

　　尼罗河自古以来即是埃及的交通要道，更在神话传说中占据了举足轻重的地位。我们听说神祇乘坐豪船从尼罗河东岸渡到西岸，宗教仪式里托运神祇塑像的工具也是船只，古埃及人的墓葬壁画和墓葬物品里也经常出现亡者坐船去奥西里斯（Osiris）故乡阿拜多斯（Abydos），接受后者审判的景象。传说埃及主神奥西里斯是埃及第一任法老，教导埃及人种植庄稼，深受百姓爱戴。不料其弟塞特（Seth）起了嫉妒之心，暗中设计陷害。塞特按照奥西里斯的身形，偷偷定制了一个精美箱子，宣称谁能躺进这箱子，这礼物便归他所有。毫无防备的奥西里斯踏入箱中后，便被反锁投入尼罗河，一路漂流到地中海东岸的叙利亚。其妻（妹）伊西斯（Isis）历经千辛万苦，终于找到丈夫的遗体，将之运回埃及。不料，塞特再次出手，将奥西里斯的遗体碎尸万段。伊西斯并未放弃，巧施魔法将散落在尼罗河里的夫君尸体碎片一一收集并复原，历时 70 天制成第一个木乃伊。随后，她受孕生下荷鲁斯（Horus）。不出所料，荷鲁斯长大之后，为父报仇，从叔父手里夺回统治权，成为埃及第二任法老，而奥西里斯复活之后则荣升为埃及冥王。此后，埃及历代法老以受荷鲁斯佑护为荣，而法老驾崩之后都得做成奥西里斯木乃伊的样子，接受冥王的审判。

　　奥西里斯与荷鲁斯的浅浮雕在神庙上比比皆是，足以彰显其在古埃及文化中的中心地位。奥西里斯的塑像头戴埃及的白色王冠，两侧插着飘逸的鸵鸟羽毛（也称"阿特芙冠"，是奥西里斯的主要特征），手中紧握连枷与镰刀手杖，这些元素无不昭示他作为牧羊人与统治者的双重身份。而他的肤色更是充满了象征意义。神秘莫测的黑色象征尼罗河肥沃的土地，生机盎然的绿色则象征庄稼的丰收与周而复始的生命。这些色彩不仅是对奥西里斯在尼罗河传奇经历的写照，更是古埃及人对自然、生命与死亡的独特理解。读者朋友，你是否也对奥西

图 1-3 奥西里斯塑像（俞鳕 / 绘）

里斯的肤色充满好奇与想象？那么，不妨拿起你的彩色铅笔，为这位神秘又神圣的神祇（图 1-3）补上肤色吧！古埃及壁画与塑像都曾浓墨重彩，请你也来当回画师，为奥西里斯的饰物装饰一新吧（配色可参考图 1-4 的莎草画）。当然，别忘了给奥西里斯画上眼线，黑色眼线其实是古埃及人为了减少晃眼而采取的眼部防晒措施，没想到这么符合现代人的审美。相信经过这番精心涂色，你更能体察古埃及浮雕的魅力，更能认识这位神祇在古埃及文化中的重要地位。

图 1-4　古代壁画影响下的当代埃及莎草画（丁晓君／摄）

今日造访埃及，依然取道尼罗河，尼罗河经过岁月的冲刷和现代化水坝的建立，呈现出一种静谧与温柔的美。湛蓝的河水潺潺而流，丝毫不觉行在水上。我在游轮的庇护下躲避骄阳，纵览大河两岸那鳞次栉比的庞大古迹群，激动的心情与 18、19 世纪初次见到古埃及建筑的欧洲探险家无异，埃及是个奇迹！

阿加莎·克里斯蒂（Agatha Christie）的悬疑小说《尼罗河上的惨案》改编成电影之后，开启了近代国人对埃及的念想，然而电影只是简单地在埃及取几个外景，与埃及深厚的文化并无太多联系。尼罗河的故事啊，与神祇、法老、神兽三位一体的神话思维息息相关，它远非一部悬疑片所能涵盖。

　　本书要探访的古埃及神韵，可以理解为以神为主体的雕塑、建筑、绘画奇迹。动物图腾与法老崇拜构成了古埃及造型艺术的永恒主题，而其五彩缤纷的着色风格似乎是在向沙漠的单一环境发起挑战。古埃及人在尼罗河东岸建立起高耸入云的神庙，歌颂神祇与法老的丰功伟业，在尼罗河西岸，他们修筑了扑朔迷离的陵墓，为法老铺设永生之路。在生与"永生"之间，尼罗河生生不息。在这里，巨石与水波刚柔并济，沙漠与大河携手同行，共同歌唱着古埃及文明的生命韵律。

　　如今，我们站在这里回首那段辉煌的历史，尝试用心感受尼罗河的涛声，倾听古埃及的呼吸。

古王国

约前 2543—约前 2120 年

金字塔

——法老尊荣的象征

　　从开罗到吉萨 30 分钟的路程里，有一个问题在我脑海中挥之不去，既然图册、电视、网络媒体上已不乏金字塔的影像，还有必要跋山涉水拜谒真身吗？正想着，三座金字塔的身影赫然现身于一览无遗的黄沙之上，其规整的几何造型仿佛三只雄鹰威风凛凛地注视着广袤贫瘠的利比亚沙漠，也傲视着我这个来自远方的旅人。

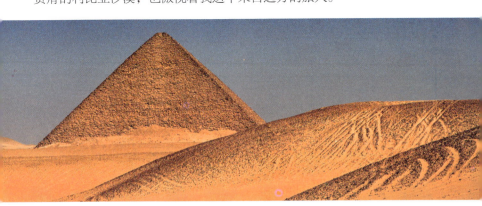

图 1-5　金字塔（邓万莉／摄）

我迫不及待走近胡夫金字塔，渴望一睹其真容。时值中国早春二月，埃及却骄阳似火。烈日杲杲下我顺着金字塔的边缘仰望苍穹，天界遥不可及。埃及人称胡夫金字塔为"胡夫地平线"，这个称呼蕴含着古埃及人的信仰。相传太阳神每日从冥界探出头来，法老通过"地平线"与太阳同时升起。《金字塔铭文》描述得更为形象：国王脚踏阳光（金字塔的坡面）抵达天庭，与太阳同辉。金字塔这束从天上洒落到人间的阳光，给广袤无际的黄土画上了一个光洁永恒的惊叹号！

金字塔由巨石堆积而成，它无与伦比的体积象征着法老的至高权力。洁白的石灰石涂层包裹起斑驳的石头棱角，在太阳底下熠熠生辉。斗转星移，金字塔涂层已被后世的统治者挪为他用。我轻轻触摸着金字塔那饱经风霜的"脸庞"，感受着它沧桑的"容颜"，想象它曾经的青春岁月。在那个遥远的时代，法老的尊贵形象并非像信息时代的领袖那样活跃在报刊、电视、网络上，而是深深投射在他用石头构建的宏大陵墓群上，将他的尊严与荣耀封存万年。法老与秦始皇建造陵墓的思路有着异曲同工之妙，他们的墓地同样不允许孤独地存在。宏伟的胡夫大金字塔面前有他的专属"车库"——泊船坑，用于停泊他在尼罗河的代步工具。他妻子的小金字塔、家族陵墓群、两座法老神庙则静静地守护在他的身旁。再远处，还有建造金字塔的工厂与工人居住地，他们的劳作铸就了这座不朽的传奇。

法老陵墓的形态建构与建筑选材有何深厚的寓意呢？第三朝法老左塞尔王创建于萨卡拉的阶梯金字塔奠定了这个传统。这座金字塔由长方形石块上下堆叠而成，不仅象征着国王统一上下埃及的伟业，更寓意着法老借由这金字塔的阶梯，升空于璀璨的群星之中，就位为天之骄子。金字塔的四个方向精准指向东南西北，恰如天体在地面的投影，彰显着法老与天地之间的紧密联系。第四朝开朝法老斯尼夫鲁，对金字塔的形制进行了深入的探索与尝试。曲金字塔、红金字塔以及美杜姆金字塔，都是他在代赫舒尔和美杜姆等地留下的宝贵遗产。最终，他成功发明了经典的金字塔形状，这一形制在后来的胡夫大金字塔中发展到极致，达到威严的巅峰。为了体现法老的永恒与不朽，法老的"永生之梯"选用了难以风化的石灰岩作为建材。这种材质在烈日与风沙的洗礼下，依然能够保持其坚固与不朽，塑造出永恒之梯的雄伟体积感，确保人们仰望金字塔时，对法老的神威产生深深的敬畏之情。

若说金字塔是法老的象征符号，那法老到底长什么模样？从公元前3000多年的盾形祭祀物件"纳尔迈祭盘"可一窥法老尊容（见图1-6）。只见埃及第一王朝法老纳尔迈头戴圆锥形的白色王冠，抡起武器，揪着敌人正要击打下去。纳尔迈的形象与他面前的俘虏、身后的随从形成鲜明对比：尊贵的法老体形魁梧、装束考究，腰上系着一条奇特的公牛尾巴，敌人则卑躬屈膝，衣不蔽体。正在羞辱敌人的老鹰神也是埃及法老的化身，老鹰神荷鲁斯拴了一根绳子系在俘虏鼻子上，俘虏背上伸出6根纸莎草，据说每根纸草代表数字1000，6根代表法老俘虏了6000人。祭盘上端正中央则是法老的象形文字，由上下两部分组成，下部表意"宫殿"，这是"法老"的本意，上部表音，由"鲶鱼"（nar）与"凿子"（mer）表示，组合在一起就是纳尔迈的发音。象形文字两端的母牛女神哈索尔（Hathor），作为法老保护神荷鲁斯的妻子，象征着法老的权力。祭盘的下部再次强调了半裸的敌方俘虏。由此可见，古埃及的文物，无论是小巧的祭祀物件还是宏伟的金字塔，都无一不诉说着法老唯我独尊的君主意志。至于纳尔迈祭盘有什么功用呢？原来，这片63厘米高的泥沙岩薄片，是埃及人每天打磨矿石制作化妆品的用具。果然，古埃及人是爱美的。

图 1-6　纳尔迈祭盘（刘文瑾 / 绘）

　　夜幕低垂，金字塔声光秀正式拉开帷幕。在苍茫的暮色里，狮身人面像屹立于巍峨的大金字塔前，声情并茂地将古埃及历史娓娓道来（见图 1-7），现代科技则将绚烂多彩的埃及文字与壁画以鲜活生动的方式投影到了金字塔上。我们这些来自天涯海角的游人静静地坐在这里，忘了自己的来处，任凭象形文字恣意舞蹈，绽放古埃及文明神秘的智慧之光。在这梦幻般的知识洗礼中，我感受到一种莫名的敬畏——似乎法老透过金字塔斑驳的容颜、伟岸的身躯还在俯视着我们。

图 1-7　晚霞映照下的狮身人面像（丁晓君／摄）

中
王
国

约前 1980—约前 1760 年

十二朝的文学丰碑

　　吉萨大金字塔内部是否有文字？回答是否定的。大金字塔建于公元前2560年前后，是古王国第四朝法老胡夫留给世界的石筑"光束"。几百年之后，从第五朝最后一位法老乌纳斯（Unas）开始，金字塔内才有各种象形文字的咒语，护送法老进入永生之旅。

　　记得是在大英博物馆，我有幸结缘了古埃及文字。当我揭开厚厚的展品帘幕，微弱的灯光映照出莎草纸上复杂而迷人的文字。这些图像文字一笔一画地跨越了无数世纪，却依旧散发着生命的光芒，我不禁为之动容。博物馆虽为我们提供神游古文明的便利，但剥离了地理环境的神庙镌刻与棺椁铭文，终究让人觉得隔靴搔痒，不是个滋味。如今在开罗的莎草纸作坊里，我终于见识了世界上第一张纸的制作工艺。纸莎草是一种充满神秘与智慧的植物，它的形态与诸多古埃及文化元素映照，仿佛是大自然赋予古埃及人的一份独特礼物。纸莎草的茎部呈三角形，线条优雅而有力，末端"盛开"的花序则像辐射的太阳光，让人联想到古埃及神话中的太阳神。我不禁暗暗赞叹，金字塔的形状与寓意，似乎早已经蕴含在古埃及的植物里，它们共同构成了古埃及文化的独特符号。只见工人熟练地将莎草去皮，将里面的纤维削成条状。这些纤维经过干燥和去糖分的处理后，变得柔软而富有韧性。然后工人按照经纬交叉的方式将纤维编织在一起，压在石头下静置两周左右。就这样，一张张轻薄而坚韧的莎草纸便诞生了。用纸莎草制成的莎草纸，防水耐高温，几千年都能保存完好，怪不得纸莎草（papyrus）是英文"纸"（paper）的词源。

中王国时期的金字塔棺椁之上，铭刻着庄严的象形文字，它们向走向永生的灵魂宣告："坟墓，是以正义之石精心构筑的安息之所"，"道德，方为人生的丰碑"。当亡者步入冥界，他们将接受冥王的审判。冥王奥西里斯将亡者之心与正义女神那轻盈的羽毛置于天平之上，以衡量其重量（见图1-8正义女神头顶的鸵鸟羽毛）。倘若亡者之心重于那羽毛，便会遭受野兽的吞噬，永生之梦也将随之破灭。金字塔铭文教导古埃及人，若想获得通往永生的宝贵通行证，此生必须恪守做人的基本原则：

我绝不贪婪无度，亦不窃取他人财物；

我未曾伤害他人，亦非冷血刽子手，更不借他人之手行凶；

我绝不无故加重他人之负担，亦不侵占孤儿的微薄财产；

我言语诚实，不斥责他人，不争吵不休，不无故控诉，不恃强威吓；

我轻声细语，慎重发言，绝不轻率，更不说无用之话；

我耳根清净，不听信谗言，不与人眉来眼去，更不自大狂妄；

我性格温和，不刻薄待人，不狂躁易怒，更不诉诸暴力；

我尊重真理，不在背后中伤他人，始终秉持正直之心。[①]

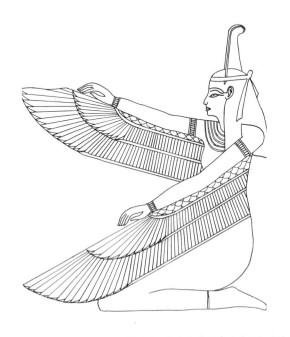

图 1-8　正义女神玛特（壁画）（苏玮铭／绘）

头戴白色鸵鸟羽毛的正义女神玛特（Maat，意为"直立"）正是这种道德信念的化身。她搭乘父亲太阳神的神船白天行过天空，夜晚渡过"冥界"，辅佐父王打败神兽，伸张正义。她也是开启永生之旅的"翅膀"，被赋予秃鹰的双翼（见图 1-8），常伴奥西里斯左右。感兴趣的读者，请为正义女神着色，让她守护真善美的翅膀大放异彩吧。

由此可见，中王国永生的意义，与其说指向永恒，不如理解为对

① Jan Assmann, *The Mind of Egypt: History and Meaning in the Time of the Pharaohs*, trans. Andrew Jenkins. Cambridge, MA: Harvard University Press, 2003, pp. 165-166.

现世的深刻观照。正如中王国故事《人与其灵魂之辩》所描述的那样，灵魂（Ba）敦促"人"马上受死，接受审判，由此进入永生，而后者却立志好好经营此生，用合适的礼节敬拜神，不虚度光阴，不着急到达彼岸。一番争论过后，灵魂被说服了，他说这好比有一个人辛勤耕作，收割满满后装在船上，与家人一起回家。不料，傍晚时分，突如其来的暴风雨打翻了船只，妻儿尽失。他坐在岸边痛哭："我并非痛哭那逝去的生命，惋惜他们不能重生回到我的身边，让我难过的是那潜在母腹的宝宝，他们尚未降临世间体验生命，就已经离去……"①可见，古埃及人已经意识到审判与永生的意义不在自身，而是在追求永生的过程中人所获得的道德修养与人生体验。

墓葬文化一直是古埃及文化的重中之重，古王国的金字塔建筑即为明证。在古王国时代，唯有法老可通过金字塔的永生阶梯，与太阳神一起每日升起，生生不息，而普通老百姓只能通过合适的墓葬到达"美丽的西岸"，却没有永生的资格。中王国时代宗教思想深化发展了，不管贵为法老还是贱为草民，经历审判之后，人人都有永生的资格。这一时期的死亡观在《埃及人辛努赫》（"Story of Sinuhe"）中得到了深刻的诠释。辛努赫跟随太子塞索斯特利斯（Sesostris）远征利比亚，不料宫廷政变，法老阿门内姆哈特一世（Amenemhet I）遇害。为了躲避不必要的牵连，他转道两河流域阿穆恩希的部落，凭着聪明才智获得国王的赏识当了驸马。后来他老了，乡愁难抑，归心似箭，最终感动神祇，让他回到埃及埋葬在法老的土地上。这个故事体现了墓葬文化与永生之路对于古埃及人的核心价值，同时映射了埃及十二朝开始殖民的史实。有学者认为，辛努赫的故事是希伯来《圣经》中摩

---

① Jan Assmann, *The Mind of Egypt: History and Meaning in the Time of the Pharaohs*, trans. Andrew Jenkins. Cambridge, MA: Harvard University Press, 2003, p. 175.

西形象的原型。

　　埃及中王国对人生意义的思考已经超越了对永恒建筑物如金字塔的追求，转而更加注重精神层面的修养与道德境界的提升。这时的埃及文化开始树立神祇是众生的心灵归属与效忠对象的信念，正如《效忠法老手册》（*The Loyalist Instruction*）所示："巴斯特神（Bastet），是上下埃及的保护神，效忠他的必受佑护；违抗他的，必遭诅咒。"[①]古王国时期，法老就宣称自己是神祇化身，鼓吹法老统治的合法性。第五朝祭师的儿子以"拉的儿子"称谓篡位，此举有着划时代的意义，开启了法老是太阳神"拉"的儿子的传统，这个理念在中王国得到了最大的发展。正如中王国文献所述，神祇惩恶扬善，是正义的源头、是非的标准、生命的主宰。作为神祇的儿子，法老以神祇的正义，建立自己的统治根基。

　　中王国的铭文与故事告诫古埃及人当珍视现世，以高尚的道德风范获得永生的凭证。这些镌刻于神庙与灵柩、誊写在莎草纸上的象形文字，犹如埃及的"文学古迹"，永垂不朽。可以毫不夸张地说，中王国树立了一座伦理高度堪比金字塔的文学丰碑，它跨越时空，流传千古。

---

① Digital Egypt for Universities, "The Loyalist Instruction," https://www.ucl.ac.uk/museums-static/digitalegypt/literature/loyalist/text.html, accessed on Nov. 1, 2023.

新王国

约前 1539--约前 1077 年

哈姬苏祭庙

——木乃伊「作坊」

　　埃及历史的脉络，我们该如何记忆？史学家将法老统治埃及的时期分为早王朝（第一、二王朝，约前3000—约前2543年）、古王国（第三至六王朝，约前2543—约前2120年）、中王国（第十一、十二王朝，约前1980—约前1760年）、新王国（第十八至二十王朝，约前1539—约前1077年）、托勒密王朝（前305—前30年）等五大主要时期，其间穿插着外族入侵与内战。初学者不必拘泥于年代，从个人感兴趣的历史人物与名胜古迹入手，以点带面理解埃及文化内核即可，比如法老哈姬苏（Hatshepsut，也译哈特谢普苏特）的传奇经历与卓越贡献是什么，她开创了哪些埃及奇迹。

　　从卢克索，即新王国首都底比斯（Thebes），乘船来到尼罗河西岸，再搭乘汽车，短短10分钟后，一座气势恢宏的庙宇便映入眼帘。这座迄今为止保存最好的古埃及祭庙，属于十八朝一位杰出的女性。埃及自古有个传统，皇帝一旦驾崩，太子继位，而皇后则会承担起摄政的职责。图特摩斯一世（Thutmose I）驾崩之后，其女哈姬苏嫁给同父异母的兄长图特摩斯二世。图特摩斯二世体弱多病，英年早逝。太子图特摩斯三世即位，由皇太后哈姬苏摄政。不想七年后，哈姬苏宣布自己为法老，派太子远征，开始与太子共同治理埃及十四年的女帝时代。

这位面带微笑的埃及"武则天"，戴上象征法老权威的胡子，下令在尼罗河西岸的巨石之下开凿一座祭庙建筑。哈姬苏祭庙分上下三层、由坡道相连，向着山脉徐徐而上，开阔恢弘。祭庙的不远处，她的御用建筑师兴建了自己的祭庙，据说两处祭庙间还有秘密通道相连，暧昧关系不言而喻。

祭庙是制作法老木乃伊的庙宇，是墓葬文化不可分割的一部分。埃及人深信尼罗河西岸——太阳西沉之地是生命的彼岸，因此哈姬苏祭庙的选址与金字塔相似，均位于西岸。为了迎接来世，逝者的遗体必须保持完整，并精心制作成木乃伊，整个过程耗时超过两个月。首先，首席祭司头戴象征葬礼神阿努比斯的豺狼面具，在其他祭司的协助下，对遗体进行准备工作和防腐处理；彻底清洗遗体之后，祭司使用特制的钩子从鼻孔中取出大脑并弃置一旁，因为当时他们并未了解大脑的重要性；随后，从遗体侧面切开一个小口，取出胃、肺和肾脏等器官，用布仔细包裹后存放在特制的容器中，除了心脏，其他所有器官都会被移除；接着，祭司将含有碳酸钠的特殊盐混合物撒在遗体上，经过四十天的自然干燥，遗体将完全脱水；最后，脱水后的遗体会被填充布料、锯末或沙子，并用亚麻布层层包裹，完整的木乃伊就制作成功，并将运往帝王谷深处的陵墓进入"永生之路"。

哈姬苏祭庙对西方文化的贡献显著，其中最为突出的便是其独特的柱子设计。在祭庙的第一层北翼，为亡灵祭祀神阿努比斯所建的神殿中，那六边形柱上方独特的四方形柱头设计，是古希腊的多立克柱头的先声，比后者早了大约 1000 年。事实上，埃及的多立克柱最早出产在中王国十一、十二朝省官员的陵墓（位于贝尼哈桑），比古希腊早 1500 多年。再往前追溯，第三王朝法老左塞尔王的御用建筑师创建的精美纸莎草柱头与简洁的柱身凹槽设计，比古希腊的多立克柱式早 2000 年之久。法老建筑堪称古希腊建筑的启蒙导师。祭庙第二层的母牛女神柱（见图 1-9），在雅典卫城厄瑞克修姆神庙的女神柱上得到了回响（见图 2-14）。母牛女神哈索尔作为亡灵的佑护神，在古埃及人的信仰中占据着举足轻重的地位。尤其在后期，哈索尔甚至与伊西斯合为一体，作为爱情女神受到更为广泛的崇拜。哈姬苏，作为第一位称帝的女性法老，经常标榜与母牛女神的关系，以彰显自己的慈爱与母性。母牛女神柱上的母牛女神，有两只夸张的牛耳（取母牛以乳汁哺育后代的寓意），头戴象征爱情与幸福的打击乐器摇铃王冠，似乎正在为埃及法老祈福。请为母牛女神柱头（见图 1-9）涂上不同的颜色吧，别忘了摇铃正

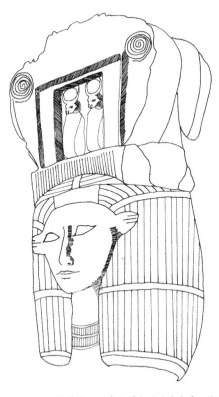

图 1-9　哈姬苏神庙的母牛女神柱头（马文康／绘）

中代表神祇的神蛇标记哦。

与其他神庙不同，哈姬苏神庙上居然找不到法老的雕像。原来，图特摩斯三世通过铲除哈姬苏的痕迹，确保了他儿子阿蒙霍特普二世（Amenhotep II）而非哈姬苏的后代继承王位。这种铲除法老塑像、抹去名字的做法，在埃及历史上屡见不鲜，令人不禁感叹石头上的那千古记忆竟也成了一种选择性记忆。那有多少历史，是一种选择性书写呢？

哈姬苏，这位非凡的女性，既是法老的女儿、姐姐，也是王后、母后，更是法老本身。与武则天类似，哈姬苏的权力源自男性，然而她的政治抱负在一个男权世界里得到了承认，这是了不起的成就。世间很多女性的名字得以流传，往往是因为她们与英雄有着千丝万缕的联系，譬如中国的四大美人，又如西方的海伦。这些佳人的传奇背后，无不隐藏着男权在上的政治眼光与权力关系。然而，哈姬苏的祭庙在历史的长河中屹立不倒，最终为她树立了一座石筑的丰碑，让后世得以铭记这位伟大的女性统治者。

作为古埃及几千年历史上首位女法老，哈姬苏所建造的祭庙开启了埃及庙宇建筑的鼎盛时代，开创了埃及建筑史上的新奇迹。

图特摩斯三世方尖碑

——君权神授的「明信片」

收到朋友从喀什寄来的明信片，被南疆枢纽的风土人情深深震撼了。古埃及文化的形象输出，亦有它独特的"明信片"。猜猜是什么？

埃及的文物中，在世界分布范围最广的就要数方尖碑了。罗马皇帝统治埃及的时候，就把重达几百万吨的方尖碑水运到罗马。之后的两千年，方尖碑所代表的皇权，沿着尼罗河、地中海、大西洋、太平洋，抵达罗马拉特兰教堂广场、巴黎协和广场、伦敦泰晤士河畔和纽约中央公园，被各国统治者挪为己用。散落到西方世界各个角落的方尖碑，无言地控诉着古埃及的被殖民史。

方尖碑诞生于尼罗河三角洲的太阳城（Heliopolis），两两成双地矗立于神庙入口，底座呈正方形，碑身笔直挺拔，顶部的一小镀金金字塔在阳光照耀下熠熠生辉。方尖碑代表创世之初的石头，是太阳神的一个象征符号。浮雕上戴着牛角圆盘或者羽毛王冠的太阳神（见图

图 1-10　图特摩斯三世方尖碑顶部
（申屠青／绘）

1-10）有很多位格，比如狒狒代表日出日落，冥神奥西里斯代表太阳神的夜晚冥界之行，圣甲虫代表战胜冥界的敌人之后的重生与周而复始，而金字塔则代表太阳的光芒与永生之梯。方尖碑由整块石头开凿而成，我曾见到一块在开采过程中有了裂缝而遭丢弃的方尖碑。对这块代表创始之石的石碑，古埃及人的认真程度可见一斑。

哈姬苏女王的继子图特摩斯三世的方尖碑（见图 1-10）原是卡纳克神庙的一部分，高达 30 米，后遭破坏，塌缩了十几米。图特摩斯三世在位期间，埃及的疆界得到了极大的拓展，它北起幼发拉底河上游的卡赫美士城，南至努比亚境内的尼罗河第四瀑布（今埃塞俄比亚境内），成为历史上第一个地跨北非和西亚的大帝国。亚述和巴比伦都被迫同埃及修好，巴比伦还将公主远嫁图特摩斯三世为妃，两个历史最久远的文明中心第一次以联姻的形式相结合。图特摩斯三世的方尖碑记录了图特摩斯三世在幼发拉底河岸大败米坦尼（Mitanni）的丰功伟绩。方尖碑上图特摩斯三世跪着向头戴羽毛王冠的太阳神献祭，图特摩斯三世的官方称呼与出生名字的象形文字被包裹在椭圆形的漩涡花饰内，这是法老的特殊标志。碑身正文则以太阳神的口吻颂扬了法老的向外扩张犹如"公牛""鳄鱼""狮子""老鹰""豺狼"般勇猛：[1]

> 我派遣你，征服那遥远的西部
> 克里特与塞浦路斯岛在颤抖
> 你如同公牛，威严凶猛
> 你的犄角，利剑般犀利
> 你的脚步，雷霆般轰鸣
> 势如破竹
>
> 我再次派遣你，征服寒冷的北方
> 米坦尼的勇士在战栗
> 你如同鳄鱼，冷酷无情
> 你的眼神，深渊般深邃，
> 你的力量，巨浪般汹涌，
> 所向披靡

君权神授的意志在图特摩斯三世方尖碑的铭文上得到了充分体现。法老以太阳神为名对外征服，也与太阳神一起出死入生。图特摩斯三世的陵墓内壁上，雕刻着一本《冥界之书》（*Amduat*），完整记载

---

[1] M. Lichtheim, *Ancient Egyptian Literature* (Vol. II), Berkeley, CA: University of California Press, 1976, p. 37.

了太阳神在冥界十二区域历时十二小时的旅行。头戴牛角圆盘、手持权杖的太阳神，在爱情女神、母牛女神哈索尔（右）和老鹰神荷鲁斯（左）的辅佐下（见图1-11），从西地平线坐船进入冥界即"阿姆特"（Amduat）。随后太阳神联合众神祇，打败各路仇敌，与冥神奥西里斯合二为一，在十二小时后从东边变成甲壳虫重生。图特摩斯三世让手下将这个故事图文并茂地镌刻在墓壁上，象征法老受太阳神佑护，安全穿过冥界获得重生的过程。埃及象形文字与壁画浮雕水乳交融，难以分清文字与图画的边界。感兴趣的读者，不妨尝试用彩色铅笔给神祇上个颜色，特别是他们的头饰，这会加深你对埃及诸神的印象。

图1-11　《冥界之书》中太阳神进入冥界的场景（局部）（俞鳕／绘）

以色列领袖摩西很有可能是被哈姬苏领养，在图特摩斯三世时期出埃及的。据《圣经》记载，巴勒斯坦闹饥荒，以色列人到埃及避难，沦为奴隶，耶和华纪念以色列人，降下十次大灾，拣选摩西带领以色列人出埃及。不过关于以色列人在埃及的经历，埃及文献有截然不同的说法。据埃及历史记载，是以色列人群出现传染病后遭到驱逐。而我们现在知道在中王国之后，埃及曾遭巴勒斯坦人的入侵和殖民，以致十三至十七朝全是外族执政。摩西率以色列人出埃及，对以色列民族是上帝庇佑以色列游牧民族的确证；对埃及而言，则是图特摩斯三世驱逐殖民者的胜利。谁说书写，是一支笔一张纸那样简单呢？

立下赫赫战功的"埃及拿破仑"图特摩斯三世的一座方尖碑怎么会从埃及的卡纳克神庙移动到小亚细亚的伊斯坦布尔？个中缘由说来话长。

公元 357 年，罗马皇帝君士坦丁二世为纪念登基二十周年，决定将一对拔地参天的图特摩斯三世方尖碑沿着尼罗河运往亚历山大港。其中一座在当年秋天转运到罗马，竖立在马克西姆赛马场，罗马皇帝这一不辞千里、耗资不菲的举动足见方尖碑对统治者的魅力。方尖碑成了罗马皇帝展示权力和荣耀的工具。另一座方尖碑则在公元 390 年被罗马皇帝狄奥多西一世从亚历山大港，运到君士坦丁堡的赛马场上。狄奥多西一世为这座红色阿斯旺花岗岩制成的方尖碑加上了白色大理石底座，底座上面镌刻了他为马车比赛的胜利者颁发胜利花冠的场面。底座上还用拉丁语与希腊语铭文交代了它的来历与建造时间。图特摩斯三世这座方尖碑被挪用到东罗马帝国首都，在很长一段时间里成了君士坦丁堡的明信片。幸亏方尖碑以及底座上的三种文字帮我们鉴别了它的前世今生，也让我们看到文物挪用也是一门政治语言。当我们在君士坦丁堡见到这座方尖碑，有多少人还在乎太阳神在"创始之石"说了什么？抑或法老与后世的统治者说的是同一种统治语言？

图坦卡蒙陵墓
——帝王谷的「金矿」

出名这事，有时甚为偶然。"埃及拿破仑"图特摩斯三世开拓疆域，建立千古大业，却鲜为人知。相反，年仅 18 岁的法老图坦卡蒙（Tutankhamun）功业未建，尸骨已寒，却因他的陵墓出土众多精美绝伦的黄金象牙制品，成为最受公众追捧的法老。

新王国为了防范盗墓者，对墓葬的选址与形态进行了改革，在尼罗河西岸的巨石中开掘地下墓室，工程持续 400 多年，形成了规模宏大的帝王谷与王后谷。陵墓周围还建造了法老的祭庙（比如前文提到的哈姬苏祭庙），法老遗体经七七四十九天制成木乃伊，通过秘密隧道悄悄运往墓葬点，放入石棺，开启永生之旅。

20 世纪 20 年代，英国人卡特（Howard Carter）获准在帝王谷展开系统的挖掘，找寻图坦卡蒙的陵墓。为了这个机会，他已经翘首以盼了整整二十年。最初，他被派往埃及进行古迹的素描与油画临摹，不久便对埃及文化产生了强烈的兴趣，从此踏上了对埃及文化不懈探求的研究之旅。卡特的挖掘很有方寸，先将帝王谷分区，逐一进行细致的发掘，同时清理先前挖掘产生的垃圾，以期发现那些尚未被世人发现的墓葬。尽管法老的陵墓深藏在利比亚沙漠之中，却依然屡次遭受盗墓者的侵扰。幸运的是，图坦卡蒙的陵墓恰好被其他陵墓所覆盖，因此得以幸存。1922 年，图坦卡蒙的墓穴被发掘，这一发现震惊了全世界。如今，所有陪葬品都被精心陈列在埃及博物馆中，成为镇馆之宝。

我从海滨城市赫尔格达（Hurghada）出发，沿着红海与阿拉伯沙漠之间的公路朝开罗方向奔驰。我的右手边，翡翠般的红海晶莹透亮，高飞的海鸟清新灵动；左手处，广袤的阿拉伯沙漠沉静成一尊塑像。左右手可及之处，是一望无垠的天际，而我在碧海与黄土之间的公路上疾驶 520 千米，在一半是海水、一半是火焰的恍惚中，只为奔向一个冻结历史的虚拟时空——博物馆。

尽管在画册上一再欣赏过图坦卡蒙墓室出产的黄金家具，在埃及博物馆得见真容时，我仍然目眩神摇。图坦卡蒙的黄金睡榻、黄金面具、黄金棺椁，无论材质、设计还是工艺，皆堪称法老艺术的登峰之作。

譬如，图坦卡蒙黄金宝座椅背的浮雕展示了妻子正在给法老涂抹香水的温馨一幕（见图 1-12）。法老伉俪身着华冠丽服，含情脉脉地注视着彼此，真是"此时无声胜有声"。金光闪闪的背景巧妙地烘托出他们小麦色的肌肤、蓝色的假发和白色的服饰，每一处细节都得到精心构图与精雕细刻，充满了夫妻相敬如宾的温馨氛围。请拿出你喜欢的彩铅，为图坦卡蒙伉俪浮雕（图 1-12）上个颜色吧，用你的色彩与笔触去捕捉这份来自几千年前的温情。另一颇具故事感的文物是图坦卡蒙的象牙棋盘，质地细腻、质感温润，我仿佛见到法老尊贵又

图 1-12　图坦卡蒙法老与妻子（浮雕）（刘文瑾 / 绘）

图 1-13 图坦卡蒙墓室出土项链吊坠"荷鲁斯之眼"（俞鳕/绘）

短暂的一生在这方寸之间斗转星移。再来欣赏项链吊坠"荷鲁斯之眼"（见图 1-13）。荷鲁斯与塞特交战时不慎失去眼睛，好在母牛女神哈索尔将之复原，因此埃及人赋予"荷鲁斯之眼"佑护与治愈的神圣含义，在壁画、雕刻中反复出现。在吊坠两侧，秃鹰与眼镜蛇分别佩戴着上埃及的白色王冠、下埃及的红色王冠，象征着上埃及与下埃及的法老都受荷鲁斯护佑。在埃及文化中，神是兽，兽亦是神，神兽同形，动物崇拜在古老文明的地位举足轻重。这款吊坠上的眼镜蛇与秃鹰，同样也作为蛇标出现在法老的头巾上，它们是法老的保护神。让我们用彩色铅笔复原吊坠的斑斓色彩吧，想象一下工匠在设计、打磨这件陪葬品时所倾注的心血。

黄金家具和荷鲁斯之眼吊坠等陪葬品的精致与华美，让我对图坦卡蒙的陵墓充满了敬意。然而，当我仔细观察墓室壁画时，却颇感惊讶——壁画很粗糙。原来，因图坦卡蒙早逝，其陵墓尚未完工，便不得不借用大祭司的陵墓进行安葬。由此可见，别的法老陵墓的陪葬品也同样金碧辉煌，无非早被盗墓者捷足先登了。图坦卡蒙意外地凭借墓室完整保存而被载入史册，他的墓室出土的文物全部由埃及博物馆珍藏。

长期以来，埃及博物馆展出的文物仅占其收藏总量的百分之一。在2021 年 4 月，法老的木乃伊被安全地从博物馆旧址转移到吉萨新馆，即大埃及瑰宝博物馆（Grand Egyptian Museum，缩写 GEM，即英文"珍宝"的意思）。大埃及瑰宝博物馆占地 48 万平方千米，交通方便，与开罗地铁相连，与大金字塔有走廊相通，是全球规模最大的博物馆之一。据埃及官方透露，新馆于 2024 年全面向公众开放，将史无前例地展出图坦卡门墓室的 5000 余件陪葬品！

距今七千年的古文明，正向我们发出前所未有的邀约。谁愿与我同行?

破解塞提一世陵墓之谜

图坦卡蒙的父母是近亲结婚。在古埃及，兄妹结婚能保证王权不旁落，但是大多数法老并不高寿。科学家通过对图坦卡蒙木乃伊的扫描，发现法老长一口龅牙，这与他死亡面具上展现的完美形象相去甚远。由此可见，艺术美化统治者的做法古已有之。不过，图坦卡蒙陵墓藏品所代表的皇室财富与埃及精美工艺，却是实实在在令人叹为观止。可与图坦卡门陵墓媲美的是埃及第十九朝第二位法老塞提一世（Seti I）的陵墓，其陪葬品已经不翼而飞，壁画却完整保留了下来。

相较埃及博物馆，进入帝王谷是另一番激动人心的体验。博物馆宛如知识的宝库，虽然汇集了大量珍贵文物，却往往难以还原古迹的原始时空。而帝王谷的陵墓则像是一条色彩斑斓的时空隧道，让人仿佛穿越回了那遥远的古代。然而同样是进入几千年前的物理时空，有别于金字塔的空无一物，帝王谷陵墓的内部是一幅神圣的"史诗"画卷。在帝王谷，游客可以选择购买三座或五座陵墓的套票，根据个人兴趣从六十多座陵墓挑选。我踏入的这座陵墓，其发现时间比著名的图坦卡蒙陵墓还要早一个世纪。它被誉为帝王谷最长、最深的陵墓，在埃及学的研究中占据着举足轻重的地位。更为难得的是，这座陵墓无疑是我见过的最为迷人的陵墓。

1817 年 10 月 18 日，意大利人贝尔松尼夫妇（Giovani and Sarah Belzoni）发掘了这个陵墓。你可能认为，既然十八朝图坦卡蒙墓室出土的陪葬品震惊了世界，十九朝法老塞提一世的陵墓也一定不会逊色。可惜的是，在贝尔松尼进入陵墓的 2000 年前，已经有人将法老的木乃伊以及几乎所有的陪葬品全部转移了，只剩下美轮美奂的东方雪花膏石制作的半透明棺枢。据说干这事的正是祭师自己。值得庆幸的是，雪花膏石棺完整无损，四柱子厅神祇欢迎法老进入永生的精美壁画几千年来也新鲜依旧。贝尔松尼夫妇当下决定与画师一起对壁画进行精密写生，并从倒在地上的雕塑中提取出颜料，送回欧洲进行实验室分析，确定成分，这样可以模拟出惟妙惟肖的仿真品。1821 年 5 月，陵墓复制品一经展出，贝尔松尼一夜之间成为伦敦的风云人物。

我小心翼翼地步入塞提一世的陵墓，仰望这长达 152 米的墓室天顶画。这幅星辰与年历天顶画色泽瑰丽，构图精致，叫人惊叹。神秘的象形文字以迷人的姿态点缀其间，每一笔都蕴含着深邃的历史与智慧。200 年前，贝尔松尼夫妇面对这绝美天书并不知道这巨大的建筑属于谁，更不知道它的具体功用。直到十年后，法国人商博良踏足这片神秘之地，才揭示了这座陵墓属于伟大的塞提一世（法老的名字源自混乱之神塞特）。商博良的才华令人钦佩，13 岁时便已掌握了六门古代语言。在 1822 年，他更是成功破译了象形文字，为后世解读古埃及文明提供了宝贵的钥匙。他首先在前人工作的基础上破译了国王的名字，后者在古典作家的古希腊语记载中得到了证实。之后，他通过比较罗塞特石碑上用象形文字、通俗埃及语、古希腊语记录的同一段话，逐一确定了每个象形文字的读音，制作出了完整的象形文字字母表。借助这一方法，商博良根据贝尔松尼在阿布辛贝的发现，成功破译了"拉美西斯"与"图特摩斯"这两位著名法老的名字（见图1-14），分别意为"太阳神拉的儿子"和"书写智慧神托特的儿子"。法老名字为我们揭示了古埃及文明中神与人交织的复杂世界。

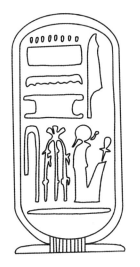

图 1-14　象形文字拉美西斯（左）、图特摩斯（右）（胡心悦 / 绘）

　　破译了象形文字的商博良可谓是埃及学的始祖，因为相较建筑，文字能更精准地记录与传达信息。公元前 13 世纪，底比斯地区德尔·麦地那（Deir el-Medina）的莎草纸卷，是这么歌颂书写员的丰功伟绩的：①

①　Digital Egypt for Universities, "Papyrus Chester Beatty IV," https://www.ucl.ac.uk/museums-static/digitalegypt/literature/authorspchb.html, accessed on Oct.1, 2023.

他们没有为自己建矿石的金字塔
亦没有立碑以铭刻姓名；
他们没有生儿育女以传后世
而是以文字为子嗣，流传千古

他们以书卷为祭师，传承智慧
石板为儿子，记载历史的篇章
在纸莎草上镌刻永恒
教训是他们的金字塔
芦苇是他们的孩子

塔门与殿堂可以倒塌
祭师也已经消逝
祭坛灰尘斑斑
墓室已被遗忘
然而他们的文字如同星辰永存

文字，作为人类智慧的结晶，不仅是沟通心灵的桥梁，更是在很多时候充当着连接不同文化心灵的纽带。也许这正是我们需要会一门外语的理由吧。

卢克索露天博物馆

文字与帝王谷陵墓建筑的相依相生，说明了什么？陵墓建筑上的象形文字既是皇家书面文字，也是祭祀文字，是王权的象征、永生的符号，而非市井交流的工具。

靠山吃山，靠水吃水。地域环境决定了习俗与文化。尼罗河作为埃及的生活通信运输要道，对埃及宇宙观的形成起到了决定性作用。东岸迎接旭日东升，西岸目送夕阳西沉。东岸乃生命的此岸，西岸为生命的彼岸。太阳升起降落，尼罗河定期泛滥，庄稼的播种与收获，季节的更替，人的生死轮回，生生不息。今天我们将目光从尼罗河的西岸移到东岸，聚焦一个"此岸"的大城市——卢克索。

偶遇卢克索，是在美国的拉斯维加斯，一个跟埃及风马牛不相及的地方。那个自诩为"卢克索"的埃及主题酒店虽然取自金字塔形状，且有威风凛凛的狮身人面像把门，进入酒店却总不是那个味。不论是博物馆还是主题酒店，山寨版的古迹哪怕按照原比例建造，终因不能展现古迹的真正空间，像极了一具缺失灵魂、不能自主呼吸的木乃伊。

造访原汁原味的卢克索，即坐落在帝王谷对岸的新王国辉煌的首都底比斯，是从空中开始的。清晨四点前赶往热气球乘坐点，四周一片寂静，只有偶尔的几声虫鸣和远处骆驼的铃铛声打破了这宁静。我深吸了一口清晨的新鲜空气，心中满怀期待又夹杂着些许恐惧。毕竟，2012年卢克索热气球坠毁事件的报道仍在我耳边回响，让我不得不小心翼翼。发现有人在不远处跟踪摄像，同伴用疑惑的表情扫了我一眼，我淡淡地回一句"大概是给每个人都录一段以防万一吧"，黎明的寒气中顿时又多了一颗跳动异常的心脏。然而，于我而言，对卢克索的期待远远超过了心中的恐惧。耳边的火焰噗哧一蹿老高，脸颊被烤得火热，热气球终于缓缓地升起。球可高可低，在低空滑行，顺畅而轻盈。云端观日出，热气球显得异常渺小，似有被太阳吞噬的感觉。热气球在空中飘浮，竟无一丝颠簸。更美妙的是，在热气球上，卢克索露天博物馆尽收眼底（见图1-15）！尼罗河东岸的卡纳克神庙、

图 1-15　帝王谷（丁晓君／摄）

卢克索神庙，西岸的哈姬苏祭庙、门农雕像、帝王谷、王后谷，清晰可见。大千世界也许很难再遇到如此壮观的人文景观了吧。热气球美妙绝伦的飞行持续了半小时，着陆非常安稳。原来摄影师跟踪我们是给我们量身定做 DV 录像，花一百埃币可购。

埃及的建筑大业是从金字塔开始的。古王国时代第三、四王朝的金字塔高达 40～60 米，里面没有铭文与壁画，至第五、六王朝，金字塔不再追求高度，墓室采用鲜艳的壁画与文字进行装饰，形成金字塔铭文。中王朝时代的金字塔在建材与设计上都有些改变，中心部分改用泥砖，为了防盗设计了迷宫式的墓室与机关，采用灵柩铭文，而不在墙壁铭文，其中最著名的要数十二朝法老阿门内姆哈特三世（Amenemhet III，约公元前 1818—1772 年）的金字塔祭庙。到了新王国时代，法老再也不建金字塔了，而将坟墓隐秘地埋藏在巨石谷中。与此同时，他们将神庙建筑推向了高峰。见证新王国神庙奇迹的非卢克索莫属。

卢克索坐拥两大神庙，卡纳克神庙居北，卢克索神庙处南，三千米长的狮身人面像大道将两者相连。卡纳克神庙是太阳神阿蒙拉的圣地。太阳神在埃及神话里有不同位格，比如，拉（Ra）代表太阳的物理外形，凯步利（Khepri）代表旭日，阿图姆（Atum）代表夕阳，荷鲁斯（Horus）代表作为统治整个世界的太阳，阿顿（Aten）代表太阳光，阿蒙拉（Amun-re）则代表宇宙的至高。在古王国，金字塔是埃及的中心事业；自中王国起，法老自诩神的儿子，建神庙敬拜神祇；在新王国，老百姓开始对城市的保护神产生宗教情感的依赖，不但法老热衷于建神庙，老百姓也开始在石头上镌刻祈祷词，在每年的宗教节日如"西岸之节"，将石头投放在阿蒙神龛路过的地方，渴望佑护。

卡纳克神庙（见图 1-16）作为"宇宙至高"太阳神的居所，其壮

图 1-16　卡纳克神庙多柱厅

观程度令人叹为观止。建造这座神庙前后历时两千多年，三十位法老
参与其中。最有建业的是十九朝拉美西斯二世（Rameses II），活到了
90 岁高龄，育有 160 个子女。拉美西斯二世兴建了气势磅礴、高耸
入云的多柱厅（见图 1-16）。这座多柱厅拥有 134 根莎草花柱子，其
中 122 根是花骨朵造型（见图 1-17 右侧），而中央 12 根盛开的莎草花
柱子竟高达 23 米（见图 1-17 左侧），每个柱头上可同时站立百余人。
来到这里，谁不被卡纳克神庙直插云霄的气势震撼，不为它精美绝伦
的浮雕而动容？在这里，还能见到大大小小的方尖碑，其中哈姬苏方

尖碑最高，即使倒在地上，也能感受到法老雄风。此外，图特摩斯三世的赫赫战功，包括他在 20 年内进行的 17 次远征，都被铭刻在卡纳克神庙至圣所的墙壁上；而他远征叙利亚带回来的动植物则被细致地再现在"节日大厅"（festival hall）的壁画上。卡纳克神庙被誉为世界第一神庙，在参天石柱下穿行，不禁喟叹古代文明的浩瀚精深。然而，由于岁月的侵蚀，它已经残缺不堪，要了解神庙的完整结构需要前往其姐妹神庙——卢克索神庙。

卢克索神庙规模虽小，但保存得完整，塔门、围柱厅、多柱厅、至圣所，由外及里，一应俱全。埃及的神庙建筑富有深意，从塔门到至圣所一路奔高，象征着创始之地的形态；多柱厅则比喻创始之地最早出现的植被；神庙周围的圣湖，起伏的土墙，喻指孕育创始之地的海洋。卢克索神庙是太阳神夫妇庆祝结婚纪念日的地方。每年，太阳神与

图 1-17　卡纳克神庙多柱厅（局部）（苏炜铭／绘）

妻子都会乘船沿着尼罗河前往卢克索神庙，以纪念他们的联姻。与许多其他埃及神庙一样，历代法老都参与了卢克索神庙的建造。如今所见的遗址，主要归功于十九朝拉美西斯二世与十八朝阿门内姆哈特三世的贡献。

拉美西斯二世的第一道塔门比较完整，只是六尊雕塑佚失了一半，两座方尖碑也落了单，其中一座被转运到了法国协和广场，成为异国他乡的风景。穿过塔门，便是宽阔的围柱厅，四周环绕着形似莎草花的柱子，优雅万分。在柱子的间隙中，矗立着拉美西斯二世的雕塑，其威严而庄重的神态彰显曾经的辉煌与荣耀。围柱厅的墙壁上，刻画着拉美西斯二世的 127 个儿子为太阳神献祭的场景。他们虔诚地献上祭品，向太阳神请示神庙塔门的设计草图。在这草图上，六座塑像与一对方尖碑清晰可见，仿佛太阳神真的认可了这个设计方案，至少在法老的心中，他是如此确信的。转身之间，便能看到图特摩斯三世与哈姬苏共同设立的三神神龛，每一处细节都透露出匠人的精湛技艺与对神灵的敬畏。

在第二道塔门的入口处，矗立着两座黑色花岗岩雕刻的拉美西斯二世塑像。他手掌朝下，平放在双膝之上，这一姿态象征着和平年代的仁政。拉美西斯二世威武的坐姿巨像，影响到古希腊奥林匹斯的宙斯雕塑（见第二篇）与美国首都林肯纪念堂的林肯塑像（见第五篇）。塔门的入口处有一处浮雕（见图 1-18）描绘了尼罗河神用纸莎草（左）与莲花（右）在象形文字"联合"（以气管与肺为象形）上打结。纸莎草代表着尼罗河三角洲区域的下埃及，睡莲代表上埃及，两者一起出现在浮雕上，在埃及随处可见，寓意着上下埃及的统一。穿过这庄严的塔门，便进入了一个多柱厅，其中 14 根莲花头（一说纸莎草）形状的柱子尤为引人注目。据说，这些柱子是为了纪念拉美西斯二世妻子

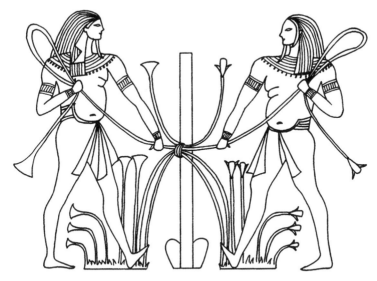

图 1-18　卢克索神庙第二道塔门的浮雕（局部）（苏炜铭／绘）

的 2 月 14 日生日而特别建造的。多柱厅比喻创始之地最早出现的植被，因此最常见的柱头装饰有纸莎草、睡莲与棕榈叶等。睡莲作为古埃及的神圣之花，有着非同寻常的象征意义。每当夜幕降临，睡莲的花瓣会缓缓闭合，沉入水中，而到了清晨，它又会苏醒过来，花瓣绽放，迎接新的一天的到来。埃及创世神话，开天辟地第一天有一株巨大的睡莲从池塘里长出来，太阳从它上面冉冉升起。这种昼夜不息的循环，寓意着生命的永恒与延续。各式纸莎草与莲花柱头示意图可见图 1-19。

　　继续前行，便来到了由十八朝法老阿门内姆哈特三世修筑的太阳神神庙。这座神庙不仅是卢克索神庙的精华所在，更是古埃及人精神世界的真实写照。其中，距今已有 3700 年历史的阿门内姆哈特三世的"出生房间"尤为引人注目。房间内，彩色浮雕精美绝伦，阿门内姆哈特三世将自己作为阿蒙神儿子的故事雕刻于此，以此宣告自己作为法老的合法性。尽管他出身并不高贵，父亲虽是法老，但母亲是亚洲人，妻子也是平民，然而他通过修建这座神庙，成功地塑造了自己

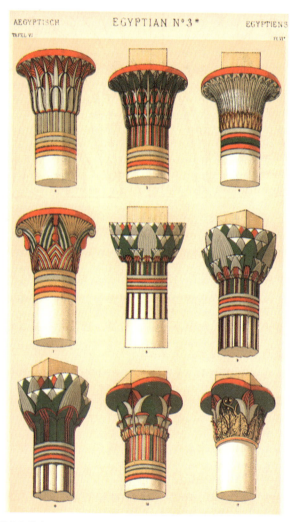

图 1-19　纸莎草与莲花柱头（插画）（Owen Jones/绘　Rawpixel/摄　版权许可：CC BY-4.0）

作为太阳神儿子的形象，从而稳固了自己的统治地位。此外，神庙内还展现了国王献祭的盛大场面，那庄重的仪式和虔诚的祈祷仿佛穿越时空，让人感受到古埃及人对神灵的敬畏与崇拜。而那些被摸得发亮的爱神男根浮雕，更是见证了古埃及人深信通过触碰神的形象便能获得神力的信仰。

再往前行，眼前竟出现了罗马时代的基督教堂遗址。这里，拱券神龛与科林斯柱子的古罗马风格，无声地诉说着不同文明之间的交流与融合。基督教堂的建立，源于神庙十米处大门口的一处遗迹，那里相传是玛利亚带着耶稣避难的地方。教堂内的玛利亚像也充分展现出典型的罗马艺术风格，其线条流畅、神态庄重，与古埃及的塑像区别很大。无独有偶，在卢克索神庙第一道庭院的左手上方，赫然屹立着一座清真寺。这座清真寺的建造背后有着一段阿拉伯人的历史。在 13 世纪阿尤布王朝（Ayyubid Dynasty，即萨拉丁创立的王朝）统治时期，卢克索庙还深埋在尼罗河的淤泥之中，鲜为人知。阿拉伯人阿布·哈加格（Abu Haggag）在朝圣途中来到卢克索，建造了哈加格清真寺。直到 19 世纪，当卢克索神庙的全貌被挖掘出来时，人们惊讶地发现，清真寺竟然凌驾在神庙庭院的地基之上，其大门离地高达 8 米！这一幕仿佛见证了阿拉伯时代的清真寺、罗马时期的基督教遗迹与古埃及神庙建筑时隔几千年的"握手"。而在这片土地上，沙漠无疑是古埃及文化的佑护神，它见证了文明的兴衰，也守护着这些珍贵的历史遗迹。

卢克索这座"露天历史博物馆"充满着哲理与智慧。尼罗河东岸的巨型神庙建筑，邀请人敬仰苍穹；而西岸深入岩洞的斑斓瑰丽的帝王谷陵墓，则让人敬畏死亡。生死大事，隔河相望又唇齿相依，这是古埃及留给世界的哲学命题！

阿布辛贝双神庙的爱情誓言

　　卢克索背后最引人注目的法老是拉美西斯二世，他的千古建业宛若文化化石，至今仍神威凛凛地矗立在神庙里。鲜为人知的是，拉美西斯二世还是位情种，他的爱情誓言亦由神庙来代言。

　　凌晨四点，我们在警车的护卫下向撒哈拉沙漠进军，瞄到沙漠的最后一颗星星，也目睹了日出的第一缕蓝光。阿布辛贝神庙距阿斯旺西南 280 千米。我曾经多次从图片上欣赏过拉美西斯二世神庙入口处四座巨大的雕像（图 1-20），却不知这座举世闻名的神庙是以情人装的形式出现的，更不知神庙四周波澜壮阔的自然环境！身临其境是多么重要啊！

　　阿布辛贝神庙是拉美西斯二世与王后奈菲塔丽（Nefertari）两座神庙的总称，是拉美西斯二世征服了上埃及的邻居努比亚之后，在尼罗河第二瀑布历时二十年树立的"政治宣言"。如同气势如虹的大将军，这座神庙巍峨耸立在沙漠巨石之上，俯瞰阿斯旺水坝形成的纳赛尔湖。

图 1-20 阿布辛贝大神庙入口

碧空如洗，黄沙漫漫，愈加凸显了浮雕石刻的人文气息。而在神庙门楣上，镌刻着这位雄才伟略、叱咤风云 70 年的法老的深情诗行："爱人啊，你尚未苏醒，世界一片漆黑，因为太阳的光芒在你的眼眸里！"

据说，一个唤作阿布辛贝的孩子带领贝尔松尼发现了这座雄伟的神庙，因此得名。1817 年 8 月 1 日，贝尔松尼进入神庙，太阳正冉冉升起，他灵光一闪，意识到每年的 2 月 21 日与 10 月 21 日，太阳将精准地照亮神庙入口内 56 米处的至圣所四座塑像中的阿蒙神、拉神和拉美西斯二世，而底比斯冥王普塔神（Ptah）将永远处于黑暗中。如此巧夺天工的设计在埃及所有神庙中是独一无二的。建筑的方位之所以与太阳光在这两个日子重合，则是为了纪念拉美西斯二世的生日与加冕纪念日，可谓用心良苦，埃及艺术确实是象征的艺术。

仰仗贝尔松尼在阿布辛贝神庙的辛勤收集、详细记录和精确临摹，后人才有幸目睹蓝色大柱子厅的壮丽风采（见图 1-21）。在这个大厅中，南侧的拉美西斯二世佩戴着上埃及的白色王冠，装扮成奥西

图 1-21　阿布辛贝拉美西斯二世大神庙的柱子厅（俞鳕／绘）

里斯木乃伊的形象（图 1-21 左），而北侧的拉美西斯二世则戴着象征上下埃及统一的红白王冠（图 1-21 右），这展现了国王统御全国的威严。拉美西斯二世那雄伟的人形柱，不仅深深影响了丹达拉的母牛女神神庙，还间接地影响了地中海北岸的古希腊神庙，比如希腊卫城的女神像柱廊（见图 2-14）。不妨将这个大柱子厅涂上蓝色吧，还原拉美西斯二世的绝美风采。

　　阿布辛贝最著名的壁画，要数刻画埃及与两河流域赫梯帝国的卡迭石战役的那一幅。拉美西斯二世头戴蓝色战帽、张弓拔弩的姿态流传至今（见图 1-22），后世将军肖像的经典姿态，比如拿破仑策马的画像，可以追溯到此。埃及浮雕与壁画的程式化特点在这里展现得淋漓尽致。拉美西斯二世遵从"正面律"，脸与下半身是侧面，而眼睛与上半身是正面，这个审美程式在埃及几千年的壁画里有着惊人的一致性。拉美西斯二世还与赫梯国王签订了最早的国际停战合约。作为先例，这个合约的复制品被联合国珍藏。

阿布辛贝小神庙，即皇后奈菲塔丽神庙，入口处有六尊塑像，其中四尊是拉美西斯二世，另外两尊分别是皇后与母牛女神。母牛女神是荷鲁斯的妻子，也是法老（法老自称是荷鲁斯的儿子）的母后。奈菲塔丽神庙的独特之处是拉美西斯二世将皇后雕像塑造得跟自己等高，这可是给予夫人的最高荣誉。埃及艺术是以比例大小来区分地位尊卑的，多子多福的拉美西斯二世果然具有细腻过人的情愫！

图1-22　头戴战争蓝冠的拉美西斯二世（苏炜铭／绘）

托勒密王朝

前305--前30年

老鹰神庇护下的埃德福神庙

·

　　新王国之后的七百多年，埃及遭遇了新一轮的内战、分裂、外族侵略，努比亚人和波斯人先后登上了埃及法老的宝座，破坏多，建设少，这段历史暂且不表。公元前 332 年，马其顿国王亚历山大征服埃及，在埃及地中海沿岸建立了以自己命名的亚历山大城。他逝世之后，他的将领托勒密夺取埃及并建立托勒密王朝（前 305 年），开启了埃及的希腊化时代。埃及的希腊化时代，将当时西方世界的霸权文化希腊文化与埃及本族文化相结合，对新王国的神庙实行了继承与改造，实现了埃及与西方世界的第一场对话。

　　马其顿亚历山大大帝从波斯手中夺取埃及之后，恢复了对阿蒙神的崇拜，并以"宙斯－阿蒙之子"自诩。希腊托勒密王朝紧随亚历山大的步伐，重建了被波斯统治者破坏的神庙建筑，恢复了动物崇拜与神像雕刻。托勒密王朝将希腊与埃及的文化相联合，新创塞拉匹斯神（Sarapis），是埃及主要神祇奥西里斯、普塔、阿蒙、拉的合体，将它等同于希腊主神宙斯。

　　埃德福（Edfu）坐落于卢克索与阿斯旺之间，从卢克索往南溯流而上，希腊人称之为"阿波罗神与老鹰神的合体"（Apollonopolis Magna）。据埃及神话，此地是荷鲁斯的出生地，亦是荷鲁斯大败塞特为父报仇的福地。法老在公元前两千年就选址在此建神庙，献给老鹰神。

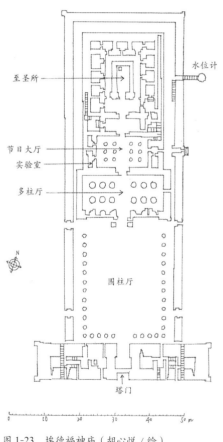

至圣所——

水位计

节日大厅

实验室

多柱厅

N

围柱厅

塔门

图 1-23　埃德福神庙（胡心悦／绘）

　　今日得见的埃德福神庙（见图 1-23）由托勒密三世始建于公元前 237 年，历时 180 年竣工，规模继卡纳克神庙位居埃及第二，亦是埃及保留最完整的神庙之一。我们从卢克索坐船到了埃德福之后，乘坐马车一路往西，才抵达这个曾经被泥沙埋了两千年的美丽古迹。

　　迎接我们的是高达 36 米的塔门，气势磅礴，浮雕展示了托勒密三世击打敌人的经典构图。塔门两侧矗立着头戴上下埃及王冠的老鹰雕像。老鹰神的浮雕与壁画在神庙建筑中比较常见，而雕塑实属稀有，吸引大家频频驻足照相留念。可惜，神庙入口的方尖碑与两排狮身人面像已不见踪影，只能靠卢克索神庙前的狮身人面像想象埃德福神庙的恢弘入口了。

穿过塔门进入宽阔的围柱厅，各式棕榈叶形状的柱头（见图1-24）与卢克索神庙的纸莎草柱头相比，造型更为"柔软"。更浪漫的是"老鹰神与母牛女神会面"浮雕，记录了两位神祇"鹊桥相会"的情景。母牛女神住在卢克索以北60千米的丹达拉（Dendera），荷鲁斯居住在卢克索以南100千米的埃德福，每年坐船在卢克索碰头，双双来到埃德福相聚，这

图 1-24　埃德福神庙棕榈柱头

个时候百姓就奉献祭品祭物，庆祝新年，历时两个礼拜。据记载，埃及艳后与罗马将军凯撒在此结婚，生下凯撒二世。

正如埃及大多数神庙，埃德福也是历代法老不断修葺而成，现存的建筑是多个神庙的叠加。"节日大厅"即第二个"多柱厅"的壁画仔细记录了建造神庙的原料、步骤与过程，也刻有托勒密五世向母牛女神请示，请求父亲老鹰神批准神庙动工的画面。节日大厅左侧的香精实验室则是制作香精与线香的工作坊。配方一目了然地列在墙上，构成了精美壁画。埃及最重要的香精工业，便源自这幅壁画。法国人商博良发现了这个重要信息并翻译出来，将香精工艺传

到法国，便是法国香水业的起源。

神庙的深处是一个漆黑的至圣所，创始之初的石头尚在，上面镌刻着史前的芦苇，据说老鹰神从一开始就栖息在此。位于至圣所与外墙之间的回廊是老鹰神的复仇街，长长的壁画廊刻画了老鹰神为父报仇的故事。塞特乘坐的石船沉没，塞特变身成了河马，老鹰伺机用剑戳死了他。每逢过年，埃及法老戴上老鹰（一说狼神）的面具鞭打河马，惩恶扬善，这便是世界最古老的话剧。

埃及神庙以太阳神神庙居多，埃德福神庙是少有的建在尼罗河西岸奉献给老鹰神的神庙，保存完整、规模宏大，对理解埃及神庙的布局大有益处，也是找寻老鹰神崇拜意象的终极目的地！

水上爱情神庙

　　若说埃德福神庙在黄沙中沉睡了两千年才得以完整封存，那么菲莱（Philae）神庙在20世纪的大半个世纪沉没于阿斯旺的水库中。1960年，这座托勒密王朝留下的神庙从菲莱小岛被迁移到距原址500米远的小岛，得以与世人重新相见。尼罗河在这里柔情万种，像一条面纱，将菲莱掩映在或隐或现的水波之中。

　　菲莱这座被水域环抱的爱情神庙（见图1-25）没有卡纳克神庙宏大，没有阿布辛贝双神庙雄伟，亦没有

图1-25　暮色下的菲莱神庙塔门（丁晓君／摄）

埃德福神庙浑厚，在埃及相当男性化的建筑里显得独树一帜。此地是埃及努比亚地区重要的母亲神伊西斯让丈夫奥西里斯起死回生的地方，也是埃及的治愈圣地，因此伊西斯被赋予生殖女神和复活女神的名号，位居埃及女神之首。希腊人统治埃及之后，将埃及母亲神与希腊爱神融合于一体，称此地为"伊西斯-爱芙罗狄忒"（Isis-Aphrodite），建菲莱神庙（"菲莱"即是希腊文"爱情"的意思）。罗马皇帝接管埃及之后，延续了希腊殖民者的传统，为菲莱神庙添砖加瓦。

菲莱神庙塔门的浮雕精致且完整（见图 1-26），描绘了托勒密

十二世（Ptolemy XII Neos Dionysos，埃及艳后之父）一手揪着敌人头发，一手举起棍子作击打状的攻敌瞬间。从"纳尔迈祭盘"到托勒密时代的神庙，时光已经推进 3000 年，而我们居然见到同一个意象，可见法老时代的艺术样式基本是固定不变的。古埃及文明的一大特征就是不管是希腊人还是罗马人当上了法老，埃及最古老的传统与文字都根深蒂固（阿肯那顿法老曾经尝试一神教的宗教改革，未能成功）。然而，正因为古埃及

图 1-26　托勒密十二世（浮雕）（苏炜铭／绘）

文明的悠久历史和不断传承，法老们为了彰显自己的权威和地位，常常会"僭越"古迹，抹去前任的名字，刻上自己的名字，这使得历史的断代变得相当复杂。对比两千多年前埃及第一朝法老的纳尔迈祭盘（见图1-6），希腊人雕刻的托勒密十二世透露着古希腊雕塑的精神，它舒展的四肢与站立的姿势不禁让我想起高举三叉戟的海神波塞冬。同时，法老的王冠也发生了变化。托勒密十二世头戴"三阿特芙冠"（triple Atef crown），也称"号角冠"，代表交战时候的呐喊，这是自十八朝开始启用（如图坦卡蒙，见图1-12）、流行于托勒密王朝的王冠，而纳尔迈的白冠则是从第一王朝启用的头冠。

罗马皇帝采取的民族融合政策更为彻底，他们尊重并接纳各种宗教信仰，见神就拜。菲莱神庙门楣上雕刻着哈德良皇帝双手捧着祭品，向手持生命钥匙与莲花手杖的伊西斯献祭的场面（见图1-27）。哈德良皇帝的象形文字在两个椭圆形徽章纹内可找到。你看哈德良皇帝佩戴着象征奥西里斯的阿特芙冠，辅以公羊圆盘的头饰，完全埃及化了。在新王朝之后，伊西斯女神已经与母牛女神哈索尔的形象融合在一起，因此这里她戴着哈索尔的牛角太阳头饰。伊西斯的象形文字含义是"国王之妻"，象形文字用"王位宝座"表示，她的浮雕有时也以头顶一王位宝座作为装饰。浮雕整体风格模仿埃及，然而人物面庞五官能察觉非埃及的模样，尤其是伊西斯女神的面庞，明显圆润，与先前所见到的埃及雕像在比例上有所不同。这种微妙的差异，展现了罗马与埃及两种文明的融合。

菲莱神庙中的图拉真凉亭，据考是罗马皇帝图拉真所建，这座凉亭内摆放着一艘精美的豪船。据说伊西斯女神乘坐此船前往奥西里斯复活之地阿拜顿（Abaton），以拜谒丈夫的祭庙。图拉真凉亭的棕榈柱头精雕细琢，比卢克索的柱头更加细腻，更为优雅。而出生房间墙壁

图 1-27　哈德良皇帝献祭（浮雕）（俞鳕/绘）

上镌刻着伊西斯给荷鲁斯哺乳的浮雕，史学家认为这是基督教圣母子像的原型之一。

　　菲莱神庙是古埃及文明与古希腊古罗马文明完美融合的杰出代表，同时也体现了埃及文明对西方文明的深远影响。伊西斯－爱芙罗狄忒女神集魔法、忠贞、美貌于一身，献给她的菲莱神庙既端庄秀丽，又纯真浪漫。菲莱神庙的选址也独具匠心，它坐落于尼罗河的小岛上，与伊西斯女神巧施魔法将夫君奥西里斯的尸体碎片从尼罗河中复原的神话故事相呼应。这一选址不仅赋予了神庙神秘而浪漫的色彩，还将人文与自然结合起来，共同讲述那个充满温情的古老故事。

埃及魅影

世界第一长河在埃及开通的生命动脉，滋养着尼罗河两岸的古迹，而阿拉伯沙漠与撒哈拉大沙漠在东西两侧护卫着神庙殿宇。埃及文化游览采取什么顺序比较科学，最理想的当然是按照时间顺序，依次拜访古王国的大金字塔、中王国的金字塔棺椁、新王国的神庙与帝王谷、希腊化罗马时期的神庙，不过实际操作起来有点困难。大致可以从开罗入境，率先参观大金字塔，之后搭乘飞机到卢克索拜谒神庙，然后搭乘游轮抵达卢克索南北的各个景点，最后回到开罗参观埃及博物馆。我深信，探访真实的古迹空间，体会古埃及自然环境、人文建筑、政治表达的交织相融，为鉴赏文物奠定必要的语境基础。

法老文化影响了希腊雕塑、罗马日历、西方医学与建筑的发生发展，譬如方尖碑受到罗马历代皇帝以及后代统治者的热烈追捧，连美国国父华盛顿的纪念碑也模仿了其造型，而死亡面具则被移植到威斯敏斯特寺的皇家灵柩上。19世纪拿破仑入侵埃及，发掘埃及古迹，开启了现代埃及学，成立欧洲博物馆的埃及馆，于 1809—1928 年间出版的《埃及描述》长达 26 卷。也是在那个时代，英国、法国开始时兴埃及风格的建筑，比如英国西南天涯海角（Penzanze）的埃及屋的立面即为精致的埃及柱式与装饰。到了 20 世纪，随着大众媒体的崛起，埃及的木乃伊、金字塔成为网络游戏、电影电视的新宠。好莱坞巨制《法老之地》（Land of the Pharaohs）、《十诫》（The Ten Commandments）、《埃及艳后》（Cleopatra）家喻户晓。

如果世上有这么一位女王，她叱咤风云又风情万种，既是文人笔下的小精灵，又是政客嘴上的红颜祸水，她便是埃及艳后克利欧佩特拉（Cleopatra）。克利欧佩特拉到底何许人也？她的木乃伊至今下落不明，塑像也寥寥无几。除了凯撒之外，记载她的作家有罗马历史学家普鲁塔克、大普林尼，后来英国作家乔叟、莎士比亚，爱尔兰剧作家萧伯纳都被她深深吸引，通过文学虚构将她塑造得楚楚动人。普鲁塔克记录了女王偷偷地藏在袋子里，由挑夫运进凯撒的住所，她敏捷的头脑、风趣的谈吐，让罗马将军惊为天人："她的美并不在于外表如何惊人，而在于那令人着迷的谈吐。"萧伯纳的《凯撒与克利欧佩特拉》将他们的第一次会面安排在狮身人面像前，女王丰富的见识、天真烂漫的性情、银铃般的声音跃然纸上。莎士比亚则细致刻画了安东尼与克利欧佩特拉的恋情。与屋大维大战之后，安东尼败北而逃，风闻女王已死，随即自刎；女王将受了重伤的安东尼用绳索运上她隐居的小楼，抱着他直至咽气。屋大维要求克利欧佩特拉戴着镣铐参加他在罗马的凯旋仪式，女王不堪此辱，偷偷用毒蛇结束了自己传奇的一生。

其实，埃及艳后是一个以讹传讹的误译。克利欧佩特拉七世诞生于亚历山大城，生于公元前 70/ 前 69 年，卒于公元前 30 年。18 岁就以法老女儿的身份与父亲一起治理埃及，父亲驾崩后她与 10 岁的弟弟联姻继续执政。克利欧佩特拉七世与她弟弟托勒密十三世、托勒密十四世和儿子托勒密十五世（与凯撒所生）治理国家的时候，因为弟弟与儿子年纪尚小，她都是排在首位的。此时，她的身份不是王后，而是女王。克利欧佩特拉七世很有政治头脑，她以"父亲的荣耀"自称，而不根据传统采用"法老的贤妻"的称号。克利欧佩特拉七世的很多塑像也是独立的，并不站在丈夫后面，体现了她女王的地位。作为马其顿人的后裔，托勒密王朝历代法老以希腊文明为荣，克利欧佩特拉七世是托勒密王朝第一个学习了埃及文字的法老，她以"伊西斯再世"为政治口号，完美融入埃及文化，获得亚历山大城埃及人的拥护。当罗马大将屋大维打败安东尼与"埃及艳后"的联军，后者双双自杀，从此埃及沦为罗马的疆域领地。古埃及历史到此结束，但是法老文化的影响，随着罗马帝国的兴起与发展得到了更广的流传。

　　古埃及的故事在尼罗河上流传了几千年，如同这条古老河流的恒久不息，象形文字也在石壁上沉默了几千年，静静地讲述着过去的辉煌与神秘。每当人们凝视这些古老而精致的象形文字时，都不禁为它们所蕴含的艺术光芒与历史价值而暗暗称奇。这是需要何等的虔诚才能将它刻写得如此精致呢？（见图 1-28）

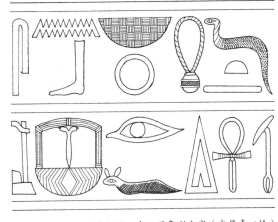

图 1-28　中王国象形文字（申屠青／绘）

当我们重访古埃及，威严雄壮的神庙不仅展示了古埃及人高超的建筑本领，更体现了他们对生命、自然和宇宙的敬畏。而神庙浮雕上色彩斑斓的神祇与法老，佩戴着公牛、甲壳虫、秃鹰、鳄鱼、母牛、眼镜蛇头饰，具有丰富的自然象征，由此古埃及的神韵可以理解为一种以动物为本的、对自然万物的瑰丽神话想象。

古希腊

第二篇

古希腊情怀说

言必称希腊

偏爱希腊，不是没有缘由的。学了半辈子的英语虽然隶属日耳曼语系，但是从词源上说受拉丁语影响最大，而拉丁语是希腊语不折不扣的继承人。古希腊时期，人们最早是以诸神来命名一周的七天。然而，随着基督教的兴起，这种做法逐渐被废弃。尽管如此，拉丁语、法语和意大利语中仍然保留着这一渊源。例如，星期五在拉丁语中被称为"dies Veneris"（维纳斯之日），在法语中为"vendredi"，在意大利语中则是"venerdì"，这些名称都源自罗马神话中的爱神维纳斯，她是古希腊爱神爱芙罗狄忒的罗马译名。英语字母表"alphabet"，由希腊语字母表头两个字母"alpha"和"beta"合成，另外诸如欧洲（Europe）、地图册（atlas）、台风（typhon）、海洋（ocean）、太阳（helio）、西风（zephyr）、天空（uranus）、空气（aero）、地理（geography）、博物馆（museum）、历史（history）莫不出自希腊语。希腊经济学家、前总理佐洛塔斯（Xenophon Zolotas）于1957年在世界银行重建与发展会议上的两次英语演讲，除了冠词与介词，所有实词的词源都来自希腊语。他说："我一直想用母语与诸君对话，现在我做到了，我讲我的语言，您听到的全是您的语言。"

2014 年的盛夏，当我踏上希腊这片神奇的土地，轻轻推开窗户，电影中的画面跃然眼前，目之所及，是一片蔚蓝，蓝得纯净、蓝得深邃。想象一下，一幅由 2000 多座大小岛屿共同勾勒出的山海画卷（见图 2-1），我不由得陶醉了。

图 2-1　希腊古迹示意图（刘文瑾／绘）

希腊的山，壮志凌云；爱琴海的洋，晶莹剔透。然而，这片土地并非富饶之地，80% 的希腊是山地，贫瘠而坚韧。交通不便使得这里的自然屏障得以保持，而这些屏障又孕育出了众多的城邦。古希腊城邦的政治形态亦各不相同，涵盖了君主制、僭主制、民主制、共和制，堪称世界政体形态的博物馆。

古希腊的地理位置较现代希腊国家更为辽阔，包括现今的希腊、土耳其小亚细亚沿岸以及意大利一部分，其历史辉煌时期甚至一度征服了古埃及。这片独特的山海地貌塑造了古希腊人瑰丽的想象力与对外部世界无尽的好奇心。在希腊东北部的马其顿与色萨利交界处，屹立着境内最高山——奥林匹斯山，海拔高达 2917 米。山上白雪皑皑，云霭缭绕，传说中便是希腊十二主神的居所。奥林匹亚诸神在这片山水间穿行，"书写"了无数神话，为后世的文学与艺术创作提供了无尽的灵感。

从欧洲文明滥觞到拜占庭文明的巅峰，古希腊文化以其深厚的人文底蕴和丰富的古迹遗址，在文学、哲学、陶艺、雕塑、建筑、民主制度等众多领域独占鳌头。米开朗琪罗的"大卫"塑像，其匀称的比例、饱满的线条、高洁的气质，无疑是对古希腊审美的复兴与致敬；相比莎士比亚的戏剧，古希腊话剧在情节与立意上更胜一筹，其深度可与蔚蓝的地中海比肩。英国哲学家怀特海曾宣称，欧洲哲学传统"是柏拉图学说的一系列注脚"[①]。黑格尔更是一语道破："一提到希腊这个名字，在有教养的欧洲人心中，尤其在我们德国人心中，自然会引起一种家园之感。"[②]古希腊的影响范围甚至超出了欧洲，也延续至今。在厦门大学，嘉庚建筑的古典柱式——建南大会堂立面的爱奥尼克柱子、群贤楼群的多立克柱子，优雅庄重，其原型均来源于古希

① ［英］怀特海著，李步楼译：《过程与实在——宇宙论研究》，商务印书馆 2011 年版，第 37 页。
② ［德］黑格尔著，贺麟、王太庆译：《哲学史讲演录》第一卷，商务印书馆 1983 年版，第 157 页。

腊。而芙蓉湖畔的戏剧小广场，更是一个迷你的古希腊剧场，我多次想象要是在那上演一部古希腊悲剧会多么美。现代奥运会点燃的圣火种子，仍然需要去伯罗奔尼撒半岛的奥林匹亚采集，因为那里是奥运会圣火的起源地。奥林匹亚宙斯神庙前永不熄灭的圣火，不仅见证了古希腊文明的辉煌，也象征着奥林匹克精神的传承与发扬。

坐落在亚非欧交界处的古希腊，诞生了希罗多德这样的旅行家。他周游列国，以独特的视角命名了古代世界的七大奇迹。[①] 奥林匹亚宙斯雕塑、罗德岛巨像、以弗所阿尔忒弥斯神庙与亚历山大城的灯塔，这些震古烁今的杰作，皆源自古希腊文明的璀璨之光。其中，菲狄亚斯历经十二载春秋精心雕琢的宙斯塑像，庄严肃穆，气宇轩昂，成为后世雕塑艺术的典范，是华盛顿特区林肯纪念堂中的林肯塑像的灵感之源。至于罗德岛巨像，虽已陨落，但其雄伟之姿仍可通过纽约港口的自由女神塑像想象一二。

我与希腊的缘分，除了钟爱它古朴的山海地貌、发人深省的古希腊悲剧、饱蘸人文情怀的雕塑与建筑，不得不提在旅途中遇到的一位希腊姑娘。那天，我站在斯巴达火车站售票处，"彻底沦为文盲"（It is all Greek to me）。英语虽然在词源上与希腊语有渊源，但是希腊语天书般的书写系统，叫人无从猜测。就在我焦头烂额之际，一位乌发及腰的"雅典娜"款款走来，笑盈盈地问："你要去哪里?"我如遇救星，畅快淋漓地描述了一番，回过神来才意识到她问的是汉语。在希腊小城市，英语都不普及，遇见说一口标准汉语的"雅典娜"，让我

---

① 希罗多德命名七大奇迹的第一手资料并没流传下来，现存资料皆经他人文献转述。另外提到古代七大奇迹的著名人物有公元前 2 世纪的古希腊诗人安提帕特（Antipater of Sidon）、亚历山大城古希腊科学家斐洛、公元前 1 世纪的希腊史学家狄奥多鲁斯（Diodorus of Sicily）等。

惊喜交加。

"我想学希腊语！"

"我教你！"

从希腊回来后，我便开始了希腊语的学习之旅。九月底，我们通过 Skype 开始了课程，不久之后，上课的频率增加到了一周两次。我了解到"雅典娜"的生活不是很宽裕，除了努力工作补贴家用，还要筹钱上大学。不久，我却收到她从雅典给我寄来的厚厚一大包裹——希腊语教材！

"雅典娜"对学习的慷慨之情，一如我敬仰的古希腊人的人本情怀，他们用理性与想象探索未知世界的热诚与毅力造就了古希腊的璀璨文明（文学、艺术、哲学）。真没料到，我所遇见的这位希腊姑娘将这份几千年前的古希腊情怀传递给了我。

克里特文明

约前 3000—约前 1100 年

明朗的克里特文明

从雅典的比雷埃夫斯港乘坐夜船，第二天清晨 6 时抵达希腊第一大岛克里特岛（Crete）。欧洲文明的源头，古称克里特文明（约前3000—前1100 年）。受惠于与南边古埃及文明、东边两河流域文明的商务往来，克里特文明的种子萌芽了。古希腊神话传说奥林匹亚主神宙斯变成一头白公牛，劫持了小亚细亚腓尼基公主欧罗巴，载着她跨

图 2-2　克诺索斯王宫遗址（丁晓君/摄）

过海湾，到达克里特岛，将这块土地命名为"欧罗巴"（欧洲）。欧罗巴的长子米诺斯（Minos）成为克里特岛第一位国王，因此克里特文明也称米诺斯文明。

　　克诺索斯王宫与费斯托斯王宫是米诺斯文明的代表，说是宫殿，其实涵盖了国家行政办公厅、司法局和粮仓。坐落于山顶的克诺索斯王宫（见图2-2），是一座三到四层的综合建筑，拥有多达1500个房间。这座宫殿与周围的山体完美融合，展现出建筑与自然亲密的和谐关系，这种关系深深影响了古希腊建筑。至今，仍能见到大型储粮陶罐静静地蹲坐在这里，仿佛穿越了数千年的时光，诉说着过去富足而自在的生活。克诺索斯王宫内殿堂密布、曲径通幽，希腊神话里关押米诺牛的迷宫传说就源自这里。埃及柱式对它的影响清晰可见，色彩依旧绚丽夺目，规模却比埃及建筑缩小了许多，婉约之风呼之欲出。从克诺索斯王宫出土的这幅壁画（见图2-3），我们可以一窥欧罗巴人

图2-3　克诺索斯王宫壁画"巴黎"少女（苏炜铭／绘）

种的特征：白净的肌肤、卷曲的秀发、挺拔的鼻梁、饱满的下颌和修长的玉颈。与埃及壁画上的正义女神那严峻神秘的眼神和饱满的唇部（见图1-8）相比，这些欧罗巴少女的表情更为温润柔和，因此被赞誉为克里特岛的"巴黎"女郎。请用海洋色为这幅壁画着色吧，让我们感受爱琴海的清纯之风。

与埃及的沙漠气候截然不同，希腊的海洋性气候不利于文物的长期保存。因此，文物出土后通常需要在附近地区建造博物馆，进行妥善收藏，而在古迹原址则放置复制品以供游客参观。克诺索斯王宫与费斯托特斯王宫出土的珍贵文物都被妥善地转移至伊拉克利翁考古博物馆。早期米诺斯文明的陶罐产自瓦西利基（Vasíliki），周身呈现斑驳的黑色，古朴而自然，深沉且富有韵味。到了中期，卡马赖斯洞（Kamares）出土的红黑彩色陶罐成了代表之作。其颜色对比鲜明，夹杂着一丝调皮，富有戏剧感，以精巧的设计与配色工艺深得我心（见图2-4）。后期红底的"宫殿"风格与"海洋"风格，轻松写意、童趣盎然，同样令人陶醉。在伊拉克利翁考古博物的陶罐展区，我被琳琅满目的香水瓶、酒器、礼器、大水罐、长嘴壶等陶器深深吸引。古文明留下的生活用品，大的超过半身（存粮桶），小的可握在手心，设计得如此精良，令人感受到爱琴

图2-4　卡马赖斯洞百合花陶瓶（费斯托斯王宫出土）（丁晓君／摄）

图2-5 米诺斯文明陶土棺材（马文康／绘）

海文明对生活的重视。相比之下，古埃及文明很少留下有关柴米油盐的日常器具。法老的高度集权统治使得他们对永生与来世的追求，远远超出了对现实生活的关注。同是棺椁，米诺斯文明后期的红色黏土陶棺形状简约，绘有花卉、鸟兽等图案，展现出逼真的现实主义风格（见图2-5）。与充满黄金质感的埃及木乃伊灵枢不同，米诺斯文明的陶棺淳朴可爱，让人不生畏惧。走访克里特岛克诺索斯王宫、费斯托斯王宫、伊拉克利翁考古博物馆之后不禁汗颜，读过的相关书籍往往展示皇宫鲜艳的壁画，没有一本详细提及过辉煌精致的陶艺。可见寻一本好书，不比觅一个合适的旅伴简单。

埃及的浓墨重彩与希腊的清新淡雅，无疑受到沙漠与大海的直接影响。古希腊自然古朴的历史遗迹披着海的温情、带着山的崇高，它们明朗而不肤浅，精致而不雕琢。克里特岛的陶器，其可爱的造型和淳朴的装饰，无不散发着艺术平民化的生活气息。这种浑然天成的艺术风格，似乎在横渡爱琴海的经典路线上也可寻得它的踪迹。从雅典到克里特岛的渡轮航线，融住宿、交通、观景为一体，便捷又美妙。每个船舱都配置了迷你淋浴房，设计得精巧实用，诠释了希腊以人为本的精神。

那天晚上，爱琴海的风将甲板上的夜色吹得格外深沉。来自天涯海角的旅客聊着聊着意兴阑珊了，睡甲板的拿出睡袋，睡船舱的各回其舱，携犬出游的则将爱宠请入宠物笼舍，只留黑夜在波涛中独语。它似乎还在传颂希腊神话里雅典王子忒修斯为除牛怪循此线抵达克里特岛，不惜当祭品救下童男童女的感人事迹。

亚特兰蒂斯之谜

海里的"山"就是岛了。希腊拥有 2000 多个岛屿，除了克里特岛，最负盛名的兴许是圣托里尼（Santorini）。而它的故事，并不只是一个浪漫的"蓝白"传说。

克里特文明时期，爱琴海中有座重要的城市叫作亚特兰蒂斯（Atlantis），它的陨落是个千古谜题。最近，考古学家在圣托里尼岛东南端的阿克罗蒂里（Akrotiri）发现了一座埋在岩浆下的古城，由于岩浆的包裹，完整保留了当时的建筑、壁画、陶艺和线行文字 A。考古学家认为，这就是公元前 4 世纪柏拉图描述过的"失落的亚特兰蒂斯"。通过分析岩浆的断层构造，考古学家得以了解圣托里尼的前世今生。米诺斯文明时期的火山喷发大致发生于公元前 17—前 15 世纪，是希腊有史以来最强的地质灾害，幸运的是，火山分好几次喷发，全城得以安全撤离。火山喷发之后，地壳一次次猛烈运动使得小岛的形态发生了巨变，形成了现在的圣托里尼与它附近的火山小岛（见图 2-6）。

图 2-6 在圣托里尼眺望火山岛（丁晓君 / 摄）

新月形状的圣托里尼岛古称 Strogýlē（意为"圆形的"）、Kallístē（意为"最美的"），现代官方称之为锡拉（Thira，源于公元前 8 世纪斯巴达王 Thiras 带领部下入驻此岛）。

当乘坐的海轮慢慢靠近锡拉（俗称圣托里尼），一位饱经风霜、魁梧浑圆的"壮汉"迎接了我。圣托里尼嶙峋伟岸的悬崖地貌，哪有一缕风靡地理杂志的蓝白倩影？吃惊之余，我顶着当地 40 摄氏度的高温，走访圣岛火山口湖中央的新卡美尼活火山岛，一探圣岛全貌。新卡美尼活火山最近一次喷发是在 1950 年，在导游的指导下，我仍然摸到了岩浆的温度。从新卡美尼活火山往东望，圣岛上 99% 的面积是荒山，散落在山顶的村落占不到 1%。山顶的一抹"白雪"便是圣岛第一镇菲拉（Fira）。

由于圣岛山体嶙峋，老港口连接 586 个"之"形台阶才能抵达地势最高的菲拉小镇（骑驴、坐缆车也可），再由菲拉乘坐巴士通达圣岛其他小镇。旅游业发展起来之后，修建了新港口，开通了盘山公路，搭乘的士便能抵达菲拉，圣托里尼独特的白色窑洞建筑就藏在蜿蜒崎岖的山路间，为避免迷路，民宿服务生常常在路旁等候带路。在圣岛的若干小镇里，数西北端的伊亚悬崖建筑最为精致，每当太阳西沉，伊亚总被游客围得水泄不通。我也有幸目睹夕阳的柔光登上伊亚明朗的钟楼，穿梭在花丛里，抚过皎洁的穹窿，最后在山体与沙滩的注视中将碧浪的胳膊挥给星空。

在伊亚著名的"亚特兰蒂斯书屋"里，翻到一本名为《不失落的亚特兰蒂斯——圣托里尼的故事》的历史小说。这本书巧妙地将两个时空交织在一起，主线跟随考古小伙在圣托里尼岛开展考古活动，支线则描绘了三千年前毁灭性的大地震的现场。那场地震对圣托里尼岛以南的克里特岛产生了巨大的影响，直接导致了米诺斯文明的衰亡。更令人惊讶的是，那场地震的影响甚至波及 110 千米以南的埃及。在1991 年，埃及的考古学家们发现了来自地中海的岩浆证据。科学家们甚至推测，古代经典《摩西五经》中记载的十大灾害，也可能是由于这一系列连续的火山喷发所引发的。

"雅典娜"告诉我在圣托里尼有她的外婆，一个经历了第二次世界大战、戴着围裙、兜里好多糖果、喜欢做美食的希腊外婆。外婆受过炮火的洗礼，深谙生命与食物的珍贵。在她那个时代，圣托里尼靠种植大麦、小麦、葡萄、豆子自给自足。圣岛独特的火山土质、白天长时间的光照与晚上的湿度极利于葡萄栽培，因此圣托里尼的红酒甜度较高，口感甚好。小西红柿、蚕豆与水瓜柳（一种调料）也是著名的土特产。靠土地先富裕起来的圣岛居民自20世纪90年代起涉足旅游业，由于互联网的便捷通信与旅行杂志的青睐，圣岛早已名闻遐迩，甚至成了希腊海岛的代名词。晨起溜达，看到大爷在刷墙，勤劳的圣托里尼人将火山岩装饰成了"奶油蛋糕"（见图2-7）。湛蓝的爱琴海依伴着白色悬崖建筑。沿着交织的幽幽山路一路蜿蜒而上，感到天也被融到了海里——圣托里尼是个童话（见图2-8）。

然而，圣托里尼不只有蓝色大海与白色蛋糕样的悬崖建筑，圣岛的地质结构与雄浑的体积感更引人注目。海拔300米的圣托里尼有好几处特色沙滩，红沙滩附近的海域清澈见底，水波不兴，细石静躺。我在悬崖山体的敦厚注视下，纵身跃入爱琴海，亚特兰蒂斯的模样虽已模糊，巨石与火山湖还在述

图2-7 "奶油蛋糕"（丁晓君/摄）

图2-8 圣托里尼悬崖建筑（丁零诗音/摄）

说古文明的故事。

2014 年，我将十年磨一剑的《西花东识——中国学生遇见欧洲文化》送给了伊亚镇上的文艺书店"亚特兰蒂斯书屋"（见图 2-9），带作品到欧洲文明起源地朝圣的心愿就此达成！颇为巧合的是，书店正在庆祝营业十周年，这份巧遇，是不是冥冥之中太初爱神成就的另一桩文明的吸引与交接呢？

图 2-9　圣托里尼的"亚特兰蒂斯书屋"（丁晓君／摄）

迈锡尼文明

约前 1600—约前 1100 年

"英雄的家乡"迈锡尼

　　亚特兰蒂斯因为一场罕见的地震与火山喷发而灭亡,而克里特文明则被希腊本土兴起的迈锡尼文明吞并。迈锡尼文明开启了古希腊的青铜文明,一个金戈铁马的英雄时代,其盛况在荷马史诗中可一窥究竟。

　　考古学家经过多方努力,证实史诗《伊利亚特》中希腊联盟的首都——迈锡尼真正存在过。随着特洛伊与迈锡尼这两座城市的相继发现,文物发掘(包括15千克的黄金)与线形文字B的破译,古希腊历史之谜慢慢揭开。然而,毕竟年代久远,流传到现在的文字记载与文物都极其有限。今日去到伯罗奔尼撒半岛的迈锡尼,荷马眼里"固若金汤的城池"与"黄金铺成的迈锡尼"已成历史的斑斑石墙,不见昔日风采。

　　希腊第一个首都迈锡尼恢弘的卫城,受克里特岛影响甚大,三层楼的卫城王宫,居高临下,遥望到海。雄伟的狮子门,三米见长,三米见宽，岿然不动。门廊重达 18 吨，两边镌刻着两头狮子，象征着君王的威严与地位。迈锡尼出产的黄金面具（很可能是受到法老文化的影响）、黄金酒杯、古井、圆形坟墓，展示了青铜文明鼎盛时期的工艺。

与克里特岛不同，地处欧陆的迈锡尼经常腹背受敌。希腊众王国争夺资源之风鼎盛，但共同利益也会将它们联合起来，比如攻打矗立在希腊东部、如今土耳其西部的特洛伊。富邦特洛伊是通往东方的要塞，攻克它就掌握了财富的方向盘。希腊神话传说中貌美无双的斯巴达王后海伦，被特洛伊王子帕里斯劫持到了特洛伊，从而引发了希腊联军解救王后的十年战争。这些英雄故事反映出来的是迈锡尼文明的一场大战役。

故事的原委要追溯到三位奥林匹亚女神为争夺"美后"的称号争吵不休，主神宙斯委派帕里斯王子定夺胜负，这恐怕是人类第一次选美大赛。赫拉女神对王子说"如果你选我，我让你成为世界的主宰"，战神雅典娜允诺帕里斯成为战无不胜的将领，爱神爱芙罗狄忒则保证赐予他美人的芳心。帕里斯当即裁定冠军当属爱神，在他看来，爱情的礼物高于权力与武力。希腊瓶画刻画了选美大会的情景（图 2-10），三位女神在赫耳墨斯（左二）的带领下，会见弹里拉琴的帕里斯（左一）：走在最前面的无疑是头戴战盔、手持长矛的战神雅典娜，她的胸甲绣着蛇形流苏；紧随其后的是赫拉女神，权杖彰显她天后的身份；最后一位便是披着头纱的爱神，丘比特是她的标记。这幅瓶画笔触精细入微，线条优雅流畅，女神的衣服褶皱自然而雅致，生动地呈现了古希腊麻质衣服的细腻质地。作为叙事艺术的瓶画，通常表现神话故事的场景，将人物形态与神情刻画得栩栩如生。在陶器上说故事，文艺双馨，是古希腊的独有情怀。

图 2-10　D. S. 麦克科尔（1859—1948）临摹雅典瓶画"选美大会"

　　最初的希腊瓶画在表现手法上与法老壁画有着相似之处，如头部采用侧影，眼睛却取正面，上半身是正面描绘，而下半身又变为侧面。法老时代的壁画色彩绚丽，注重头饰细节与建筑装饰，精巧细致，每一处都展现出精巧细致的工艺，然而，在人物体态与动作的刻画上，略显生硬和呆滞，缺乏生动的表现力（如图 1-22）。发展到鼎盛时期的古希腊瓶画（见图 2-10），则塑造了比例与视角更为得体的人物形象，成功摆脱了古埃及风格的束缚，使得瓶画充满了流动的现实主义生命气息。瓶画常常以服饰与随身物件表征神话人物，以图画方式记录古希腊神话，为神话故事的文字记载提供了生动的视觉补充。这种特殊的叙述手段，结合红黑两色的配色风格，体现了陶瓶的现实功用与文化记录的双重价值，不禁让我们为古希腊透着烟火气的艺术暗暗称奇。

　　当然，瓶画叙事也有自身的不足，譬如在展示人物性格与内心情感方面，无法与语言叙事的深度与细腻媲美。希腊神话对人物塑造是丰富多元的，无论是《伊利亚特》中希腊主帅、迈锡尼国王阿伽门农与第一勇士阿喀琉斯的矛盾，还是特洛伊王子赫克托与其弟帕里斯之间的鲜明对比，都展现了戏剧冲突。荷马笔下的阿伽门农霸占阿喀琉斯的战俘，嫉妒他的才能，是个不折不扣刚愎自用的领袖，而在古希腊悲剧开山鼻祖埃斯库罗斯笔下，阿伽门农是一个更为复杂和丰满的人物。在联合希腊各王国准备东征特洛伊的关键时刻，阿伽门农面临着前所未有的困境。东风不来，军心不稳，神谕要求他牺牲自己的女儿以换取顺利起航。这一抉择对于任何一位父亲和国王来说都是极其艰难的。阿伽门农的挣扎与痛苦展现了他作为国王的无奈和作为父亲的柔情，这种复杂的人性使得他的形象更加立体和真实。十年战争胜利归来，阿伽门农却未能享受到应有的荣耀和安宁，他死于妻子的斧头之下。妻子说是为女报仇，其实已经与情夫勾结，篡夺了王位。而妻子此举的背后，有着更为复杂的家族纷争和权力斗争。

迈锡尼一代君王，历经十年特洛伊战争毫发未伤，一朝回家，却倒在家族纷争的血泊中。古希腊神话让人深刻反思人性的复杂和现实的残酷，其象征意义穿越了古希腊与地中海，至今读来仍令人唏嘘不已。

古典时期

前 480—前 323 年

"雅典娜圣地" 雅典卫城

公元前 12 世纪，也许是因为北部蛮族多利人的入侵加上经济衰败，迈锡尼文明突然陨落。公元前 8 世纪，一位叫荷马的盲诗人将流传于青铜时代的英雄故事，通过腓尼基文字的变体记录下来，后人才得知青铜时代的历史风云。公元前 8 世纪到公元前 5 世纪，古希腊进入了古风时代，城邦开始兴起。公元前 490 年，波斯入侵希腊本土，希腊城邦并肩作战，于前 480 年在温泉关大获全胜，古希腊进入最繁荣的古典时期。

雅典作为这个时期最繁荣的城邦，为后世留下了光辉灿烂的文化。与法老时代的埃及类似，古希腊每座城市也有一位保护神。传说智慧女神雅典娜与海神波塞冬为争夺雅典，均使出了看家本领，雅典娜在雅典卫城栽种了一棵橄榄树，波塞冬则用三叉戟在雅典卫城戳了一个泉眼。雅典人民爱橄榄树胜过咸泉，这个城市便以"雅典娜"冠名。在希腊语中，"雅典"与城市守护神"雅典娜"是同一个词，重音不同以示区分。在雅典卫城的三角墙雕塑作品上（见图 2-11），只

图 2-11　帕台农神庙三角墙群雕"雅典娜与波塞冬之争"石膏复制品　（雅典卫城博物馆藏）（丁晓君／摄）

见雅典娜身着希顿衫（chiton）采取了优雅的防御姿态，其亚麻布的褶皱随风而动，而波塞冬的裸体刻画比例精确，骨骼与肌肉线条清晰可见，散发着理想人体的迷人力量。这座雕塑崇高的现实主义理念不仅超越了四大古文明，在之后的文明中也绝无仅有，极具希腊特色。

　　从圣托里尼搭乘早班飞机到雅典，历时 40 分钟。我从空中俯瞰爱琴海的基克拉泽斯群岛，好似被赋予了奥林匹亚众神的全能视角，在小岛之间随意漫步。基克拉泽斯众岛屿就像一只只海龟，情态各异，悠闲地趴着晒太阳。其中，拥有 70 多个海滩的米诺斯火山岛（断臂维纳斯即诞生于此）以她曲折有致的海岸线，深深打动了我。然而，我还没来得及细数海龟有几只，随着一声华丽尾音，飞机已经降落在了群山怀抱的雅典机场，希腊柔情似水，又巍峨壮观！在雅典路边的咖啡馆稍事休息，车辆的隆隆声不绝于耳，不禁挂念起枕着涛声入睡的克里特岛与圣托里尼了。所幸，雅典也有她的交响诗。

多少次在图片上瞻仰过雅典卫城，到了雅典才体会到明信片那单薄而平面的影像，无法传达雅典卫城的理性光辉。古典时期的希腊城邦不再像迈锡尼那样将王宫置于卫城的中心，取而代之的，是那些威严而神圣的神庙。它们屹立在卫城之巅，成为整个城邦的天际线，各种宗教节日游行路线的终点，也是人们心中信仰的归宿。如果说古埃及擅长宏大叙事，以砂岩、石灰岩、玄武岩为建材的神庙巍峨高耸，象征法老的威严与不朽，古希腊围柱建筑则以细腻光泽的大理石为材料，营造建筑合乎理性的对称、和谐与节律感。法老雕塑以"鸿篇巨制"为特征，雅典卫城则以气韵生动、形态逼真的人物雕塑为装饰，体现了以人为本的审美理念。

卫城中最负盛名的神庙，无疑是帕台农神庙（Athena Parthenon，直译"单身雅典娜之家"）。在盛大的"泛雅典娜节"，游行队伍穿过城市、登上卫城，在帕台农神庙前高潮收尾。祭司独自步入帕台农神庙的内殿，为雅典娜塑像献上雅典贵族精心编织的长外衣（peplos）。古典雕刻大师菲狄亚斯用黄金与象牙塑造的雅典娜雕像，是后世雅典娜塑像的鼻祖。根据古希腊神话的记载，雅典娜的降生方式独特非凡，她从宙斯的头顶蹦出时，已然是一位身披盔甲、手持长枪的威武女神。宙斯信任地将盾牌与盔甲交由她保管，而每当关键时刻，雅典娜总是坚定地站在父亲的一方。例如，在特洛伊战争中，雅典娜与宙斯一同支持希腊军队，而赫拉与爱芙罗狄忒则站在特洛伊的一方。雅典娜在古希腊神话中的地位极其崇高，帕台农神庙作为她的神圣居所，必须建得庄严与神圣。伊迪丝·汉密尔顿（Edith Hamilton）在《希腊精神》中指出："对希腊的建筑师来说，神庙的位置是最重要的问题。他们在设计建造神庙的时候，就清楚地看到神庙在天空或大海的映衬下清晰的轮廓……它永远只是整个环境的一部分。"①民众在仰望卫城的虔诚中、在走向卫城的步伐里、在卫城神庙前的献祭活动里，获得雅典娜的庇护。

帕台农神庙（见图 2-12）是古希腊典型的长方形围柱式建筑。简约的多立克式柱头（钟形饰物上扣置方形石板）与神庙三角形女儿墙彩色浮雕群相衬，一简一繁，相得益彰。年深岁久，神庙的彩色壁画已经褪色、雕塑佚失、女儿墙破损不堪，然而多立克围柱建筑协调的比例、大理石高雅的质地与柱身凹槽在太阳照耀下的光影效果，仍赋予帕台农神庙天然去雕饰的简约之美，让人顿生崇敬之情。据罗马

图 2-12　雅典卫城帕台农神庙（丁晓君／摄）

① ［美］汉密尔顿著，葛海滨译：《希腊精神：西方文明的源泉》，辽宁教育出版社 2003 年版，第 227 页。

建筑师维特鲁威记载，多立克柱子的底座直径与柱身高度的比例为1：6，是按照古希腊男士的身材比例制定的（脚长与身高的比例），以彰显阳刚之气。优雅的爱奥尼克柱式（见图2-13），则以女士为原型，柱头表现女士的发髻刘海，柱身苗条，凹槽较密

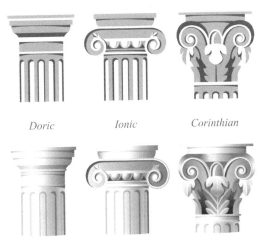

Doric   *Ionic*   *Corinthian*

图 2-13　古希腊柱头
（从左到右分别为多立克、爱奥尼克、科林斯）

集，模仿麻布服饰的自然褶皱，底座则象征女士的鞋子。爱奥尼克柱式柔美温婉，在包括雅典娜胜利女神神庙在内的古希腊建筑上得到广泛应用。厦门大学建南大会堂的门廊就是爱奥尼克柱式。第三种柱式是科林斯式，柱头更加华美，柱身最为高挑，象征少女的窈窕之美，在古希腊建筑上使用较少，罗马对之青睐有加，使之发扬光大。古埃及在雅典卫城落成1000多年前就已经尝试了各式植物柱头，据史料记载，古希腊的柱式借鉴了古埃及的柱子。不过，古埃及的神庙追求单纯的高度，古希腊则以人的比例来设计柱子，可见索福克勒斯在悲剧《安提戈涅》开篇所说——"奇异的事物虽多，但没有一件比人更神奇"——并不是诳语，而是古希腊人遵循的人本精神的至理名言。

　　希腊建筑的整体性在剧场表现得淋漓尽致。剧场建在山谷里，沿着山坡展开的扇形观众席，借助山体自身的喇叭口收音，就能使最后一排观众清晰地听见舞台上的动静。2009年，希腊建成卫城博物馆，

图 2-14　女神像柱廊局部
（刘文瑾／绘）

再次印证希腊对整体性的重视。博物馆坐落在卫城以南 300 米处，馆身即是一座卫城模型。雅典的伯里克利倾资兴建的建筑奇迹，如今以两种空间呈现给世人。首先是卫城遗迹的外部自然空间，参观者登卫城，俯瞰雅典全貌，体会卫城居高临下、守卫城邦的自信，想象几千年前雅典公民列队上山朝拜雅典娜的盛况与敬畏之心；山下的博物馆则提供了一个室内空间，每个展厅根据卫城的地势与神庙形状布局，存放卫城所有考古发现。展厅的精妙设计达到模拟卫城空间的效果，使游客能在艺术真迹中重走一遍卫城。雅典卫城博物馆穿越时空的设计，一改死气沉沉的布展常规，既能在博物馆内部展现藏品，又能最大限度地还原古迹的空间布局，还能透过博物馆的玻璃窗与卫城相望，妙不可言。

卫城博物馆提供了一个近距离欣赏神庙构件的机会，比如帕台农神庙顶部的精美叶形装饰，我之前在图片上未曾注意。近观厄瑞克修姆神庙的女神像，也不禁啧啧称奇，精雕细刻的发辫、衣服褶皱，可谓鬼斧神工（见图 2-14）。古希腊服饰柔美又古朴的线条感，在大理石上呼之欲出。可惜大量神庙浮雕于 19 世纪初被英国人挪走，雅典只好在那些位置暂且放上石膏复制品，复制品与周围的大理石真迹形成了明显的反差，叫人百感交集。英国一直以替希腊保存古迹为借口拒绝完璧归赵，如今现代化的卫城博物馆已建成十余年了，尚未有所行动，实为憾事与恨事！

雅典卫城所呈现的古典主义光辉首先来自柱式，虽然多立克柱式与女神像柱廊继承了古埃及的柱式构造，但是古希腊以人的比例与形象赋予了柱式前所未有的人性，代替了埃及的莲花、莎草花、棕榈叶、母牛女神柱头这般具有古埃及神话色彩的象征符号。雅典的神庙闪耀着理性的光辉，与埃及的神秘主义与动物崇拜有着鲜明的对比。希腊雕塑的人本主义精神将神祇塑造成了人，而埃及的法老则披着动物的外形。希腊神庙建筑的人本主义精神，根植于希腊诸神的人性——他们拥有匀称健美的体型，散发着迷人魅力，但同时具有人格缺陷。雅典娜的形象在希腊神话里倒是个例外，她头戴战盔，身披蛇形流苏的盔甲，手持长矛与盾牌，经常出现在战场上，以骁勇与机智庇护英雄。象征理性与智慧的猫头鹰时常伴她左右。美国纽约哥伦比亚大学就有一尊雅典娜的塑像，若有机会前往，可以找找猫头鹰在哪里。与雅典娜对照的爱神厄洛斯（Eros，罗马名 Amor）、爱神爱芙罗狄忒（Aphrodite）均指代肉体之爱，由此衍生的形容词"erotic""amorous""aphrodisiac"多含贬义，而雅典娜却经常出现在与教育、医疗、咨询有关的机构名称里，足以证明这位智慧女神的理性光辉。

「阿波罗圣地」德尔斐

图 2-15 "安法拉"瓶画阿波罗（约公元前 480 年，纽约大都会艺术馆藏）

若说雅典娜是古希腊神话里最负盛名的女神形象，那阿波罗则是古希腊神话中的光明之神，他的形象更丰富多元，既是荷马笔下令人敬畏的弓箭神，又是弹奏里拉琴的诗歌、音乐、舞蹈之神（见图 2-15）。阿波罗神谕更是以智慧的预言在古希腊历史上扮演着重要角色。阿波罗的丰满故事一方面彰显了古希腊人的英勇与冒险精神，另一方面也体现了他们对智慧和美的不懈追求。

阿波罗出生于提洛岛。据传说，

阿波罗在出生后仅四天就长成了英俊的青年，他化身为海豚，劫持了一艘克里特的商船，驶向希腊大陆。登陆皮提后，阿波罗杀死蟒蛇为民除害。随后，他建立了自己的神谕所，从此皮提因化身海豚（希腊语 delphis）的阿波罗而更名为德尔斐（Delphi）。

我从雅典出发，乘坐长途汽车 3 个小时后抵达小镇德尔斐。一下车，顾不得烈日当空，沿着蜿蜒的小路朝古迹攀爬，德尔斐神庙却在帕尔纳索斯山脉的怀抱里一副怡然自得的神情。要是太阳能藏起半边脸，要是能听清轻风抚弄岩石的声音，想必德尔斐一如希腊的其他名胜古迹叫人心旷神怡。然而，德尔斐的声音注定是狂热与高亢的。

帕尔纳索斯山（见图 2-16）海拔 2459 米，流淌着清澈的山泉，是九位缪斯女神的居所。阿波罗的神庙隐藏在山脉的谷底，崇山峻岭

图 2-16　德尔斐（丁晓君／摄）

的屏障，令德尔斐难以到达。从雅典到德尔斐近200千米，山高路远、烈日炎炎，古希腊人要经过长途跋涉，才能抵达朝圣之地。据说宙斯命令两只老鹰，一只从东往西飞，一只从西往东飞，它俩在此相遇，宙斯称它为世界肚脐（中心）。我猜测古希腊人所说的世界中心，莫非隐喻群山的子宫，因为帕尔纳索斯山确实是宙斯的女儿——众缪斯女神的神圣住所。

阿波罗射死母蛇之后，在此建起阿波罗神庙。同时，阿波罗需要净化杀戮的罪过，体育竞技、诗歌、戏剧演出都是净化内心的宗教活动，因此这里还建起了皮特运动场与阿波罗剧场。希波战争之后，希腊各邦来到德尔斐询问该如何庆祝胜利，阿波罗的女祭司（凡人不能见神的面容）教导大家在各地给宙斯建个祭坛，从德尔斐的神圣灶台引火种给各个城邦，以示新生纯洁的希腊之火，而不是被波斯人污染过的祭坛。德尔斐的神圣可见一斑。

德尔斐阿波罗的神谕曾告示天下，苏格拉底是天下第一位智者。据柏拉图对话录《苏格拉底的申辩》记载，苏格拉底颇受此神谕困扰，明明自己知之甚少，何以获此殊荣。阿波罗神谕说：认识自己的无知，乃真智慧。相传阿波罗神庙门廊上镌刻着"认识你自己""执中不越界"（nothing in excess）的箴言。苏格拉底将毕生献给了诘问法，在雅典广场上与年轻人讨论"何为公义？何为美德？何为美？"，成为引领雅典青年的智者。

建于崇山峻岭之间的神庙，似乎反映了古希腊人对宿命的敬畏。阿波罗神谕借女祭司皮提亚之口，为古希腊人指点迷津的故事，在古希腊神话里占据着重要地位。宙斯之子坦塔罗斯（Tantalus）为试探众神祇是否全知全能，不惜杀了自己儿子设人肉宴招待众神祇。诡计被神识破，坦塔罗斯及其后代从此难逃神的诅咒。这诅咒波及家族好

几代人，最著名的便是古希腊统帅阿伽门农。坦塔罗斯的孙子堤厄斯
忒斯（Thyestes）与兄长阿特柔斯的妻子偷情，东窗事发。阿特柔斯
炖了弟弟的亲生儿子，给他食用。堤厄斯忒斯的小儿子埃癸斯托斯
（Aegisthus）为了报复，与阿特柔斯的长子阿伽门农的妻子狼狈为奸，
在阿伽门农率领希腊联军攻打特洛伊的时候，霸占了他的国家。阿伽
门农回来之后，妻子用网套住他，一斧子结束了一代枭雄的性命。阿
伽门农之子俄瑞斯忒斯（Orestes）悲愤交加，请教德尔斐的神谕。皮
提亚告知俄瑞斯忒斯一报还一报，为父报仇。俄瑞斯忒斯弑母（及其
奸夫）成功后，便遭复仇女神的追杀，在德尔斐避难。阿波罗神谕指
引他去雅典法庭，陪审团十二票平分秋色，雅典娜那一票判他无罪。
雅典娜的判词是："国王阿伽门农被刺，不合君王之死，理当为之申
冤；俄瑞斯忒斯弑母无罪，母亲不是家长，只是抚养人。"故事体现
了男权社会与君主社会的不平等，阿特柔斯家族的世代情仇也反映了
古希腊神本至上思维的不可挑战性。

　　阿波罗神谕对另外一个家族的启示表明宿命虽然不可改变，人性
的光辉却可以如此伟大。忒拜创建者卡德摩斯（Cadmus）的孙子拉伊
俄斯（Laius）国王得到阿波罗神谕，预知儿子会"弑父娶母"，便把
他丢弃到山头饿死。孩子命大，被科林斯国王收留做儿子，取名俄狄
浦斯。俄狄浦斯得知"弑父娶母"的阿波罗神谕之后，特意离开科林
斯，转向忒拜，半路与陌生贵族争执起来，一刀结束了后者性命，不
料却是生身父亲。俄狄浦斯随后破解了女妖斯芬克斯的谜语，为忒拜
破除了魔咒，娶了王后。俄狄浦斯应验了"弑父娶母"的预言之后，
挖瞎了自己双眼，自我流放，体现出高贵的气节。

　　尽管阿波罗女祭司经常在恍惚迷幻的状态下传递出神谕，再经过
其他祭司通过诗歌的方式转述，阿波罗神谕代表的依然是古希腊的理

性精神。希腊神话中的冲突及其化解方式，皆代表了古希腊人对真善美的追求与思考。古希腊文化以绚丽的神话思维与精深的哲学思辨著称，两者构成了古希腊精神。神话故事与理性精神不是对立的，正因为古希腊人在这里得到诸多战事的应验，古希腊人建立了雅典娜金库，作为对德尔斐阿波罗神谕的敬仰。

希腊神话是世界上最复杂、最庞大的神话系统之一，拿阿波罗来说，关于他的故事不计其数，因此阿波罗在神话中有很多别号，最有名的也许是"太阳神"阿波罗，17世纪法国太阳王路易十四就以阿波罗自居。鉴于阿波罗是文武双全的奥林匹亚神，其别号有双面性："驯马师"阿波罗、"弓箭神"阿波罗，强调阿波罗凶悍的一面，而"七弦琴"阿波罗、"桂冠"（laurel）阿波罗则凸显出阿波罗诗歌文艺神的魅力。英文称文学奖获得者为桂枝获得者，如诺贝尔文学奖获得者（Nobel laureate），即来自文艺神阿波罗。从图2-15的瓶画上，阿波罗头上戴的、身上穿的、手中拿的，你能找到多少他的象征符号呢？

「药神圣地」埃皮达鲁斯

若说德尔斐是古希腊人不远万里前来占卜未来的圣地，那么埃皮达鲁斯（Epidaurus）就是疗愈身心的福地。坐落在伯罗奔尼撒半岛东海岸的埃皮达鲁斯属于斯巴达联盟的小成员，与斯巴达、科林斯等城邦交好，在希腊历史上的地位无足轻重。然而，兴许正因为它遐州僻壤、远离是非，才保留了世界上外观最宏伟、设计最精巧的古希腊剧场。厦门大学芙蓉湖畔有个小型的希腊式剧场，面朝嘉庚主楼，四周郁郁葱葱，我曾经多次设想某个暮色绚丽的秋日黄昏，在这里上演一场古希腊悲剧。

埃皮达鲁斯最早是敬拜狩猎英雄与弓箭神阿波罗的圣地，公元前6世纪逐渐形成对医药神阿斯克勒庇俄斯（Asklepios）的崇拜。传说阿斯克勒庇俄斯是阿波罗的儿子，出生于埃皮达鲁斯（希腊神话版本颇多，也有说医药神出生于北部色萨利）。阿斯克勒庇俄斯自小学习医术，有妙手回春之誉，埃皮达鲁斯又有多处具有治疗功能的天然温泉。公元前 4 世纪，埃皮达鲁斯建成了古代希腊世界最重要的医疗中心，包括天然浴场和睡廊（Abaton），工艺精湛的阿斯克勒庇俄斯神庙、阿尔忒弥斯神庙以及不知名的圆形神庙，规模庞大的运动场与训练场，以及可容纳 6000 人的埃皮达鲁斯剧场。医疗中心设施功能强大，神庙用于献祭，睡廊用于治疗，浴场、运动场、训练场专注对身体的疗愈，而剧场则是对心灵的净化。阿斯克勒庇俄斯的信众在睡廊入睡并等待治愈之神在梦中造访他们：向他们展示治疗的方法，或是在他们熟睡时治愈他们的疾病。如果信徒需要进一步的治疗，比如手术，祭司会根据阿斯克勒庇俄斯的知识给予他们指导。像雅典卫城一样，古迹一旦出土，希腊人就地建博物馆对之保护。埃皮达鲁斯考古博物馆的精品甚多，令我大开眼界。我在书上见过不少神庙的图片，埃皮达鲁斯神庙的三角墙檐部构件细节之精湛，超我所想。请用彩铅为图 2-17 中的墙檐上色，感受古希腊神庙建筑构件的精雕细琢与它瑰丽的色彩。

剧场，在古希腊思维里是心灵疗愈之所！埃皮达鲁斯剧场本有 34 排座位，可容纳 6000 人，经过公元 2 世纪罗马的扩建增加 21 排，可

图 2-17　埃皮达鲁斯神庙局部（俞鳕 / 绘）

图 2-18　埃皮达鲁斯剧场（丁晓君／摄）

容纳观众人数高达 1.4 万名，有保存最完好的古典剧场之称（见图 2-18）。剧场的扇形座位分布，将山谷的自然物理音效发挥到极致，旅伴在剧场正中投一枚硬币，我跑到最后一排石凳上居然能听得清清楚楚。就声学和美学而言，这座剧场被公认为最完美的古希腊剧场。古希腊悲剧演员不需要麦克风，只需要戴上夸张的面具（见图 2-19），戏就能上演啦。

图 2-19　古希腊戏剧面具

建立这个剧场的初衷是敬拜医药神，举办史诗朗诵比赛、上演宗教剧，后来受雅典悲剧影响，也上演献给酒神（Dionysus）的古典悲剧。悲剧被亚里士多德认为具有净化心灵的功能，希腊悲剧借助神祇与英雄故事，展现人性的复杂与矛盾，探讨城邦、政治、道德、法律各种问题。古希腊人不论男女，不论国籍，都在剧场接受城邦教育，接受心灵的净化。古希腊悲剧之父埃斯库罗斯创建了对话机制，将人物冲突放在中心位置。从他仅存的七部悲剧来看，除了《波斯人》取材于希波战争，另外无论是《哀求者》《俄瑞斯特斯三联剧》《被缚的普罗米修斯》，还是《七雄战忒拜》，都让主人公在灾难中最终认识到神的公义，神的公义解决了危机，人神关系走向和谐，奥林匹亚神的权威地位得以巩固。

索福克勒斯被认为把古希腊悲剧从天上带到了地上。他关注人神关系时主要刻画受难的英雄人物本身，因此他的悲剧也被称为人物悲剧。人物悲剧带给古希腊人前所未有的心灵教育。《俄狄浦斯王》深入刻画了人枉然地要逃避命运，最终在受难中显现出人性的光芒。俄狄浦斯王在与命运的抗争中失败了，然而他的尊严、智慧，以及勇于面对厄运，为了城邦勇于承担过失的大无畏精神在文本中得到了最完美的体现。与荷马的英雄相比，索福克勒斯笔下的俄狄浦斯并不讳言"都是我干的"，不像早期神话思维下的帕里斯、阿喀琉斯把自己的行为、意念都推卸给神；索福克勒斯继承了埃斯库罗斯的人神和谐观念，然而他的主人公更具理性，他们追寻、探索、直面与怀疑。亚里士多德说悲剧"激起哀怜和恐惧，从而导致这些情绪的净化"，他特别推举索福克勒斯的悲剧，恐怕有很大因素是像《俄狄浦斯王》这样的人物悲剧，能让古希腊人最大限度地通过故事宣泄情绪。不论是意识到谋害自己的主帅就像迫害无辜的羔羊那样罪恶、最终自杀身亡的阿戈斯，还是高举神的律法而被城邦处死的安提戈涅，人物悲剧高举人性的高贵，让观众得到心灵的熏陶和情感的净化。

伯罗奔尼撒战争的现实与智者派思想的广泛传播，催生了古希腊第三位著名悲剧家欧里庇得斯。欧里庇得斯更进一步改造神话思维，在他那里已经酝酿了理性思维对神话思维的转折，他的作品也赋予弱势群体不曾拥有的话语权："戏一开场，没有人闲着，我的女角色说话，奴隶也有许多话说，还有主人、闺女、老太婆，大家都有话说。"① 让大家都有话说，"哲学剧作家"欧里庇得斯将戏剧的反叛与启迪功能发挥到前所未有的高度。比如欧里庇得斯的《美狄亚》，通过对古希腊悲剧传统的反叛与对美狄亚神话故事的改写，开启了弃妇复仇书写之滥觞。欧里庇得斯最惊人的并不是故事情节的改撰，而是他赋予主人公前所未有的话语权。美狄亚从剧本开头自怨自艾的弃妇，发展成为一个控制丈夫的雄辩战士、捕获读者的铿锵玫瑰，以至于她的巫术与残忍被弃在了一旁，巧簧之舌变成了美狄亚的"巫术"，让观众为之着迷。古希腊悲剧精湛的语言艺术和震撼人心的情节冲突，以无与伦比的艺术魅力，引起观众共鸣，由此宣泄并净化了他们的情绪。

古希腊视心理健康为健康的一个重要方面，视情绪为心理健康的晴雨表，把许可情绪、处理情绪视为疗愈的关键。这与现代心理学高度契合，不禁让人再次为古希腊的人本精神暗暗称奇。如今，一年一度在夏季上演的雅典-埃皮达鲁斯戏剧节，历时一个月左右，旨在宣传、保护希腊的传统文化，为现代希腊最隆重的戏剧活动。夏季出行去希腊的朋友，莫错失良机，一定要为自己订上票，坐到世界上最古

---

① 陈洪文、水建馥选编：《古希腊三大悲剧家研究》，中国社会科学出版社 1986 年版，第 9 页。

老的露天剧场，领略一场不用麦克风就自带回声的戏剧表演。演出虽然使用古希腊语，但是友好地为来自世界各地的朋友挂上了英文字幕。哪怕看不懂英文字幕也没有关系，在露天的扇形剧场吹一阵凉风也是相当值得的夏日体验。

雅典陶瓶
——率真的生命热诚

　　荷马说:"盛筵、琴音、舞蹈、更衣、沐浴、爱和酣睡,这些对我们来说永远弥足珍贵。"[①]古希腊人对生命持有的率真热情,在陶瓶上清晰可见。这些款式丰富、配色典雅、主题多样、绘图活泼的陶瓶,无不透露着古希腊敬神爱人的人本精神。我若能再次回到雅典,除了重访卫城博物馆与雅典考古博物馆,还盼望着系统学习制陶工艺。

　　古希腊陶瓶肇始于科林斯,雅典后来居上,在工艺与数量方面遥遥领先。作为工艺品,陶瓶的实用功能举足轻重。从不加装饰的烧水壶、水桶、坐便桶到盛放葡萄酒、橄榄油、香水的精致礼器,不管是家居储存还是祭奠礼仪,陶器俨然成为古希腊生活的生动剪影。考古出土的陶瓶多半是墓葬用品,雅典考古博物馆就展示了一个孩童墓

---

① 　[美]汉密尔顿著,葛海滨译:《希腊精神——西方文明的源泉》,辽宁教育出版社 2003 年版,第 15 页。

葬，各式陶罐灵柩精致得出乎我意料，也有从圣地发掘的宗教礼器。

　　安法拉双耳罐（amphora）是古希腊最常见的存储橄榄油、葡萄酒的器皿。瓶身约 60 厘米高，小嘴用蜜蜡封口，双耳方便提取（见图 2-20）。安法拉双耳罐的装饰瓶画主题多样，既可以表现以葡萄藤为标志的酒神狄奥尼索斯，也可以绘刻任何与陶瓶功能无直接关系的主题——战士告别父母上征程、祭坛献祭、酒会场景、运动会等。泛雅典娜节的奖品"泛雅典娜节安法拉"的瓶画，则有明确的主题与统一的风格：陶瓶风格一律为黑绘，一侧刻着全副武装的雅典娜，另一侧则展示比赛场景。大型的泛雅典娜节每四年举办一次，奖品多达 2000 多个安法拉陶罐。古希腊人崇尚运动，荷马史诗《伊利亚特》第 23 章就描述了在阿喀琉斯挚友帕特洛克罗斯的葬礼上，希腊人举办了驾马车、拳击、搏斗、赛跑、射箭、扔标枪等赛事。到公元前 6 世纪，古希腊四大体育赛事已经建立起来，位于奥林匹亚的奥林匹克运动会、德尔斐的皮提亚运动会、科林斯的伊斯特米亚运动会、尼米亚的尼米亚运动会，蜚声海内外。除了男性公民参与的盛大赛事，也有女性参与的运动会。运动会是希腊公民神圣不可侵犯的权利，遇上运动会，战争也得息战。来自西斯昂的克莱斯滕内斯（Kleisthenes of Sikyon）曾在奥林匹克运动会登广告招女婿，可见运动会是多么盛大的平台，比"赛"招亲，确保女婿的质量。既然如此，运动比赛场景也在瓶画上频繁出现。古希腊人健身与运动之前，需要用到随身携带的芬芳按摩油瓶（alabastron），给身子抹上油。埃及人最早用雪花石膏制成香水瓶，所以"雪花膏"（alabaster）就来指代香水瓶了。芬芳按摩油瓶有个穿绳子用的细孔，抹完油，瓶子挂墙上。上墙是古希腊小型陶瓶的主要收纳方式，这从侧面反映了古希腊工艺品的实用与美学的有机结合。除了体育赛事，音乐、戏剧赛事也深入人心。诗人赫西俄德就记录了安菲达玛斯（Amphidamas）葬礼诗歌比赛盛况。希腊的葬礼文化以诗歌比赛、音乐比赛、体育竞赛为核心，映射出古希腊人的人文精神。现代社会所谓的才艺于他们而言就是人基本的能力，人人具备，人人参与，乐在其中。

图 2-20　"双绘"安法拉《大埃阿斯与阿喀琉斯掷骰子》（前 520 年，左为黑绘、右为红绘，波士顿美术馆藏）

　　古希腊陶瓶之所以具备精湛的工艺价值，首先仰仗陶土的质地与品质。在雅典卫城西北方向有个叫作凯拉米克斯（Kerameikos）的制陶遗址，它受惠于艾瑞丹诺斯河两岸品质上乘的淤泥，成为蜚声海内外的制陶区。英语"陶瓷"（ceramic）的词源就出自这里。黑绘是希腊瓶画最早发展起来的风格，画家用炭笔画好草图，涂上液态陶土涂料，用刀雕刻出所有细节，经过三遍窑，人物便呈现出光亮的黑色剪影，背景为橘红色的陶土本色。科林斯的陶土因质地与雅典不同，经过烤制，呈现出白色。红绘风格出现较晚，画家用不同粗细的画笔勾勒出轮廓与细节，用稀释的陶土液体涂满背景，经过三次烤制，橘红色的人物栩栩如生，背景则变成油亮的黑色，正好与黑绘相反。红绘的画笔笔触比黑绘的刀刻更为细腻，人物刻画更为成熟，因此雅典的后期瓶画摒弃了黑绘，以红绘为主。在红绘作品的萌芽时期，雅典出现了独特的"双绘"安法拉（bilingual amphora），黑绘与红绘各占一面。"双绘"安法拉《大埃阿斯与阿喀琉斯掷骰子》（见图 2-20），便是这种风格的代表。在古希腊制陶与绘画既可以是同一位工匠，也可以是不同工匠，师傅与徒弟的组合比较常见，是否署名也因人而异。这个没有署名的"双绘"安法拉陶瓶，博物学家经过风格比较，认为陶瓶与红绘图案出自雅典陶匠安多基德斯（Andokides）之手，黑绘则是利斯辟得斯（Lysippides）的作品。你看，黑绘受古埃及的影响更深，人物侧影鲜有表情，不过雕刻的盔甲鳞片闪闪发光，可圈可点。

图 2-21 《弹基萨拉琴的年轻人》

红绘以红色调与更为细腻的笔触，赋予人物更多真实感与生动性，眼睛、嘴角都流露出了笑意，盔甲与盾牌的图案更加显著。此"双绘"安法拉的双耳都有心型装饰纹，异常精美，在古希腊也不多见。经过半个多世纪的演化，公元前 5 世纪之后，红绘风格成熟。如纽约大都会博物馆收藏的红绘安法拉《弹基萨拉琴的年轻人》（约公元前 490 年，见图 2-21），表现了一个参加音乐比赛的年轻人倾情演奏、尽情高歌的场面，我们似乎从他的嘴里听到了一串串音符。这幅瓶画形体姿态丰富，衣饰的线条感栩栩如生，已经与埃及壁画形同陌路了。

酒文化在希腊源远流长，古希腊人热衷于举办小型酒会（symposium）。在这种亲密的聚会中，与会者（一般在7至14人之间）敞开心扉，畅所欲言。譬如柏拉图的《会饮篇》就描绘了8位与会者轮流阐释对爱的理解的场景。阿里斯托芬讲述了一个富有哲理的小故事。他说人类原本是雌雄同体的，但由于骄傲自满而被宙斯砍成两半，从此，人类便开始了寻找自己另一半的旅程。酒会被认为是民主制的催化剂。男性通过加入小型酒会，与人联结，从而慢慢参与公众事务。陶瓶经常描绘男子左手倚在沙发上、右手举着酒杯畅谈，或者表演者擎着火炬迈着舞步、弹着里拉琴、吹着阿夫洛斯管的画面。酒会上大家手舞足蹈，忘情歌舞，谈天说地，好不热闹。

酒会通常用到五种陶器，除了前面提到的安法拉双耳罐，还有三耳提水罐（hydria，也译"哈得利亚罐"）、双耳酒水混合器（krater，也译"双耳喷口杯"）、单耳斟酒器（oinochoe，也译"奥伊诺丘壶"）与双耳酒盘（kylix，也译"基里克斯陶杯"）。古希腊人饮酒是看昨天的酒会是否还有余醉，若昨日喝高了，今日多兑点水，酒精浓度完全掌握在自己手中。喝酒掺水是一种文明的举止，是对个人身体健康的尊重。仆人将存放在安法拉双耳罐里的酒，倒入混合罐中，用水兑

图 2-22　古希腊陶瓶（从左到右分别为三耳提水罐、双耳酒水混合罐、单耳斟酒器）

好，再用斟酒器舀出来，注入双耳酒盘。古希腊人喝酒托着酒盘底部大口畅饮，而不是提着耳朵喝，双耳只是为了方便挂墙上。双耳酒盘是希腊陶器中最重要、最精致的容器之一。酒盘内外均可作画。纽约大都会博物馆收藏的"眼睛"双耳酒盘（约前520年，见图2-23），内饰刻画了蛇发女怪戈尔共（Gorgon）的头像，外饰展示两位手持戈矛、脚踏波涛的两位战士受"大眼睛"佑护的画面。"大眼睛"很可能受到法老文化木乃伊棺柩上荷鲁斯之眼的影响。大肚子的双耳酒盘的设计似乎起到规范饮酒礼仪的作用，端起来已经不易，若不胜酒力还蛮喝，葡萄酒就全撒在白袍子上了，这显然不符合上层贵族的礼仪。

图 2-23　"眼睛"双耳酒盘

雅典陶罐除了各种花瓶形状外，还有人物杯、羊角杯这样的设计。在雅典考古博物馆见过黑人脸庞为底座的陶罐，证明古希腊很早就有黑人奴隶了。羊角杯最早为纪念萨堤尔（Satyr）酿酒而作。请为图2-24上色，感受古希腊陶艺简约古朴的着色方案。

雅典陶瓶因陶土温润、造型多样、配色典雅，成为古代文明留给后世的一大馈赠。雅典大街小巷布满了现代手艺作坊，他们出售的仿古陶瓶主要做装饰用，功能性不强，然而做工也毫不马虎。我从各个

景点收藏了不少陶瓶冰箱贴，工艺精
美，为此又多爱了希腊几分。喜欢古
希腊陶瓶，就像喜欢希腊的夏天，鲜
榨果汁仅用当季水果橙子萃取，单纯
又香醇，喝上一口足以谈论幸福；喜
欢古希腊陶瓶，就像迷上了叫一种
"Frappe"的双层冰咖啡，盛在高脚玻
璃杯里，上半层奶泡，下半层咖啡，
层次分明，口感丰富，简约美好，这
是古希腊的艺术；喜欢古希腊陶瓶，

图 2-24　羊角酒器（胡心悦 / 绘）

就像神奇的毕达哥拉斯杯，靠虹吸原理设计的杯子不能斟满，满了就
会溢走，这和中国的九龙杯和公道杯一样，完美阐释了中庸之道。

陶瓶让我深深感受到了希腊人对幸福的古老定义："幸福是生命
的力量在生活赋予的广阔空间中的卓异展现。"[①] 很难找到另一种文明，
将生活与信仰完完全全写在陶瓶上。纽约大都会博物馆收藏了一个主
要用于葬礼与宗教礼仪的红绘奠酒祭神油瓶（公元前 480 年），约 41
厘米高，描绘了一位身穿长裙、头戴发带、披着大长袍子的年轻女子。
她左手拿着祭盘，右手擎着火把，不知是去祭坛献祭的路上，还是从
祭坛回来，只见她的发辫、火把、裙裾迎风飞扬，我似乎听见了她细
碎的脚步，感受到脚步里的神圣。

古希腊文明所倡导的"以人为本"的情怀，以及那种率真而自由
的生活方式，对于我们这些已经厌倦了快节奏生活的现代人来说，无
疑是一种心灵的疗愈。当他们走进运动馆，从墙上取下陶瓶，将周

---

① 　[美]汉密尔顿著，葛海滨译：《希腊精神：西方文明的源泉》，辽宁教育出版
　　社 2003 年版，第 15 页。

身均匀涂抹上橄榄油，全情投入体育竞技与文学艺术比赛，我为之动容。

古希腊亘古流传的神话故事，汗牛充栋，经一代代诗人、戏剧家、艺术家之手，洒落在剧场、运动场，镌刻于神庙、雕塑、陶瓶之上，一遍遍传诵，历久弥新。罗马人躬逢古希腊建筑、文学、雕塑，惊为天人，不禁拜倒在其石榴裙下。随着罗马的壮大，她将古希腊的文艺哲学传播到罗马帝国的每一个角落，成为西方文明的文艺灯塔和思想基石。

第三篇

意大利建筑论

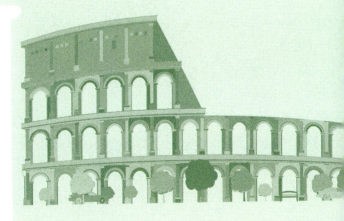

难以一见钟情的罗马

在小说《简·爱》的开篇，我初次听到了罗马的威名。10 岁的简蜷缩在窗帘背后读书，表哥约翰闯进来，对她恶语相向，操起书砸向她。简回击："暴君，你就像罗马皇帝。"那时我还不了解罗马的历史，不知道罗马皇帝作为暴君的代称，是什么由来。

古希腊经过雅典的繁荣之后式微了。马其顿人亚历山大崛起，征服了包括希腊、埃及在内的多个地中海国家，并在埃及建立以自己命名的地中海文化中心——亚历山大城，将希腊文明传播到地中海南岸。公元前 323 年，亚历山大大帝在巴比伦逝世，他的手下四分帝国，建立了埃及托勒密王朝、塞琉西王国、马其顿王国、色雷斯王国，古希腊进入希腊化时代。

公元前 146 年，罗马征服了希腊，西方文明的火炬传到了罗马手中。罗马文学（拉丁文学）的源头便可追溯到一位受过高等教育的古希腊人。这位古希腊人作为奴隶被罗马贵族带到罗马，并创办了一所

图 3-1　意大利地理位置示意图（刘文瑾/绘）

学校。他将荷马史诗《奥德修纪》翻译成拉丁语，以此教育罗马贵族。通过这种方式，古希腊文化的思想和艺术成果开始在罗马得到传播。借着罗马的领土征服和文化殖民，经过本土化吸收、改造的古希腊哲学、文学和艺术，被传播到亚欧非大陆。

　　这个过程不仅仅是简单的翻译和传承，更是一个融合和创新的过程。维吉尔的史诗《埃涅阿斯纪》记载了罗马的由来，创造了属于罗马的史诗：特洛伊王子埃涅阿斯受到神祇的启示，在特洛伊烧毁之前逃离了自己的国土。他在地中海流浪一段时间后，最终抵达了意大利。公元前 753 年，其孙罗穆卢斯（Romulus，埃涅阿斯女儿与战神的儿子）建立了罗马城。特洛伊公主与战神的结合，被视为罗马人血脉的重要象征。罗马文明一方面继承了希腊文学、艺术、哲学和建筑的建树，另一方面书写了军事征服、法制管理和文化融合的奇迹。从君主制、共和制到帝制，罗马演绎的是一个从七丘小城到横跨亚欧非大帝国的宏大叙事。

抵达罗马达·芬奇机场已是夜色朦胧的黄昏。我换乘机场快线进城，下了火车，凉鞋在石子路上蹭出清脆的响声，仿佛在问：条条大路通罗马，说的可是这条？次日清晨，我学会了 Ciao（发音同"俏"），既是"你好"，也是"再见"，兴许意大利语继承了罗马的实用精神，以一当十，倒也轻松自得。然而很快，我的兴奋劲儿被罗马城的博大精深所淹没。罗马城跨越了古罗马（前 8 世纪—5 世纪）的辉煌、中世纪的沧桑、文艺复兴（16 世纪）的繁荣、巴洛克时期（17 世纪）的华丽，留下星罗棋布的神庙、教堂、凯旋门、喷泉、博物馆，厚重得叫人无从辨认。

美国作家埃莉诺·克拉克（Eleanor Clark）在《罗马与别墅》（*Rome and a Villa*）中一语中的地写道："罗马是一个拥有凝固历史的城市，它独特的视觉词汇让人们对它的认知变得困难。任何精心准备都显得单薄与草率；每个角落都是凝固的历史片段，时光仿佛在那里停滞。因此，人们有时会选择逃离罗马，寻求佛罗伦萨那种只有一种声音的和谐统一之美。"[1] 罗马，无疑是个认知挑战。它深深扎根于历史的盘根错节之中，西方文化每一个时代的历史痕迹都在这里留下了

---

[1] Eleanor Clark. *Rome and a Villa*. New York: Harper Perennial, 1992, p. 37.

浓墨重彩的一笔。然而，这些历史的音符并非和谐统一，而是杂糅、碰撞，甚至叠加的。罗马像是一部多声部交织的史诗，每个声部都独立而鲜明，共同构成了这座城市的丰富与复杂。

罗马，这座拥有 300 万人口的古都，傲然坐拥 400 处载入史册的古迹，令人叹为观止。在电影《罗马假日》中，赫本公主与新闻记者派克在摩托车上风驰电掣穿越罗马古迹的画面，充满了戏剧感，成为永恒的经典。然而，对于文化史的朝圣者来说，罗马更像一位历经沧桑的老人，它的故事还需从头讲起。

古罗马时代

前 753—476 年

「拱券革命」罗马斗兽场

　　罗马帝国的起源可以追溯到台伯河边的七丘之城。古罗马王政时期（前753—前509年），罗马由一位国王统治，社会结构以贵族与平民两大阶层为主。公元前509年，贵族夫人卢克雷蒂娅（Lucretia，传说中的古罗马烈女）接待罗马王子塞克图斯·塔克文（Sextus Tarquinius）时惨遭奸污，自尽以示抗争。丈夫悲愤之中率领起义废除了王政，罗马步入共和国时期。

　　共和国的理念相当先进，公民会议选举英才代表公民治理国家，每个部门设有两名以上的行政官，以防止集权。然而，英才大多来自贵族与有钱阶层（譬如凯撒），最终执政官免不了集权，罗马不断陷入内战，走向三人寡头统治。最后屋大维打败其他两位寡头，他战略性地宣布：罗马停战，"恢复"共和制。事实上，屋大维不断将自己的心腹推上要职，建立以他为首的官僚体系，罗马名义上恢复了共和制，事实上进入了帝制。屋大维清楚罗马注重传统，守住共和理念、延续民族精神，才有利于统治。

罗马的七座小山中最著名的是卡比托利欧山（Capitoline Hill）与帕拉蒂尼山（Palatine Hill）。卡比托利欧山是古罗马的宗教中心与中世纪政府所在地。美国在建国时深受罗马共和制的启发，因此美国国会大厦的名字 Capitol，既是对罗马卡比托利欧山的致敬，也是美国建立自身民主共和传统的开端。帕拉蒂尼山则是古罗马最早的村落点，是宫殿（palace）的词源。两丘之间便是古罗马市政广场，是古罗马政治生活的核心区域（见图 3-2）。古罗马政治家在凯旋门、元老院、神庙、巴西利卡（basilica）之间来回穿梭、参政议政。市政广场是古罗马公民参与政治生活的重要场所。在这里，古罗马民众听取政治家的演讲，参与公民大会的投票，共同决定国家的未来。

罗马帝国的威风，尽显于宏伟工程与巍峨建筑之中。古罗马斗兽场、君士坦丁凯旋门和马车竞赛场等令人叹为观止的建筑物皆在罗马的七丘范围内，不仅

图 3-2　古罗马市政广场一角（刘东威／摄）

是罗马的地标，更是帝国辉煌的象征。公元 72 年至 80 年，韦斯巴芗皇帝排干了尼禄皇帝金宫的人造湖，建造了斗兽场（见图 3-3），成为古罗马民众娱乐与参与公共事务的重要场所。角斗士在这里与猛兽搏斗，或与其他角斗士一决高下，胜利者将获得极高的荣誉，甚至能摆脱奴隶身份重获自由。罗马公民则与罗马皇帝一起决定赦免角斗士债务或身份（女性在家族男性的陪伴下参与），共同见证这一盛事。

斗兽场的文化功能相当于古希腊剧场。从外观上，它是古希腊剧场的两倍（英语 amphitheater 即"两个古希腊剧场"的意思），可容纳5 万人；从功能上论，也具备古希腊剧场的教化作用。古希腊剧场是公民教育的圣地，戏剧表演深化了古希腊人对神的公义、城邦功能的理解以及思辨能力的培养。在那里，戏剧不仅是一种娱乐形式，更是一种启迪思想、激发公民责任感的重要平台。古希腊民主制度注重公

图 3-3　罗马斗兽场（Kasa Fue/ 摄　版权许可：CC BY-SA 4.0）

民参与，而剧场便成为培养公民素养（仅限于男性）、提升思辨能力的大众教育场所。相比之下，罗马的斗兽场虽然起初是为了满足民众的娱乐需求而建，但在其发展过程中，逐渐演变成了展示武斗精神、塑造公民血腥审美的重要场所。角斗士的竞技表演不仅给民众带来了刺激与欢乐，更在政治上起到了宣传和社会控制的作用。角斗士的英勇表现，成为激发民众崇武文化的重要手段，同时也是统治者展示力量、巩固社会秩序的象征。

罗马斗兽场其主要建筑材料为石灰石（洞石）和火山石，这些天然石材赋予了斗兽场坚固与耐久的特性。而碗状结构和外墙的拱券结构，则巧妙地采用了混凝土浇筑技术，这一创新使得斗兽场的建造不再受限于山体的支持，实现了更为自由的布局（见图3-3）。罗马斗兽场采用了三层楼的结构，每层都装饰着精美的80个拱券。这些拱券的柱子间接或直接源于古希腊的三种柱式——塔斯干（Tuscan）、爱奥尼克和科林斯柱式。这种层层叠加的结构使得斗兽场在视觉上呈现出和谐而富有变化的美感。拱券结构在斗兽场中不仅发挥了重要的装饰作用，还具备实际的功能性。它们能够容纳大理石塑像等艺术品，既节约了混凝土的使用，又创造了券柱的反复性节奏，使得整个建筑在视觉上更加和谐统一。这种券柱式结构是罗马建筑的独特创新，它相较于实心墙更为节省材料，同时在垂直方向上打开了视觉空间，增加了通行通道，使得斗兽场在实用性上得到了极大的提升。在审美上，券柱式结构实现了圆拱和直柱的完美融合，这种曲线与直线的交织，既减轻了建筑的厚重感，又提升了建筑的艺术美感。

斗兽场附近的君士坦丁凯旋门（见图3-4），即是这样的一个独立券柱结构。凯旋门，作为实用且具有军事政治仪式感的建筑，实现了审美与政治的双重功能，彰显了罗马威望。此外，拱券结构还广泛应

图 3-4　君士坦丁凯旋门（插图，绘制于 1875 年）

用于浴场建筑中的干蒸房设计，例如罗马的卡拉卡拉浴场。拱券结构让蒸汽自由通行，为罗马公民创造了物美价廉的沐浴设施，成为民众日常生活中的重要福利。

罗马创造的拱券艺术与古希腊柱式一结合，不仅充分利用了墙体空间，还赋予了建筑外观一种有节奏感的美感。这种融合了古希腊柱式和创新拱券结构的建筑风格，展现了罗马建筑的实用精神和创新能力。罗马斗兽场的影响力超越了其本身的功能，成为古代工程和建筑的典范。

古罗马的扩张不仅依靠武力征服，也注重在征服地区建设与罗马相似的城市。斗兽场作为地标性建筑不仅在罗马，也在其他城市如克罗地亚的普拉、北非的突尼斯、法国尼斯等地得到了建造。甚至，在遥远的伦敦，深埋于地表之下的古罗马斗兽场废墟，也在无声地诉说着那段辉煌的历史。这些散布在世界各地的古罗马遗迹，不仅见证了古罗马文化的辐射范围，更彰显了其工程技术的卓越与不朽。

「穹顶之巅」万神殿

公元 2 世纪初，罗马皇帝哈德良下令重建万神殿（the Pantheon）。这座建筑凭借其原创的穹顶设计和精美的内部空间，成为古罗马时期建筑艺术的瑰宝。希腊多神教开启了一名主神把持一座城市的传统，罗马延续了希腊的多神崇拜，却把诸神请进了同一座神庙。万神殿是罗马文化折中主义特色的典型，不仅在敬拜模式上与希腊神庙迥异，而且在建筑史上树立了新的里程碑。

以帕台农神庙为代表的希腊神庙建筑，大到布局，小到浮雕，处处体现希腊围柱建筑的特色。古希腊神庙外观精雕细琢，屹立于高处，占据着宗教活动和游行的天际线。罗马第一次实现了巨大的内部空间，将神庙建筑的功能从宏伟的外观转向精致的内部（见图 3-5）。当人们穿过罗马万神殿广场凯旋门，一步步迈向万神殿，仿佛与朝圣一座古希腊神庙无异，直到穿过科林斯门廊，踏入万神殿的那一刻，心为之一震。

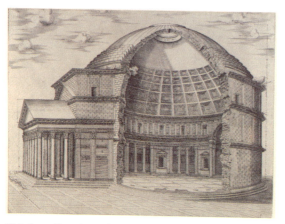

图 3-5　万神殿剖面示意图（插图，绘制于 1553 年）

埃及有阿斯旺采石场，希腊盛产石灰岩与高品质大理石，相比之下，罗马所拥有的仅仅是火山灰浮石，似乎不具备建造雄伟建筑的理想材料。好在罗马帝国疆域辽阔，皇帝一声令下，从埃及运来了大理石，雕琢了无拼接的科林斯柱子，装饰门廊与内部大厅。然而，从建筑的主体来看，罗马人深知他们无法像古埃及和古希腊的前辈那样，完全依赖石头来构建建筑。于是他们将小石头、泥浆、沙子、水混在一起，发明了混凝土——世界上最便宜的建材。这种"取之不尽，用之不竭"的便宜建材有着了不起的可塑性，与拱券工艺一结合，生成单拱、双拱、三拱（凯旋门）、桶拱、十字拱（教堂），可谓功德无量。

为了确保万神殿直径为 44 米的大穹顶不致塌陷，罗马建筑师采取了一系列措施。他们建造了一个高达 40 米的混凝土底座来支撑穹顶，并在底座墙体内部使用混凝土拱券承重并节约建材。这种结构的设计既能保证穹顶的稳定，又能增加内部空间的灵活性。万神殿的穹顶也巧妙地运用了多层次的建材——混凝土、石灰和火山灰来减轻其重量，直到顶部形成了一个直径超过 8 米的"天眼"，在这里完全没有使用任何材料。穹顶表面还设计了方形藻井，随着高度的增加逐渐变小，进一步减轻了穹顶的重量，并实现了直通苍穹的视觉效果。

"天眼"成了万神殿的主要光源。

在神庙大厅厚重的墙体前，建筑师不但安置了精美的古希腊科林斯柱，并且巧妙地将壁龛与柱子有机融合，使得内部空间更加灵动。初建时，神龛中摆放的是罗马诸神的雕像，它们肃穆而庄重，仿佛在诉说着古罗马的辉煌历史。然而，随着时间的推移，万神殿的命运也经历了多次变迁。在9世纪，这座古老的庙宇被改建成基督教堂，诸神像变为圣徒像。到了16世纪，画家拉斐尔安葬在此，神龛中的塑像又替换成名人雕像。壁龛实现了从建筑到人像的过渡，赋予建筑柔和的线条，增强了建筑的空间层次与节奏感。这种变化使得壁龛不仅仅是建筑的一部分，还成为展示文明精髓的场所。

在夏至那天，阳光从"天眼"垂直射入建筑的中央，而每年的4月21日，也就是罗马建城日，阳光直射在门上，创造出进入神庙的神圣一刻。光线透过"天眼"照入室内，随着节气与时令的往返循环而变化，同时大理石雕像散发出自然光泽，使万神殿成为一个充满戏剧感的神圣宇宙。而顺着"天眼"洒下的雨水，则通过地面的下水道系统安全排出。

若要领略万神殿之辉煌，游览次序尤为关键。建议先访万神殿，感受古罗马神庙的宏伟空间，再深入罗马文艺复兴与巴洛克时期的教堂建筑，理解其受万神殿影响及改良之处。如此顺序，方能体会万神殿在历史上的地位，并更好地欣赏罗马作为建筑博物馆的繁复之美。若忽视时间与历史的维度，罗马无疑将成为难以破解的艺术之谜。

中世纪时期

476--约 1500 年

塔楼与巴西利卡的交响乐

公元前 59 年，罗马人在阿诺河畔扎营筑城，据说当时漫山遍野开满了百合，便以花神弗洛拉（Flora）来命名这种吉祥的野花，久而久之这座城市被冠名 Florentia（拉丁语），演变成意大利语 Firenza 或 Firenze，英译为 Florence，汉译佛罗伦萨。民国诗人徐志摩将佛罗伦萨翻译成"翡冷翠"，实为高明，既从意大利语音译，又巧妙地将意大利语中的"鲜花之城"对应到汉语"翡冷翠"，意境皆出。

翡冷翠，城如其名，一见倾心。从罗马乘坐著名的"欧洲之星"列车抵达翡冷翠／佛罗伦萨，顿觉气质迥异。这里没有罗马的宏伟与磅礴，却自有一股典雅的历史韵味。古朴的钟楼，历经风雨，见证着岁月的流转；典雅的教堂，肃穆庄严，诉说着信仰的力量。漫步在佛罗伦萨的小巷中，石板路蜿蜒曲折，宛如历史的长河在脚下流淌，每一步都在咏叹这座古城的静谧与深邃。佛罗伦萨，乃上帝厚爱之城，一朵圣洁的百合花！

图 3-6　佛罗伦萨（丁晓君／摄）

　　佛罗伦萨的城市规划深受罗马方格子街道的启发，两条道路优雅地交汇于广场，这种设计不仅为城市赋予了独特的韵律，更成为后来美国纽约曼哈顿城市规划的范本，彰显出其在城市规划领域的深远影响力。我陶醉于它的沉静，即便在游客如织的盛夏，也能在蜿蜒的石板小弄里走一段孤身只影的时光；我的目光流连于绿、白、红的城市建筑外观，突然领悟，意大利国旗的颜色原来出自这里！佛罗伦萨的蜿蜒街道连接着鳞次栉比的家族塔楼、教堂和广场，而阿诺河在城市中央潺潺流淌，如同翡翠的丝带，将这座城市的独特风貌串联起来（见图 3-6）。

　　中世纪名门望族的塔楼，如但丁故居和乌贝蒂塔，以坚固的石材建造，勾勒出佛罗伦萨的天际线。塔楼具备严格的防御系统，几乎没有窗户，贵族小姐高高在上向骑士掷丝巾，正是中世纪题材电影中常见的场景。早期的中世纪塔楼通常高达 60 米，但到了 13 世纪末，为了抑制家族间的竞争，官方将私人塔楼的高度限制在 25 米以内，只有被充公的巴杰罗宫例外，它高达 57 米。如今，巴杰罗宫已成为国家博物馆，宫殿天井墙上名门望族的徽章色彩绚丽、图案各异，凝聚着佛罗伦萨的历史。其中最显眼的当属美第奇家族的徽章，金底红球排列整齐，围绕在印有三朵百合花的蓝球下方。这些塔楼彰显了当时贵族家族的权势和地位，同时也是城市防御的一部分。

中世纪的教堂建筑源于罗马的巴西利卡，最早的教堂圣彼得大教堂全名就叫作圣彼得巴西利卡（见图 3-7）。最初的巴西利卡为一长方形建筑，用于商业和法律活动。随着罗马皈依天主教，巴西利卡的结构（包括中殿与走廊）得到了扩展，增加了后殿和十字形翼部（也称为耳堂），强化了十字架的形状，成为教堂的典型形式。

中世纪罗马式教堂在继承巴西利卡建筑精髓的基础上，巧妙地融合了古罗马的圆形拱券元素，创造出一种敦实、稳重且明朗的建筑风格。佛罗伦萨的圣米尼亚托巴西利卡，这座纪念佛罗伦萨第一位圣徒圣米尼亚的罗马式教堂，便是这一风格的代表。它坐落于米开朗琪罗广场南侧的小山之巅，俯瞰全城，视野无比开阔。教堂的立面充满了典型的托斯卡纳风情，白色大理石贴面清新雅致，绿色大理石线条装饰为其平添了一抹生动与活力。与法国、德国、英国等地哥特式教堂陡峭而锐利

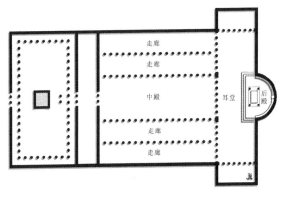

图 3-7　圣彼得巴西利卡的平面图

的线条感相比，圣米尼亚托巴西利卡显得可爱与明媚，仿佛是大自然与人文艺术完美融合的结晶。教堂内部装饰精美，外部花园围绕，近当代名人，如《匹诺曹》作者卡罗·科洛迪、传记作家路易吉·尤果尼等，长眠于此。教堂墓室中的大理石柱子更是大有来头，它们是从罗马浴场挪过来的，象征着圣徒是教会的支柱。

在佛罗伦萨，绿白大理石的立面风格几乎成了所有教堂建筑的标志。例如，阿尔伯蒂设计的新圣母玛利亚大教堂（Basilica di Santa Maria Novella）立面上的马蹄形绿白拱券和绿色科林斯柱，简约和谐，堪称意大利托斯卡纳文艺复兴的典范之作（见图 3-8）。多明我会修道院的标志太阳漩涡，呼应了拱券的圆弧，为教堂立面的四方图案增添了圆融的美感。在阳光的照耀下，大理石贴面散发着从淡绿到墨绿的丰富色泽，其黄绿纹理恰到好处地增添了石头的质感，美不胜收。踏

图 3-8　新圣母玛利亚大教堂

入教堂内部，即被绿白相间的哥特式尖拱深深吸引，它们以简约的镶拼方案、明快的颜色对比，衬托出画家乔托金碧辉煌的祭坛画，使整个教堂内部空间充满了神圣与庄严（见图 3-9）。相较罗马城的白色建筑，佛罗伦萨的绿白教堂充满了青草的气息，令人不

图 3-9　新圣母玛利亚大教堂中殿（刘文瑾／绘）

禁赞叹大自然的石头如此美丽。原来，距离佛罗伦萨仅仅 12 千米处的普拉托，即为绿色大理石的产地。这种美丽的绿色大理石被广泛应用于托斯卡纳地区的教堂建筑中，尤以佛罗伦萨百花大教堂与锡耶纳大教堂最为著名。

文艺复兴时期

约 1300--约 1600 年

佛罗伦萨圣母百花大教堂

——一份文艺复兴的宣言

　　佛罗伦萨的教堂立面通常呈现罗马式的圆拱结构，同时也融入了意大利文艺复兴风格的装饰元素，如漩涡、几何图案和绿色大理石贴面。由于战乱频繁，现存的立面大多是18世纪和19世纪的作品，而教堂内部的风格通常是温和的哥特式，具有尖拱券和彩色玻璃窗，展现了中世纪的遗产。

　　见识过这些教堂之后，愈加凸显徐志摩"翡冷翠"的"翠"字译得高妙，"翠"不仅音译得当，更巧妙地点出了佛罗伦萨教堂建筑中特有的翠绿大理石。与白色罗马城[①]相比，佛罗伦萨绿白相间的大理石教堂塑造了空谷幽兰之境，难怪每每念起，就像一阵清风过心田！

　　除了翠与皓，佛罗伦萨的主体颜色还有丹。佛罗伦萨的塔楼以红色的砂石、石灰岩、大理石为建材，辅以红、黄、褐暖色调的砖石，

---

① 　罗马建筑曾经的金色装饰，如图拉真凯旋柱和万神殿的顶部，大多已遗失或挪作他用。

图 3-10　佛罗伦萨圣母百花大教堂

无不透露出古朴、厚重的历史韵味。不过，将意大利国旗上的红诠释得最有戏剧感的莫过于圣母百花大教堂（Santa Maria del Fiore），又称佛罗伦萨大教堂的红色穹顶了。佛罗伦萨天际线飘起的这抹红（见图3-10），不只游客倾心，连米开朗琪罗都为之赞叹不已。

　　佛罗伦萨的繁荣始于11世纪商贸的发展，14世纪靠银行业已经成为意大利最富庶的城市，在文学艺术领域开启了欧洲文艺复兴。

　　圣母百花大教堂不仅仅是佛罗伦萨历史上最重要的宗教建筑，更是文艺复兴之都振聋发聩的文化"宣言"。13世纪末，佛罗伦萨商贸发达、人口激增、世界地位逐渐提高，老教堂显得寒碜不堪。令佛罗伦萨人更加不快的是，比萨在12世纪已经建成美轮美奂的比萨大教堂。疏密相间的圆形拱券赋予洁白的大理石立面独有的统一节律，凸显罗马式建筑风格的高贵典雅，穹顶直径34米。13世纪中期，锡耶纳也已经建成恢弘壮观的大教堂。锡耶纳大教堂大胆使用粉色、绿色大理石，建成了欧洲当时最大的哥特式教堂，穹顶高达 66 米。这两座教堂各有千秋，比萨大教堂像一朵圆润的白莲花，锡耶纳大教堂则似一枝青色的兰花。佛罗伦萨人不甘落后，决意为自己中世纪的天际线添上一座史无前例的、具有古罗马风格的穹顶，赛过比萨与锡耶纳。

13 世纪，佛罗伦萨大教堂广场已具有现在的规模，长约 115 米，宽 90 米，建于公元五六世纪的圣乔瓦尼洗礼堂（Baptistry of San Giovanni）早已坐落于此。八角形洗礼堂纪念耶稣"第八日"的复活，寓意教徒出死入生——洗去旧身，披上基督新衣。中世纪的教堂建筑包括教堂、钟楼、洗礼堂、公墓。佛罗伦萨洗礼堂代表了中世纪欧洲文明艺术的巅峰成就：地面装饰采用伊斯兰教的生肖图案，穹顶展示拜占庭风格的金色马赛克壁画，柱式采用古典罗马式拱券，洗礼堂使用的白色大理石来自意大利阿尔卑斯山脉，而绿色大理石则来自普拉托，为建筑增添了独特的色彩。

1296 年，圣母百花大教堂的建设工程正式启动，然而命运似乎总是与这座宏伟建筑开玩笑。时光荏苒，一百多年过去了，大教堂的底座早已屹立不倒，但设计图上的穹顶却如同一个遥不可及的梦想，迟迟未能变为现实。受限于木制建材的承重能力以及砖石工艺的局限，大教堂高达 50 米左右的穹顶成为建筑师无法逾越的难题。每当雨季来临，雨水无情地侵入大教堂，仿佛连佛罗伦萨都在为这未完成的建筑而哭泣。一百多年的等待与期盼，大教堂依旧缺少一个能够遮蔽风雨的穹顶，这成了每个佛罗伦萨人心中的一根刺，一道难以愈合的伤口。美第奇家族作为佛罗伦萨的显赫贵族，对大教堂的封顶更是心急如焚。他们深知，谁能成功解决这一难题，将大教堂封顶，谁就能赢得佛罗伦萨人民的尊敬与拥戴，成为这座城市当之无愧的王者。

终于，在 1420 年到 1436 年期间，在美第奇家族的资助下，建筑师菲利波·布鲁内莱斯基（Filippo Brunelleschi）不负众望，成功问"顶"。菲利波取道罗马研习万神殿十六年之久，得以破解此建筑难题。15 世纪初，罗马百废俱兴，众多古迹在多年的战乱中东倒西歪，千疮百孔，给菲利波创造了一睹建筑内核、领会古罗马建筑工程精髓的天赐良机。菲利波的创举是将巴西利加与万神殿巧妙叠加，让"万神殿的穹顶"轻盈地漂浮在巴西利加的上方，距离地面高达 113 米（万神殿的穹窿距离地面 43.3 米）。菲利波动用了约四百万块砖头，将两个"蛋壳"形状的结构叠加在一起。在这两个"蛋壳"之间，修建了四百多个台阶，直通穹顶的塔亭，游人可以沿着这些台阶拾级而上，近距离感受大教堂的雄伟与壮观，一览佛罗伦萨大教堂的整体景象。为了确保大穹顶的稳固，菲利波巧妙地运用了铁链和砖石，将八个面紧紧固定在一起，这与洗礼堂的设计形成了巧妙的呼应，展现了菲利波设计思路的连贯性与整体性。值得一提的是，菲利波在设计过程中充分考虑了佛罗伦萨人民的审美情趣。他摒弃了传统哥特式建筑裸露的飞扶壁设计，而是为其盖上了五座红色的小穹顶，与大穹顶形成了和谐的呼应（见图 3-11）。这使得大教堂的外观显得更加圆

图 3-11　佛罗伦萨大教堂剖面图

润可爱，更符合佛罗伦萨人民对古典美的追求。中世纪的教堂顶部通常矗立一座小尖塔（比如巴黎圣母院、图卢兹圣塞尔南大教堂），佛罗伦萨大教堂的穹顶却复兴了以万神殿为标杆的古典理念与古典审美，刷新了佛罗伦萨的天际线。

穹顶赋予了教堂无穷的创作可能。瓦萨里（Giorgio Vasari）的穹顶壁画《最后的审判》便是这一设计理念的绝佳体现。该壁画创作于1572 年至 1579 年间，跨越了长达七年的时间，足见其工程之浩大与精细。壁画以宏伟的场景和细致入微的刻画，展现了"最后的审判"这一宗教主题。我攀登大教堂的穹顶时，近距离欣赏过这幅在简约的教堂内饰衬托下，更加显得金碧辉煌的壁画。与现代美术馆中静态的观赏不同，我在攀登的过程中仿佛置身于壁画所描绘的神圣场景中，与壁画产生了更为深刻的情感联结。我为佛罗伦萨穹顶为天顶画创造的创作空间，为建筑师与画师共同创造的奇妙审美空间暗暗称奇。

欧洲的教堂一建就是几百年，圣母百花大教堂也不例外。现存的教堂正立面建于 1871—1887 年间，距离穹顶建成 450 年。圣母百花大教堂立面借鉴了洗礼堂的绿白配色，沿用了乔托钟楼（建造于 1334 年）红、白、绿相间的配色，添加了文艺复兴的装饰风格，完全避免了法国、德国哥特式教堂的陡峭感。教堂的飞扶壁，也被穹顶与外墙包裹得严严实实，使得教堂轮廓柔和了许多，甚至创造了罗马式教堂的敦实感。圣母百花教堂融合了罗马式、哥特式和文艺复兴风格，这反映了意大利长期战乱下教堂的摧毁与重建历史。

佛罗伦萨大教堂的成功，可以说是在古罗马的废墟上升起了佛罗伦萨的文艺复兴精灵！然而这不只是模仿，更是超越。一百年之后，圣彼得大教堂设计师米开朗琪罗在研究了佛罗伦萨百花大教堂的穹顶之后，惊为天人之作。所有到过佛罗伦萨的旅人，也无不为大教堂那庄严而不失典雅、高耸又可爱灵动的红色穹顶动容。当地人更是对之情有独钟："佛罗伦萨人见不到大教堂穹顶半年，是要痛苦万分的。"[①] 这就是流传甚广的穹顶相思病（Duomo sickness）。

参观佛罗伦萨大教堂广场需要预留一天的时间。长长的队伍是进入大教堂前的常态，但这也是一种对信仰和艺术的虔诚等待。洗礼堂、大教堂、钟楼走一遍需要大半天，剩下的时间交给大教堂博物馆。在这藏龙卧虎之地，你能近距离欣赏大教堂的所有珍品，塔楼四个立面的圣徒雕塑浮雕、洗礼堂的青铜"天堂"门、教堂立面的圣徒塑像、米开朗琪罗的《圣殇》，还有建筑群各个时期的立面木头模型与大穹顶的设计木质模型。我痴迷于大理石散发出的一种迷人温度，每一座雕塑和浮雕都刻印着文艺气息。

佛罗伦萨圣母百花大教堂典雅清新的外表，与它古朴凝重的历史内涵相得益彰，既可爱又可敬。难怪艺术家常聚集在教堂广场写生，新人爱在夕阳下相拥，他们听那马车哒哒地驶过，这里的每一寸土地都散发着深厚的人文气息，令人陶醉，让人怀念。

① Eric Cochrane, *Florence in the Forgotten Centuries, 1527-1800: A History of Florence and the Florentines in the Age of the Grand Dukes*, London: University of Chicago Press, 2013, p. 274.

美第奇的人文情怀

佛罗伦萨的情怀得益于其深厚的人文主义氛围。美第奇家族麾下聚集了众多杰出的人文主义者，他们不仅在文学、艺术、哲学等领域取得了卓越的成就，更为佛罗伦萨的文化繁荣做出了巨大的贡献。在美第奇家族的资助下，佛罗伦萨修建了无数宫殿、广场与私家画廊。

美第奇宫（见图3-12）是著名建筑师米开罗佐在15世纪为科西姆·美第奇设计

图3-12 美第奇宫

的官邸。美第奇宫方正周整，线条流畅而简洁，给人以稳重和对称
的美感。底层的错落有致的方石堆砌（ashlar work）不仅使宫殿更
加坚固和庄重，还增添了一种古朴的韵律感，对称的圆形拱门设计
和精致的小型山形墙装饰，则体现了文艺复兴对对称与优雅的追求。
第二、三层科林斯柱式的圆形窗户与第一层的圆拱设计相呼应，却
选择较底层相对轻巧的砖块，这种统一的设计元素保证了建筑的和
谐美感。美第奇宫殿内部陈列了大批中世纪与文艺复兴时期的作品。
米开朗琪罗从小在此长大，深受人文艺术熏陶。美第奇宫以沉稳和
谐的外表与深厚的人文气息，作为文艺复兴建筑的典范，受到后世
的瞻仰与模仿。

1540 年，美第奇家族迁居至历史悠久的旧宫（Palazzo Vecchio），
这座雄伟的建筑坐落于阿诺河畔，始建于 13 世纪末，曾是佛罗伦萨
共和国城市治理委员会的要地。旧宫塔楼巍峨耸立，高达 94 米，成
为佛罗伦萨的标志性建筑之一。宫殿屋顶上那朵鲜艳的红色百合花，
不仅是佛罗伦萨市的徽章，更是佛罗伦萨足球队引以为豪的标志。美
第奇家族在旧宫之侧巧妙地设立了一处官员办公室，并精心在顶层珍
藏了众多文艺复兴时期的瑰宝。这个官员办公室后来逐渐演变为举世
闻名的乌菲齐画廊（Uffizi，意大利语办公室的意思），终于在 1774 年
向公众敞开大门，让无数艺术爱好者得以一窥那些珍藏的艺术珍品。

乌菲齐画廊收藏中世纪后期画家乔托与文艺复兴大师达·芬奇、
拉斐尔、提香、卡拉瓦乔等的作品。文艺复兴思潮复兴了古希腊和古
罗马艺术的人体美，西方文化的人文主义传统重新焕发。文艺复兴时
期的理想美和透视技巧，将西方绘画推向了一个新的历史高峰。卡拉
瓦乔的《美杜莎》、波提切利的《春》、达·芬奇的《天使来报》和米

图 3-13　波提切利《春》（乌菲齐美术馆藏）

开朗琪罗的《圣家族》虽然题材各异，但都传神地展现人物的体态与表情，体现了文艺复兴时期艺术的精髓。

　　从古希腊罗马的众神到中世纪庄严的圣像，人物描绘始终占据着西方绘画的核心地位。而文艺复兴时期的绘画，以其独特的创新，将人物巧妙地置身于写实的自然环境之中，突出人与自然的和谐统一。乌菲齐画廊中的 27 幅波提切利（Sandro Botticelli）作品，无疑是这一融合的最佳诠释。波提切利的画作中，女性形象尤为引人注目。她们身姿优雅，面容典雅，每一丝表情都仿佛蕴含着无尽的故事。与中世纪圣母像的呆板形象截然不同，波提切利笔下的女性充满了生命力与灵动。在《春》这幅鸿篇巨制中，波提切利展现了他细腻的笔触和惊人的写实能力（见图 3-13）。春姑娘裙摆上的植被图案，细致入微，仿佛每一片叶子、每一朵花都在诉说着春天的故事，请试用彩笔为黑白线稿（图 3-14）上个颜色吧。在维纳斯的花园里，波提切利更是精

图 3-14　春姑娘的裙摆　（《春》局部）
（申屠青／绘）

心描绘了上千种植被，这些植被不仅为画面增添了丰富的色彩和层次，更为植物学家提供了研究文艺复兴时期佛罗伦萨当地植物的宝贵资料。这种对自然的精确描绘，正是文艺复兴时期现实主义追求的体现。波提切利将自然与人物巧妙地结合，既复兴了古典写实的意趣，又创造了理想主义的新高度。他笔下的美惠三女神（见图 3-15），人物形象丰满生动，比古希腊瓶画上的形象更具解剖意义。这种对人物与自然的深入探索，启发了同时代的拉斐尔、达·芬奇等艺术家，拉斐尔受之影响，创作了自己的美惠三女神，以及达·芬奇的肖像画《蒙娜丽莎》与《岩间圣母》，皆为人物与自然相结合的产物。

　　参观乌菲齐画廊，我深受震撼。然而，对于画册上最为喜爱的《维纳斯的诞生》，实物尺寸狭小，细腻度也不如预期，令人颇为失望。这也让我更加明白，只有欣赏真迹，才能真正体会到艺术家所表达的细腻和深沉。不过，现代数字化科技可以穿越时空，拓宽艺术实物边界。2010 年 6 月 27 日，上海美术馆首次展出了乌菲齐博物馆虚拟画展，获得空前成功。参观者通过名为"可触摸的乌菲齐"的机器，欣赏到几个世纪以来画廊收藏的全部名家名作。图像具有很高的分辨率，只需轻轻点击，可以放大、翻转名画，近距离欣赏画作的细枝末节，还可以根据关键词进行搜索和观赏。数字化布展，将文艺复兴的气息打包，使之传播得更远。

旧宫所在的市政广场，是另一个具有浓厚文艺复兴氛围的公共空间，以其众多的雕塑和建筑而闻名。米开朗琪罗的《大卫》雕塑复制品（原作收藏于佛罗伦萨美术学院）和海神喷泉，是这个广场上最著名的艺术作品。与古罗马市政广场的神庙和凯旋门不同，佛罗伦萨市政广场上真人大小的雕塑群，推崇的是佛罗伦萨的古典美复兴。与古罗马市政广场的社会功能类似，文艺复兴重新思考了人的价值，赋予了公共空间在城市规划中的重要地位。各种广场应运而生，以满足人们的活动需求。市政广场上演即兴假面戏剧，圣克罗齐教堂广场（Piazza Santa Croce）是圣方济各会的宗教活动场所。之前提到的新圣母玛利亚大教堂广场，则在16世纪被科西莫·美第奇经营成马车

图 3-15　美惠三女神　（《春》局部）（俞鳕 / 绘）

赛场，两座方尖碑作为赛道的终起点，可谓古为今用。如此看来，古典复兴的不只是建筑，也是生活方式。

佛罗伦萨的美第奇家族开辟了文艺复兴时期以教堂建筑、王家宫殿、公共广场为核心的城市规划史。意大利文艺复兴时期的城市广场，作为城市的视觉聚焦点，烘托出周边重要的宗教、市政、文化场所，成为资本主义新兴城市的心脏。

水灵灵的威尼斯奇迹

　　有一座城市，我曾久闻其名。在书本上见过黝黑俏皮的"刚朵拉"，也多次想象过那里的桨声灯影。当我晚上十点抵达圣塔露西亚火车站，还没出站，潺潺的水声已经将我"抱个满怀"！我看不见路，清脆的水精灵钻进我风尘仆仆的发丝，仿佛一道温暖的抚慰，驱散了我夜黑风高之时抵达陌生城市的恐惧。若说飞机降落于巍峨山体环抱之中的雅典机场令人震撼，那火车抵达威尼斯扑面而来的诗情画意着实让我惊喜。难怪，不论于"儿时，我已爱上她"的拜伦，还是"我心甜蜜昏沉"的黑塞，抑或"我的梦已经变成我的住址"的普鲁斯特，威尼斯都是一封情书。我，毫不设防地为之倾倒了。

　　刚出站，就被一座巍峨的高桥横亘眼前，拦住去路。对于江南人来说，桥是司空见惯的景致，然而这座城市以桥与水路为唯一通行之道，实乃一大奇观。试问，人们究竟如何在亚得里亚海的潟湖之上，建造起四百余座桥梁，将百余岛屿紧密相连？又是如何排除沼泽，水中立桩，石上铺砖，最终建起一座座坚固的房屋？这一切无不彰显着人类的智慧与勇气。更值得一提的是，威尼斯还藏有众多私家桥，白日里供人通行，夜幕降临则拆卸携归，别有一番风趣。

自古以来，伦巴第人与东哥特人的频繁入侵，使得这片充满挑战的潟湖成为意大利人的天然避难所。在这片土地上，世代的难民如"海鸟"般顽强生存，而城市的真正建设则归功于那些虔诚的宗教组织。本笃会、方济各会、多明我会等教会纷纷在此建立教堂，与殷实的阶层共同兴建官邸，共同构筑了这座城市的基石。公元 828 年，威尼斯迎来了一个历史性的时刻。基督教福音书作者之一圣马可的遗物从亚历山大城转移至此，为这座城市带来了无比的殊荣。自此，圣马可的吉祥物——威武的狮子，成了威尼斯的象征，赋予这座城市战无不胜的力量。圣马可也被尊为威尼斯的保护神，庇佑着这片土地上的子民。

随着历史的推进，11 世纪时，雄伟壮观的圣马可大教堂终于落成，标志着威尼斯的正式崛起。这座教堂不仅是威尼斯公国最盛大的权力开幕的象征，更是拜占庭东罗马帝国风格的杰出代表。高耸入云的穹顶、半圆形的罗马式拱券、精美的马赛克和圣像画，无不彰显着东部教会的文化成就。

威尼斯的崛起首先得益于地理位置，作为拜占庭帝国的一员，它谋得包括零关税在内的特权，打败了宿敌比萨与热那亚，成为君士坦丁堡与埃及亚历山大城商贸的中介，垄断了地中海的海上通道。13 世纪初，第四次十字军东征为威尼斯带来了进一步的发展机遇。在这次东征中，威尼斯成功占领了希腊的克里特与罗马尼亚，这极大地扩张了它的势力范围和影响力。到了 15 世纪的头三十年，威尼斯的威望达到了前所未有的顶峰，成为地中海地区无可争议的商业霸主。威尼斯商人马可·波罗13世纪末在中亚与中国的旅行，记录在脍炙人口的《马可·波罗游记》中。莎士比亚在《威尼斯商人》中生动地描绘了威尼斯商人的形象。安东尼奥满脸骄傲地说："我的买卖的成败并不完全寄托在一艘船上，更不是倚赖着一处地方；我的全部财产，也不会因为这一年的盈亏而受到影响，所以我的货物并不能使我忧愁。"夏洛克补充道："他有

图 3-16　威尼斯大运河（邓万莉／摄）

一艘商船开到特里坡利斯，另外一艘开到西印度群岛，我在交易所里还听人说起，他有第三艘船在墨西哥，第四艘到英国去了，此外还有遍布在海外各国的买卖。"[①]威尼斯的商贸位置带来的殷实收益，可见一斑。

　　大运河（见图3-16）作为威尼斯的生命线，见证了这座城市的繁

_____

[①]　[英]莎士比亚著，朱生豪译：《莎士比亚全集（三）》，人民文学出版社1986年版，第6页、第16页。

荣与辉煌。沿岸，富贵阶层的别墅林立，它们保持着相对一致的外观，不过度装饰，却散发出独特的气质。夕阳西下之时，我租了一艘崭新的"刚朵拉"，随着艄公悠扬的歌声，缓缓航行在这波光粼粼的河面上，观赏沿河而居的建筑。康达里尼家族的漂亮官邸"金宫"（Ca' d'Oro），建于1421年，以其精雕细琢的立面而远近闻名。建筑第一层，柱廊结构稳重大气，大圆形拱券居中，两侧的小型哥特式尖拱券则为其增添了几分灵动，营造出简约而对称的排比效果。第二层则以四叶纹饰（quatrefoil）与三叶拱券（trefoil）的交错叠加为特色，光影交织、华丽精致。第三层哥特式窗户雕花（tracery）精工细作，给人一种凹凸有致的华丽感。整个建筑从一层到三层，每一层都在呼应与对比中展现出其独特的细节魅力和精湛工艺。屋顶上的白色十字架，高低错落有致，为别墅增添了一份简约而庄重的美。曾经，这座别墅的立面镶嵌着黄金，闪耀着耀眼的光芒。文艺复兴时期威尼斯画派的代表人物提香，更是将这金色墙面与威尼斯的金色阳光、粼粼水波与宫廷妓女的鲜艳服饰一同收纳在画板上，引起了无数公爵们的竞相赞叹。

威尼斯文艺复兴时期的另一典范作品非波沃罗的旋转楼梯莫属（见图3-17）。此建筑集爱奥尼克古典柱头的雅致与旋转楼梯的戏剧感于一体，主人骑马上顶层，既可观星，亦可一览圣马可教堂的全貌。我想象戴着面具、骑着马儿参加宴会的贵族上下旋转楼梯的情景，是多么的神气与神秘。威尼斯的面具潮流始于12世纪，起初是贵族阶层隐藏身份的手段，后来变成了一种风俗流行起来，成为狂欢节的必要行头，到18世纪达到巅峰。在威尼斯的手工作坊里遇到的面具冰箱贴，做工精美、色彩瑰丽，特别能代表这个城市的艺术气质。

16世纪，威尼斯从海上贸易转向陆地，陷入意大利的大陆纷争，开始走下坡路。在圣马可教堂的马赛克地饰上有两头狮子，一头狮子的一只前爪在陆地上，整个身体在海上游泳，健壮硕大，另一头狮子后腿在海上，其余部分则在陆地上，显得特别羸瘦。这预示了威尼斯的衰落始于它的陆地战略。随着欧洲蒸汽时代的开辟与铁路的修建，威尼斯的军事、政治、经济地位每况愈下。不过，威尼斯仍然是艺术与时尚界的女王。如今的威尼斯给人一种笙歌艳舞散了场子的安静，虽然贵族戴着面具的时光一去不复返了，但是琳琅满目的画廊、音乐会、色彩岛上的彩屋与蕾丝花边、玻璃岛的精美玻璃杯，以及无处不在的水波，都在诉说着威尼斯的诗情画意。

图 3-17　波沃罗的旋转楼梯（申屠青 / 绘）

　　穿梭于罗马的洁白、佛罗伦萨的嫣红，直至威尼斯的斑斓，每一步都仿佛踏入了充满了新意的永恒里。从庄严凝重的罗马、古朴可爱的佛罗伦萨到灵动秀丽的威尼斯，意大利的绚烂多姿，让每一次驻足都独一无二。我不是约翰·罗斯金，无法用"油墨跟时间竞赛，捕捉最后一块石头在世间泯灭之时的情态、光影、色调"[①]。我只能默默地拖着行李，注视霞光抱起湛蓝的一片海；只能幻想它变成我的住址，看"刚朵拉"在光影的褶皱里划出一道稍纵即逝的痕迹。正如黑塞所说，此刻的我，"不想休息，不想继续前进，只想先弄明白这个神奇的真谛，彻底看清这美丽的奇迹"。

威尼斯，我尚未看清，我似乎还在等波痕为月光写一句诗。

---

① 傅榆翔：《异在的仪式与寄望》，《雕塑》2021 年第 3 期，第 8 页。

庄严肃穆的圣彼得大教堂

菲利波在罗马找到了破解佛罗伦萨大教堂穹顶之谜的钥匙，可以说罗马的古典废墟乃佛罗伦萨文艺复兴的灵感女神。佛罗伦萨引领文艺复兴的浪潮，其影响亦反哺于中世纪末期的罗马，催生了罗马的文艺复兴运动。罗马教廷与佛罗伦萨美第奇家族之间，更有着深厚的渊源。

罗马局势动荡之际，罗马教皇马丁五世、尤金四世、尼古拉五世纷纷寻求佛罗伦萨的庇护，与美第奇家族建立了深厚的情谊。他们目睹了佛罗伦萨大教堂的辉煌封顶，深受其文艺氛围的熏陶。而美第奇家族在 16 世纪初到 17 世纪初的一百年里，更是诞生了四位教皇——利奥十世、克莱门特七世、庇护四世、利奥十一世，进一步彰显了佛罗伦萨与罗马之间的紧密联系。布鲁内莱斯基、多纳泰罗和米开朗琪罗等艺术巨匠在佛罗伦萨绽放才华后，亦纷纷前往罗马继续他们的艺术征程。尼古拉五世虽然在位时间短暂（1447—1455 年），却力邀佛罗伦萨的建筑大师阿尔伯蒂等人赴罗马，修葺水渠、规划城市街道、兴建梵蒂冈图书馆，并着手修复圣彼得大教堂。佛罗伦萨的艺术大师为罗马的文艺复兴注入了新的活力。

据传，圣彼得曾自愿倒钉于罗马城外赛马场的十字架上，以此表达不配与耶稣同钉的谦卑。信徒深感敬仰，将其遗体就地安葬。公元 4 世纪早期，罗马皇帝君士坦丁为纪念这位圣徒，特在此地建起圣彼得巴西利加，此举开创了圣徒陵墓教堂之先河。岁月流转，历经沧桑，至 1200 年后，圣彼得大教堂已是满目疮痍，墙壁倾斜，壁画蒙尘，昔日辉煌不再。至 16 世纪初，重建圣彼得大教堂的呼声日益高涨，人们渴望恢复其昔日荣光。

作为天主教历史上权力巅峰的教堂，圣彼得大教堂历经百余年（1506—1615 年）的辛勤重建，终得完工。在这漫长的岁月里，自尤里乌斯二世至保罗五世，共计二十二位教皇倾注心血，更汇聚了布拉曼特、米开朗琪罗、拉斐尔、贝尼尼等七位杰出建筑师与艺术家的智慧与才华。长期以来，圣彼得大教堂以其雄伟的规模（长约 187 米，宽约 147 米，高 136 米），稳坐欧洲最大教堂的宝座，直至 1989 年被科特迪瓦的亚穆苏克罗和平圣母大教堂所超越。

然而，圣彼得大教堂的历史地位与意义远非尺寸所能衡量。作为圣彼得的安息之地与天主教的枢机教堂，它承载着深厚的宗教与文化内涵。教堂融合了巴西利加的遗迹、文艺复兴时期标志性的大穹顶以及巴洛克风格的宗教煽情元素，展现出了天主教教堂的多样性与包容性。在建筑史上，圣彼得大教堂无疑也是最重要的天主教教堂之一。

意大利文艺复兴时期，教皇们怀揣着对艺术与文化的热忱，广纳贤才。圣彼得大教堂的立面由才华横溢的卡洛·马代尔诺（Carlo Maderno）设计，五个大门装饰着精致的科林斯柱与圣徒雕像，呈现出对称之美。步入正门，金碧辉煌的内部装饰与教堂外部的白色外观形成鲜明的对比。米开朗琪罗设计的穹顶高悬于空，聚焦教堂中心即圣彼得的陵墓，而圣彼得宝座则位于纵轴线的终点，彰显其至高无上的地位。教皇保罗五世在米开朗琪罗的基础上，对教堂设计进行了巧妙的改进，使得纵轴比横轴更长，进一步凸显了彼得陵墓的中心位置。而贝尼尼则为陵墓精心设计了一个青铜华盖，与熠熠生辉的圣彼得宝座相呼应，共同营造出一种庄严而神圣的氛围，令人顿生敬畏之心。

每一位参观者进入这神圣之地时，都必须遵守严格的着装要求，不能暴露膝盖和胳膊，这是对宗教场所的敬意。教堂内部，众多柱子和神龛巧妙地将空间分割成 30 多个小教堂，陈列着 39 个天主教领袖的塑像、灵柩和圣物，彰显着宗教的崇高与庄严。进门右侧的著名神龛，更是吸引了无数人的目光。这块由大理石精雕细琢而成的作品，名为《圣殇》，是文艺复兴时期最为著名的圣母子形象之一。在米开朗琪罗的巧手下，圣母的微妙情感被展现得淋漓尽致，悲伤而又克制，让人为之动容。

与前文提到的教堂类似，圣彼得大教堂借助绘画艺术来向大众传递宗教的信息。当我们攀登 200 多级台阶抵达大教堂的穹顶底座时，便可以近距离欣赏到米开朗琪罗位于穹顶的马赛克作品。从这里再攀登 300 多个台阶登上穹顶后，俯瞰圣彼得广场，只见柱廊张开的双臂与前面的道路形成了一把钥匙的形状（见图 3-18）。这是对圣彼得大教堂的最佳注解，广场设计不仅象征着圣彼得作为耶稣的大弟子掌管着天国的钥匙，同时也象征着教会就是一把通往天国的钥匙。

然而，圣彼得大教堂在建筑材料的选择上，却与许多意大利古迹一样，采用了"回收"的方式。教堂的石材来自罗马竞技场，而圣彼得青铜华盖，据说是由万神殿的青铜屋顶外饰上刮下来的青铜重新锻造而成。显然，这种破坏原有建筑、搜刮建筑材料的做法，是对文化

图 3-18　圣彼得大教堂广场俯瞰（邓万莉／摄）

传统与艺术成果的不尊重，但无论如何，这些"回收"的材料都为圣彼得大教堂增添了独特的历史韵味和文化底蕴。

圣彼得大教堂作为耶稣大弟子彼得的陵墓，其庄重与神圣的氛围远超过佛罗伦萨的圣母百花大教堂。天主教对教会内部等级制度的重视，在大教堂中得到了完美的体现。圣彼得陵墓和地下室的主教陵墓，对于天主教徒来说都具有最神圣的意义。而圣彼得大教堂作为天主教的圣地，不仅是对使徒彼得的崇敬，更是对整个天主教会的敬仰。这也解释了为何西方世界的大多数豪华而富有装饰感的教堂，往往都与天主教会紧密相连。天主教会强调艺术的教化功能，认为艺术是传达宗教理念、教化信众的重要手段。因此，大教堂内的彩色玻璃窗和圣徒雕塑不仅是艺术家精湛技艺的展现，更是天主教徒虔诚信仰的象征。

梵蒂冈艺术馆

——文艺复兴成就之巅

在宏伟的圣彼得大教堂北侧，坐落着举世闻名的梵蒂冈艺术馆。这座占地 4 万平方米的艺术殿堂收藏 2 万件雕塑作品，其规模与艺术品质堪称举世无双。难怪梵蒂冈艺术馆的入馆队伍几乎环绕了整个梵蒂冈国家一圈，相比之下，连佛罗伦萨大教堂的排队人数也相形见绌。

梵蒂冈博物馆中，最具有"权力"的角色无疑是两位钥匙管理员。他们每天清晨五点半西装革履，怀揣着上千把钥匙，肩负着打开博物馆 300 个展室的重任。他们各走 3.5 千米的路程，耗时整整一小时，确保每一扇展室的门都准时敞开，迎接每日 25 万名游客。最近，博物馆推出了一项别出心裁的小众晨票活动。游客手持手电筒，紧随讲解员的步伐，穿越一个个幽深的回廊。在这份神秘与期待中，每位游客都有机会亲自转动钥匙，轻轻推开展厅的大门。在黑暗中，他们屏息凝神，轻轻转动灯锁，随着"咔嚓"一声，灯火骤然亮起，仿佛是在回应《圣经》的箴言："要有光"，"光是好的"。这一开灯仪式，带有深刻的天主教隐喻。它象征着创世之初，上帝以光亮照见混沌，赋予万物生命与意义。

1503 年，随着红衣主教茱利阿诺·卢维列晋升教皇尤里乌斯二世（Julius II），他收藏的包括阿波罗在内的古典雕塑，被精心转运到梵蒂冈的观景亭安顿下来，开启了梵蒂冈藏品。1506 年，尤里乌斯二世建立了瑞士护卫队，以保卫教皇。护卫身着红、黄、蓝条纹制服，是梵蒂冈美术馆门口一道威严的风景。制服的颜色，恰恰与美第奇家族的徽章颜色相呼应，仿佛在诉说着梵蒂冈与美第奇家族之间深厚的艺术渊源。

500 年以来，历代教皇不断充实藏品，最终梵蒂冈美术馆以最全的古典雕塑与首屈一指的文艺复兴时期作品享誉世界。梵蒂冈艺术馆古典馆的陈列受古罗马庭院的启发，将古典雕塑安置在八角庭院的拐角处与回廊里，突出雕塑沉静典雅的艺术风格。这种陈列方式传承了古希腊的景观建筑、希腊化时代的花园造景以及罗马时代的四边形庭院设计，展现了景、物、人的和谐统一。站在展区中，我深深地呼吸着庭院里自由的空气，仿佛每一缕风都携带着古典雕塑的庄重气息。《观景庭的阿波罗》和《拉奥孔与儿子》雕塑无疑是最为引人注目的作品。阿波罗，这位体态轻盈潇洒的弓箭神，头发逼真得仿佛能够随风飘动，手中的弓箭更是诠释了他的主权。他充满力量的形象与庄严的体态，让人崇敬。而《拉奥孔与儿子》刻画了拉奥孔与他的儿子们被雅典娜派来的蛇紧紧缠绕的那一刻，他的身体扭曲挣扎，传达出人面对灾难时的无助与绝望。拉奥孔警告特洛伊人不要相信希腊人送的木马，这并非神的礼物，而是毁灭国家的灾难。可惜，特洛伊人并未听从先知的警告，最终他被杀害，特洛伊被屠城。

参观古典雕塑之后，你可以在馆内任何一间展室流连忘返，然而，论梵蒂冈艺术馆的镇馆之宝，毫无疑问，必须是米开朗琪罗。翻开任何一部文艺复兴艺术史，你都能找到米开朗琪罗的这一流芳之作——西斯廷教堂壁画。1506 年，教皇尤里乌斯二世聘请米开朗琪罗装饰小教堂。米开朗琪罗对此表示抗议，他是一位雕塑家，对绘画并不擅长，但教皇决意让他负责这项壁画任务。然而，令人意想不到的是，米开朗琪罗在壁画创作中展现出了惊人的天赋与毅力。他甚至解雇了所有助手，独自一人完成了这项艰巨的任务。教皇心急如焚，曾多次询问米开朗琪罗的进度。米开朗琪罗总是以一句"完成的时候！"作为回应，他深知艺术的创作无法被时间所束缚，需要的是无尽的耐心与专注。二十个月圆月缺，这位天才加苦才的艺术大师躺在西斯廷教堂的脚手架上挥洒颜料：

这昼夜无情的摧残，
让我过早地染上了岁月的风霜，
我弓着背，形似伦巴第街头的流浪老猫，
疲惫的胃袋紧抵着下颚，
杂乱无章的胡子直冲云霄，
脑中的思绪如同被困在盒中的浆糊，
弯曲的胸膛犹如传说中的鸟身女妖。

颜料啊，
你在我头顶恣意挥洒，

滴滴答答地流在我憔悴的脸庞。①

  米开朗琪罗的诗行，道尽天才背后的无尽辛劳。西斯廷创作之后的很长一段时间，他看任何书信，都得举过头顶来阅读。然而，即便他年过半百，当教皇保罗三世再次委以重任，请他绘制西斯廷教堂祭坛壁画《最后的审判》时，他依旧不负众望，创作出又一艺术巅峰之作。

  踏入西斯廷教堂，如同迈入幽黑的洞穴。为了保护这些珍贵的壁画免受空气和水汽的侵蚀，教堂严格控制参观人数和时间。这里不仅是梵蒂冈博物馆的压轴之作，也是整个旅程的终点。这样的安排既体现了此教堂的重要性，也寓意着从《创世纪》到《最后的审判》，《圣经》中世界观的完整循环。西斯廷教堂是博物馆的镇馆之宝，红衣主教的选举就在这里进行，这也是唯一有着装要求的展室，不允许穿暴露胳膊和膝盖的服饰进入。教堂内光线柔和而微弱，但即便如此，仍难掩壁画上栩栩如生的人物形象。德尔斐先知（见图3-19），这位比阿波罗女祭司更为古老的预言者，其神情与四周的天使、建筑构件都仿佛跃然纸上，令人难以置信这仅是二维的绘画作品。米开朗琪罗雕塑般的绘画技巧让天顶仿佛浮动起来，其用颜料勾勒出的建筑细节，足以乱真。每每翻阅画册，米开朗琪罗画笔下强健的骨骼、生动的表情都深深吸引着我。如今，在梵蒂冈艺术馆，我终于得以目睹这些杰作，圆了多年的梦想。

---

① Gail Mazur, "Michaelangelo: To Giovanni Da Pistoia when the Author Was Painting the Vault of the Sistine Chapel (by Michaelangelo Buonarroti)," *Poetry Foundation*, https://www.poetryfoundation.org/poems/57328/michaelangelo-to-giovanni-da-pistoia-when-the-author-was-painting-the-vault-of-the-sistine-chapel, accessed on Nov. 1, 2023.

米开朗琪罗的鸿篇巨制，无疑是距佛罗伦萨圣母百花大教堂之后的又一次高峰体验。我还记得，梵蒂冈美术馆的门票上，印有拉斐尔创作的壁画《雅典学院》中的柏拉图与亚里士多德的肖像。这两位哲学巨匠的形象则分别以达·芬奇和米开朗琪罗为原型。这张创意甚妙的门票，暗指"文艺复兴三杰"的辉煌成就，它就像一张火花票，点燃参观者对文艺复兴时期艺术的无尽遐想。

图 3-19　西斯廷教堂天顶画（局部）（Jörg B. Unna/ 摄
版权许可：CC BY 3.0）

文艺复兴时期的艺术家，重新发现了古希腊和古罗马艺术的价值，并开始追随古典审美的脚步。米开朗琪罗运用光影处理、焦点透视和情感表达等新技巧，创造出构图简洁、配色和谐的创世纪天顶画，超越了古典艺术的造诣，至今无人可及。据博物馆的官网透露，博物馆于2014 年已经采用德国公司最新定制的 LED 灯，并在研究了米开朗琪罗的明暗处理后，对安装角度与灯的模式进行了控制，以更好地展示艺术家的意图和细节。期待再次造访西斯廷教堂，重温米开朗琪罗的绝世之作。

梵蒂冈教皇宫殿（梵蒂冈美术馆是它的一部分）建有秘密通道，以便教皇在紧急情况下前往天使堡避难。天使堡最初是罗马帝国哈德良皇帝的陵墓，在中世纪发展成为教皇的古堡。每年的 6 月 29 日，罗马庆祝主保圣人——圣徒彼得与圣保罗的纪念日。在这一天，古堡平台上会燃放烟花，整个城市都能欣赏到这壮观的景象。不是节日，古堡平台也是绝佳的观景点，能将梵蒂冈和罗马城的建筑尽收眼底。

巴洛克时期

约 1600—约 1750 年

贝尼尼的巴洛克戏剧感

17 世纪的罗马教廷，活跃着一位多才多艺的艺术奇才，他就是雕塑家、建筑师、戏剧舞台设计家和剧作家——贝尼尼。这位天赋异禀的艺术家，自 8 岁起便涉足雕塑领域初试锋芒，赢得了方家的认可与赞誉。成年之后，他的才华与敬业程度堪比米开朗琪罗，后人用"贝尼尼为罗马而生，罗马为贝尼尼而生"来比喻他对罗马的杰出贡献。

贝尼尼自小在梵蒂冈宫耳濡目染。希腊化时期著名雕塑《拉奥孔与儿子》张扬的戏剧感、古罗马古典雕塑《观景庭的阿波罗》的对称之美、米开朗琪罗壁画的雕塑感和拉斐尔画作的柔美情感，都让他痴迷。然而，贝尼尼的创作并未停留在模仿先贤的层面，他独树一帜，开创了属于自己的艺术风格。作为巴洛克风格的大师，贝尼尼将罗马教廷需要的宗教感染力发挥到了极致。

前文提到的圣彼得广场是贝尼尼的成熟之作。贝尼尼深谙宗教艺术的仪式感和震撼力。在教堂广场的设计中，他巧妙地利用了广场的不规则空间，通过构建宏大壮丽的柱廊，将埃及方尖碑、喷泉和圣彼得大教堂完美统一在一起。埃及方尖碑作为 2000 年前从亚历山大城运回的古老遗物，自然成为设计中不可废弃的重要元素。罗马移花接木，将罗马帝国的强权政治接壤在法老的荣耀之上。教堂广场作为 17 世纪巴洛克建筑艺术的杰出代表，不啻一场戏剧表演，张开了双臂环抱教徒。

图 3-20　贝尼尼的《大卫》（局部）
（俞鳕／绘）

其实，贝尼尼的少年之作就已经与文艺复兴追求的宁静致远、对称和谐分道扬镳了。当我首次在罗马博尔盖塞美术馆（Galleria Borghese）见到贝尼尼的雕塑，便被会说话的石头震惊了。若说米开朗琪罗的雕塑《大卫》刻画了一位宁静而古典的美男子，玉树临风地站在那里；贝尼尼的大卫则紧抿着嘴，锁着眉头，一脸坚毅（见图 3-20）。他在千钧一发之际扭转腰肢，用尽力气将投石器甩出，战胜歌利亚的决心呼之欲出。米开朗琪罗的《大卫》着力描绘英雄的比例之美，我们几乎看不到他手里的投石器，贝尼尼则生动刻画了少年大卫面对巨人的行动与决心。而创作这个作品时，贝尼尼竟然只有 25 岁。据说，大卫雕塑其实是他的自画像。

《珀耳塞福涅被劫》（见图 3-21）同样聚焦戏剧冲突的中心。冥王一手揽住珀耳塞福涅细腻的腰肢，惊恐万状的姑娘试图一只手推开冥王，另一只手在空中挣扎。整个雕塑的动作线条流畅而有力，呈现了那个惊心动魄的撕扯瞬间。我们知道，欣赏三维的雕塑，方位与角度至关重要，而这尊雕塑从任意角度来欣赏都堪称完美。在贝尼尼细腻的刀工下，他们的躯体扭转乾坤，少女的肌肤吹弹可破，让我为之倾倒，从此博尔盖塞博物馆在我心目中升华为一个圣地。

而另一尊雕塑《圣泰瑞莎的狂喜》则展现了贝尼尼在宗教情感表达方面的卓越才华。《圣泰瑞莎的狂喜》收藏在外表毫不起眼的维多利亚教堂（Santa Maria della Vittoria）内。泰

图 3-21　贝尼尼《珀耳塞福涅被劫》（Sonse/ 摄 版权许可：CC BY 2.0）

瑞莎身着洁白无瑕的衣裳，半倚着层层叠叠的白云，她眼睛紧闭，身子无力，表情迷离而沉醉，仿佛正在体验着上帝之爱的狂喜。天使丘比特带着天真烂漫的笑容，正将"丘比特之箭"射向泰瑞莎的心脏。在这温馨的互动背后，贝尼尼雕刻出金色的阳光，并巧妙设计了一个隐形窗户让光线穿过，营造出万丈光芒的氛围，赋予雕塑强烈的舞台感与神圣感。

就在这个以巴洛克风格闻名的教堂里，上演了属于我的戏剧性一幕。那天我计划乘坐傍晚的火车离开罗马，早早退了房，把行李寄存在前台。由于酒店没有独立的存储室，我犹豫了一会，决定将电子设备随身携带。没想到，小偷伪装成信徒坐在我身后一排虔诚祈祷，趁我不注意，偷偷带走了我的 iPad。过后，我才记起朋友提醒过罗马盗窃猖獗，这大约是《罗马假日》的现实版场景吧。我失去的与我得到的，都在罗马!

水都罗马

在罗马逗留的日子里，被教堂、雕塑和古迹层层包围，令人感到"窒息"。能让人一眼爱上的却是罗马的水。1500座景观喷泉以及2500处饮用喷泉，给"毫无章法"的露天"博物馆"注入了灵性，解渴亦解乏。罗马的饮用水随处可见，流水不腐，从凌晨流到深夜，周而复始，成为居民与游人夏日的一嘴清凉，实为这永恒之城的灵动可爱之处。

大凡城市都喜欢建在河边，罗马也不例外。台伯河是它的母亲河，但并不能满足日益壮大的帝都对山泉的渴望。古希腊人的神祇圣地通常有一眼圣泉，前文提到的德尔斐圣泉，阿波罗女祭司喝上一口泉水，便会进入一种被神祇"附体"的恍惚状态。埃皮达鲁斯圣地的医药神阿斯克勒庇俄斯圣泉，曾经是古希腊最重要的疗愈中心。罗马继承了古希腊对水的崇拜，信奉山泉的疗愈功能，从而发展出完善的沐浴文化。至公元226年，罗马已经建成11条引水渠，将城市附近的水源源源不断地送入城内，最长的一条从罗马东部城市苏比亚科

（Subiaco）修建而来，长达 56 英里（约 90 千米）。公元前 12 年，罗马将军阿格里帕将万神殿附近的阿格里帕浴场开放给大众使用。这是一个拥有人工湖的巨大花园，绿树成荫、雕塑成行、喷泉林立，自然景观令人心旷神怡。然而，更令人称道的是它富丽堂皇的浴场，使用罗马最好的水源沙龙泉（Salone Springs）经维尔戈水道流淌 13 英里（约 21 千米）而来的泉水，提供热水浴、冷水浴、桑拿房，还带俱乐部与图书馆。罗马的浴场文化与古希腊的健身文化堪称古典时代的珠联璧合。罗马对喷泉的喜好也是受希腊化时代风靡一时的建筑喷泉影响，不管是城市建设还是家庭花园，以喷泉作为主体的石窟是视觉的焦点，被郁郁葱葱的植物和精美的雕塑所环绕。5 世纪早期，蛮族第一次攻陷罗马之时，整座城市拥有 1212 处公共喷泉、11 座帝王温泉、926 个公共浴室。遗憾的是，随着蛮族入侵，罗马衰亡，罗马的水利工程技术也随之埋没。

直到 1429 年，人文主义者布拉乔利尼（Poggio Bracciolini）在蒙特卡西诺修道院的图书馆里，找到了涅尔瓦皇帝与图拉真皇帝在位期间的 "水利部长" 弗朗提努斯（Frontinus）的作品《关于罗马的水资源》（*De aquis urbis Romae*），开启了罗马的文艺复兴。通过这本书，罗马人破解了古罗马水供给的奥秘，开始恢复古代的引水渠。引水渠通过重力将山泉引入罗马转换中枢（castellum），接通罗马的喷泉、浴室、花园、房屋，最后排入台伯河。15 世纪中叶，罗马主教尼古拉五世是当时最有学问的人文主义学者，他邀请佛罗伦萨的建筑师阿尔伯蒂南下罗马，着手兴建新圣彼得大教堂，修复维尔戈水道。阿尔伯蒂为庆祝教皇修复水道，设计了特莱维喷泉（命名既可以理解为三条道路交界处，又可以理解为阿尔伯蒂设计的三个喷泉出水口）。

17—18 世纪喷泉建筑达到了艺术顶峰。18 世纪中叶，尼古拉·萨尔维重新设计了特莱维喷泉。这座罗马最豪华的巴洛克风格喷泉，是活水与雕塑、建筑、广场完美结合的典范。萨尔维巧妙地将凯旋门镶嵌于波利宫的立面之上，使得喷泉与宫殿立面交相辉映，通过凯旋门的巧妙运用，赋予宫殿起伏有致的韵律感。整座喷泉长达 49 米，高达 26 米，气势磅礴，蔚为壮观（见图 3-22）。凯旋门的柱式采用了科林斯柱，与宫殿立面的柱式相呼应，彰显出一种和谐统一的美感。凯旋门中心的设计灵感来源于万神殿大厅，小穹顶与四根爱奥尼克柱共同构筑了一个神圣的神龛。神龛之下，提坦海洋神（Oceanus）脚踏浪花，目光深邃地注视着水面，仿佛在守望着前方的战车，随时准备驰骋而去。海洋神背后的假山仿佛是涌动的水波，又或许是他的华美衣裳，增添了几分神秘与浪漫。在海洋神的两侧，壁龛中分别供奉着丰饶女神与健康女神，她们的存在为喷泉注入了更多的神圣与庄严。提坦神的信使人鱼（Triton）则一手扶着白马，一手吹起悠扬的海螺声，生动活泼。在水的喷射与夜晚灯光的映照下，雕像与古典柱子交织出一首交响诗，令人陶醉其中，流连忘返。曾几何时，特莱维喷泉是罗

图 3-22　特莱维喷泉

马人汲水、泡茶、做饭的优质水源。然而，近代受到污染的影响，维尔戈水道已不能饮用，这无疑是一个遗憾。尽管如此，特莱维喷泉仍以浪漫闻名于世，慕名而来的游人从背后抛硬币到特维拉许愿池，许愿再次回到罗马，因此喷泉每天都能收获 3000 欧元的硬币，这些硬币被专人收集并用于慈善事业。

巴洛克巨擘贝尼尼设计的四河喷泉（创作于 1647—1651 年），则淋漓尽致地体现了宗教的巴洛克精神。四河喷泉坐落于纳沃纳广场中心，是为祝贺英诺森十世教皇登基而建。纳沃纳广场见证了公元 1 世纪戴克里先皇帝的跑马盛况，又在 17 世纪化身为上演海上战争的舞台，其宏伟气势不逊于罗马斗兽场。在纳沃纳广场中心建一座喷泉，其重要性不言而喻。喷泉中的方尖碑高高在上，代表着教皇的神权，而底部的四条大河则象征着四大洲（当时大洋洲尚未被发现），体现了教皇的统治范围之广。方尖碑是英诺森十世特意从马车竞技场的废墟中淘来、作为喷泉通往神圣天国的"太阳光"象征，而方尖碑顶部的金色鸽子衔着橄榄枝，正是家族的徽章。在喷泉的下半部分，四位河神倚着假山，扭动身躯，比喻河流的蜿蜒绵长。恒河神代表亚洲，他手握船桨，象征着恒河的畅通无阻，身旁盘旋着一条蛇，冷漠的表情暗示着印度异教的统治。拉普拉塔河神则代表着美洲，他脚下的金币象征着美洲大陆的富饶。尼罗河神头上裹着头巾，因为当时人们尚未探明尼罗河的源头，身旁的狮子代表着非洲大陆。最后是代表欧洲的多瑙河神，他高举着教皇的徽章，一匹骏马伴随左右，影射教皇的权力。四位河神的姿态各异，扭动的肢体与摆动的手臂，既代表了蜿蜒曲折的河流，又体现了巴洛克风格对曲线美感的追求。

罗马经历了巴洛克洗礼之后，整座城市变得更为繁复，极具戏剧感。那数千座喷泉日夜不息地流淌，仿佛在咏叹罗马数不尽的古迹与看不完的奇迹。

日久生情的万国博物馆

　　希腊是古典之风的摇篮，铸造了以人为本的不朽传奇，奏响了人文情怀的七弦琴。为古希腊文艺丰碑倾倒的罗马，延续了古典希腊的辉煌，创造了自己的工程传奇。罗马历经古典、中世纪、文艺复兴以及巴洛克时期的艺术洗礼，兼容并蓄，发展成为举世闻名的建筑"博物馆"。

　　意大利作为罗马帝国的心脏、拜占庭帝国的组成部分、文艺复兴发端地，对整个世界有着独一无二的影响。我们看到的欧洲古城、城堡、教堂、喷泉、高高的穹顶、彩色玻璃窗、石雕花窗的光影互动，莫不在这里找到滥觞。叱咤风云的罗马在工程与艺术成就上对欧洲文化的影响不胜枚举，混凝土、券柱式建筑、引水渠、圆形斗兽场、巴西利加教堂建筑、修道院建筑、文艺复兴壁画、巴洛克建筑与雕塑，其成就莫不让人望其项背。古希腊的柱式经过罗马的吸收、演化，与古罗马的拱券工艺和混凝土一结合，再加上玻璃的发明与使用，罗马奠定了西方建筑的绝大部分材质与工艺。达·芬奇的现实主义绘画开启了一个新时代，可绘画只是他的副业，这个文艺复兴时期的全才已经在图纸上设计了飞机、降落伞、机器人，领先世界500年！意大利是个奇迹。

意大利好似一摞丰厚的明信片，每一张都代表一个城市，每一个城市都别具一格。不论是一见钟情的佛罗伦萨或威尼斯，还是日久生情的罗马，不论是锡耶纳还是米兰和博洛尼亚，意大利各个城市风格迥异。适合步行的佛罗伦萨就如一块磁铁，牢牢地将我的脚步吸附在每一块历史沉淀的石头小道上，它既有宽敞的广场和壮丽的大教堂，又有迷人的小巷和宫殿，还有流经城市的河流和绵延的丘陵，托斯卡纳牛排更是令人难以忘怀。相反，罗马城的丰富让人眼花缭乱。与那些有着明确主题的陈列室不同——这里是埃及馆，那里是希腊馆——罗马更像是一个杂乱无章的大博物馆。每当我想巨细靡遗地亲近它，却发现自己力不从心。罗马是离开之后方觉遗憾和思念的地方，只有长时间居住其中，方能真正领略它的魅力和丰富。据《意大利人》的作者所言，意大利人至今仍以自己的出生地为荣，地方文化认同感高过国家认同感，毕竟意大利成为一个国家是1870年之后的事了。

从意大利带回的纪念品，一直是我的掌上明珠。在佛罗伦萨，我一眼相中了建筑史立体书、文艺复兴三杰童书、城市旅行书，纸张考究、设计精妙、装帧精美，深得我心。当西方建筑史上的著名建筑模型一一从纸上站立起来，我瞬间获得了上帝视角的幸福感。相比之下，从埃及、希腊购得的图书，中规中矩的古迹介绍风格略显单调，字母大小写也未完全遵循英文的规范。

罗马帝国古迹林立，明信片多采用航拍与夜景，凸显景点的氛围。佛罗伦萨的明信片经过特殊光效的塑封处理，巧妙地展现了夜幕下圣母百花大教堂穹顶的飘逸之美。而"罗马的昨天与今天"这套明信片更是立意新颖，每一张明信片都分为两页，一页展示古迹的现存面貌，另一页则呈现古迹已遗失的部分。当两页合并时，古迹原貌得以复原，罗马的前世今生得以完整呈现，不禁拍案叫绝。至于威尼斯的冰箱磁贴，其精致的图案和夸张的色彩，将威尼斯的梦幻之美凝聚成一张面具脸谱，让你不禁想佩戴上它，忘情探索内心想成为的那个自己。

意大利在这些旅行纪念品上的设计之用心，足以与它的历史相称，让我这个千里之外的游人再次期待回到日渐思念的"永恒之城"!

第四篇

不列颠英语谈

泰晤士河
——英格兰的灵魂

离开意大利，追寻古迹的脚步不容停留，让我们跟随特洛伊王室后裔埃涅阿斯的后代布鲁图斯（Brutus），"向着太阳的方向勇往直前，穿过高卢，抵达海中的一座岛屿——不列颠。布鲁图斯在泰晤士河边，建立了新特洛伊，即伦敦"。公元 8 世纪，爱尔兰人南尼厄斯在《不列颠人史》中记载了这段历史，说是历史，实为"传说、据说与听说"，是有关不列颠起源的神话。传说中，布鲁图斯是不列颠第一位国王，不列颠（Britain）以他命名。这种英雄决定论思维肇始于古希腊、古罗马。据维吉尔描述，特洛伊王子埃涅阿斯在特洛伊灭亡之前漂洋过海，抵达意大利半岛，其后裔罗穆卢斯建立了罗马。而特洛伊王子的故事又从古希腊荷马史诗而来，英雄建城的思维可谓一脉相承。

不过，不列颠的正史也得从被罗马征服说起。公元前 55 年，凯撒率军入侵不列颠（拉丁语 Britannia 来自凯尔特语 Pretani，意为"文身之人的地"），目不识丁的凯尔特人臣服于罗马，向罗马交税，进贡奴隶、锡、铁、铅、黄金。公元43年，罗马皇帝克劳狄占领科尔切斯特（Colchester），不列颠正式沦为罗马殖民地。随后几年，罗马人在英国泰晤士河畔建立商贸据点伦敦，修建了第一座伦敦桥。在之后的几十年，伦敦慢慢替代了科尔切斯特，成为罗马行省的省会城市。

谁也不曾料到，罗马帝国边陲行省不列颠经过1800多年的演变，转动了工业革命的齿轮，一跃而起称霸四大洲。不列颠几易其主，罗马人、日耳曼人、诺曼人都曾占领不列颠，维京人也曾在漫长的中世纪在不列颠常驻。于是，不列颠"顺其自然"地建立了与欧洲大陆贵族的亲戚网（莎士比亚的戏剧大多发生在欧洲大陆而不是英国）。基于毗邻大西洋的地理优势，跨海商贸与殖民之路也似乎是"水到渠成"。不列颠最终搭乘文艺复兴大航海的"便船"，将疆域拓展到五大洲四大洋。西班牙、葡萄牙、荷兰的地理位置与之相仿，甚至比它更早一步发展航海业，然而只有大批不列颠人出于追求宗教自由、政治自由或逃离自然灾害的需要背井离乡，在美洲、大洋洲开拓殖民地，并且在非洲、亚洲众多地方从事殖民统治。

简而言之，不列颠的故事是从泰晤士河发展到跨五大洲四大洋的殖民故事，而这个故事的主角，叫英语。古英语是日耳曼入侵者盎格鲁－撒克逊人（Anglo-Saxon）的部落语言，吸收了不列颠本土的凯尔特语，譬如表示地名或地理形态的巨石crag（如Salisbury Crags）、山谷combe（如Cumberland、Ilfracombe）、山峰tor（如Torpenhow）、河流avon（如Avondale、Straford-upon-Avon）而成。随着英国历史不断发展，古英语兼容并蓄，吸纳了拉丁语（罗马教会的影响）、古法语（诺曼底征服之后的300年间英国国王只讲法语）、古斯堪的纳维亚语（北欧维京人入侵）、古典拉丁语与希腊语（欧洲文艺复兴思潮的灌溉）的部分元素，变成莎士比亚优美又犀利的语言，成为世界上吸收外来语最多、词汇量最大的字母文字（牛津词典收入 60 万词）。17 世纪，随着英帝国的殖民活动，英语从家门前的泰晤士河"航行"到大西洋、印度洋、太平洋沿岸，世界各地的语言再次丰富了英语庞杂的词汇系统。与此同时，英语在各个殖民地被本土化了，生发出印度英语、南非英语、美式英语、澳大利亚英语、新西兰英语等具有地方特色的英语，成为迄今为止流通最广的语言。英语的演变轨迹深刻映照了不列颠的发展历史。

不列颠的中心在英格兰，英格兰的中心是一条大河——泰晤士河。伦敦依泰晤士河而建，它的政治、文化、经济中心都围绕着这条河展开。每次到伦敦，必然先去泰晤士河畔。不论是看建筑（如塔桥和议会大厦，见图 4-1），"读"历史（如伦敦塔、格林尼治宫、兰贝斯宫、克利欧佩特拉方尖碑），逛美术馆与剧院（如泰特现代美术馆、莎翁环球剧场），还是闲庭信步，泰晤士河都是不二选择。伦敦其他重要的政治与宗教场所——白厅宫、白金汉宫、西敏寺、圣保罗教堂

图 4-1　伦敦泰晤士河畔的议会大厦

等也离泰晤士河不远。可以说，没有泰晤士河，就没有伦敦。泰晤士河由罗马人冠名（Tamesis），取自凯尔特语"Tems"，意为"暗色"。在罗马时代，泰晤士河是不列颠人的饮水来源、食物资源和商贸通渠。罗马人在泰晤士河上建造了第一座伦敦桥，他们利用陶土、瓦片和稻草混合建造房屋，并铺设了伦敦的公路系统，还筑起了城墙。随着时间的推移，泰晤士河见证了伦敦的兴衰荣辱，也见证了不列颠的历史变迁。17 世纪，酒馆文化兴起，在泰晤士河边的小酒馆里酌一口啤酒、麦芽酒，开始成为英国的传统风情。作家狄更斯经常光顾泰晤士河边的酒馆，他常去的酒馆到现在还是伦敦一景。19 世纪中叶，伦敦开通世界第一条地铁，现有 13 条地铁贯通伦敦的东西南北，包括泰晤士河两岸。

没有泰晤士河，也就没有英格兰。泰晤士河得天独厚的便利位置，哺育了英格兰。它流经英格兰八个郡（格罗斯特郡、威尔特郡、伯克郡、牛津郡、白金汉郡、萨里郡、埃塞克斯郡、肯特郡），并横穿伦敦市区，是英国南部最重要的"高速"水路（见图 4-2）。西罗马帝国灭亡之后，北部日耳曼蛮族盎格鲁-撒克逊人入侵不列颠，在泰晤士河的西部建立雷丁（Reading，以"ing"为词尾的城市通常是由蛮族建立的）。中世纪早期，北部丹麦人入侵，撒克逊人以泰晤士河为天然屏障，在河南岸发展。1066 年，诺曼人带来了分封制与城堡技术。威廉一世在科茨沃尔德的采石场采石，顺着泰晤士河运输，在伦敦周围建立行宫，这就是泰晤士南岸温莎城堡的由来。1167 年，英王与法王发生争执，英国学者被驱逐出巴黎，逃到泰晤士河畔的牛津的修道院继续学习。大半个世纪之后，他们建立了英国第一个大学学院（University College）。牛津从一个"牛经过的地方"（ford for oxen）

图 4-2 英国古迹示意图（刘文瑾／绘）

发展成闻名遐迩的大学城。①1209 年，牛津的部分师生在剑桥建立了剑桥大学。1210 年，亨利六世为了给剑桥大学输送人才，在温莎镇的泰晤士河北岸成立伊顿公学。20 世纪以来，伊顿公学培养了 18 位英国首相，以及不列颠 20% 的议会成员。除了伦敦之外，牛津也曾是英国的首都，还召开过议会。因此，不列颠的历史与泰晤士河两岸的城市有着深刻的关联。

工业革命之后，铁路渐渐替代了泰晤士河的运输功用，泰晤士河的休闲功能崭露头角。至 19 世纪末，铁路完全取代泰晤士河交通枢纽的地位，中层阶级与比较富裕的工薪阶层开始乘坐汽艇在泰晤士河巡游。亨利（Henley）小镇以东，野炊与河上穿梭的游艇掀起了公众休闲的热潮，两岸也相继建立了豪华程度不等的酒店。1829 年，牛津大学与剑桥大学的赛艇比赛在亨利河域激烈展开，奠定了牛津最重要的河域活动。1862 年 7 月，牛津大学三一学院讲师查尔斯·道奇森带院长的三位千金在泰晤士河悠闲泛舟。在孩子们的央求下，道奇森讲了个引人入胜的长篇故事。这个故事，便是日后脍炙人口的《爱丽丝奇境漫游记》的雏形。

到了 20 世纪八九十年代，伦敦走出后工业时代的萎靡不振，确立了世界金融中心的地位。泰晤士河岸成为写字楼、娱乐场所争夺的黄金位置，这里加建了伦敦眼、二十一世纪桥、泰特现代美术馆、新市政大厅等标志性建筑，同时泰晤士河步道也得到了延长。1996 年，英国全线开通泰晤士河步行道，这条步道从源头——被誉为英国最美乡村的科茨沃尔德，一直延伸到伦敦格林尼治区的泰晤士河防洪坝，

---

① 牛津大学官网称，牛津大学没有一个特定的建校日期，牛津大学是慢慢发展起来的。1096 年，牛津就开始教学了，1167 年大批学者集聚牛津，学院制度是1249 年大学学院建立才肇始的，这些时间段都可以视为牛津大学的建校时间。

全程长达 184 英里（约 296 千米）。步道以牛津为界，在河道上游，河流相对狭窄，沿途散落着宁静的小镇与村庄，散发着浓郁的乡村气息。在中下游，河流逐渐拓宽，成为泰晤士步道的经典路段，牛津的各大学院、庄严的温莎城堡、优美的汉普顿皇家园林、生机盎然的英国皇家植物园以及可以俯瞰伦敦的标志性设施伦敦眼都坐落在此，构成了英格兰的名胜古迹链。

　　每次造访英国，似乎都是在回应泰晤士河的深情召唤，这条英格兰的母亲河及其河畔的人文景观吸引着我不断回来，而被吊篮装饰得风情万种的英国街道与弯曲有致的街灯，也不断召唤我回到坐拥一千多座免费博物馆、画廊的伦敦，重温那优雅知性的英伦风。

苏格兰的高亢之音

　　曾经有段时间，世人错误地将经济文化最发达的英格兰等同于不列颠，而对苏格兰略而不谈。事实上，苏格兰对不列颠乃至世界的贡献，都是不可小觑的。1707 年，不列颠联合王国成立，众多聚集于爱丁堡的苏格兰知识分子参与构建了大不列颠帝国。从理念的提出者到管理的执行者，亚当·斯密、大卫·休谟、弗兰西斯·哈奇森均是鼎鼎大名的人物。苏格兰发明家与工程师的名字也如雷贯耳，如詹姆斯·瓦特、亚历山大·贝尔、安德鲁·卡内基、约翰·马卡丹（John McAdam）等。马卡丹发明了近代的马路，中国采用他的技术铺路，称之为马路（macadam road）。

　　苏格兰、爱尔兰很多家族的姓氏包含前缀"mc/mac"，这源于凯尔特语，意为"谁的儿子"，如"马卡丹"（McAdam）意为"Adam 的儿子"。苏格兰国王麦克白全称"Macbeth MacFinlay"意为"Finlay 的儿子麦克白"。麦当劳汉堡的创始人理查德·麦当劳与莫里斯·麦当劳（Richard and Maurice McDonald）兄弟也是苏格兰人，姓氏"麦当劳"意为"唐纳德的儿子"。原来，苏格兰的印记早已深入寻常百姓生活了。

大批不愿意加入联合王国的苏格兰人移民到了海外，包括印度、非洲、北美洲、南美洲、澳大利亚大陆、新西兰。苏格兰纬度高，天气严酷，是欧洲最穷的国家之一，这铸造了苏格兰人勇于开拓的精神。新西兰就有很深的苏格兰影响，新西兰的中学还保留着苏格兰女校、男校和教会的影响。虽然早在不列颠统一的一百年之前，苏格兰王就曾登上英国宝座，史称"詹姆斯一世"，但是当时苏格兰的影响还只是体现在与英格兰的分分合合。苏格兰志士的影响力，随着启蒙运动的开展，恩泽世界，苏格兰移民也在海外展现他们的畜牧业与教会传统的影响力。

苏格兰与英格兰的关系在历史上就颇为复杂，它们之间既有合作也有争议与分歧，但始终保持着紧密的联系。英格兰和苏格兰都曾是独立的王国，有着各自的国王和议会。然而，随着时间的推移，两个王国之间的关系逐渐紧密，最终在 1707 年的《联合法案》通过后，形成了现代英国。然而，即便是在今天，苏格兰与英格兰还是相对独立，苏格兰有自己的议会，决定苏格兰的事务。苏格兰人与英格兰人彼此不待见，我在苏格兰被开过的车溅一身泥，房东说这指定是英格兰人，这么没教养。这大约就是一种成见吧。

我从英格兰出发去苏格兰，一路坐大巴车看云。不论是英格兰的麦田还是苏格兰的乡村牧场，英国的天空都显得低沉，变幻无穷，似乎一招手就能挽着它。怪不得徐志摩的《再别康桥》一再咏叹"不带走一片云彩"，莫非他是想要带走它的。

苏格兰首府爱丁堡是一座历史文化古城。当我们拼写爱丁堡

（Edinburgh）时，可能会因其拼写与发音不完全相符而感到些许困惑。其实，了解到城堡这个词源自古英语的"burh"，与现代英语的"borough"有深厚的渊源，问题就迎刃而解。英语并不像德语或西班牙语，发音与拼写有着固定的对应关系。这种特性使得英语学习充满了挑战，了解词源有时候能有助于我们理解英语拼写与发音方面的"不规范"。

爱丁堡老城区以中世纪遗留下来的城堡为中心，处处体现了深厚的历史底蕴。两条商业街"皇家英里大道"（Royal Mile）和"王子大街"（Princes Street）如同城市的主动脉，平行展开贯穿其中，连接着城市的各个重要节点。而在这两条大街之间，便是爱丁堡古城最为繁华的商业、文化和政治中心，这里汇聚了城市的精华，展现着爱丁堡的活力与魅力。"皇家英里大道"这条古老的石板路，东起雄伟的爱丁堡城堡，西至庄重的荷里路德宫。自16世纪以来，这条道路见证了苏格兰国王和英国国王的频繁往来，因此得名。位于城市制高点的爱丁堡城堡，则是苏格兰民族和大英帝国历史的见证。城堡内的苏格兰战争博物馆内陈列着众多珍贵的历史文物，记录着苏格兰人为国家和民族而战的英勇事迹。在这里，每当苏格兰风笛吹响，那高亢激昂的旋律仿佛能穿越时空，带我"杀回"硝烟弥漫的古战场，而苏格兰男士的传统服饰羊毛格纹短裙（kilt），则传递它为部落领袖御寒的丝丝温暖。

从古堡俯瞰整座石头城，那些仅容一人通过的窄巷（wynd），像是中世纪遗留下来的迷宫，深邃而宁静。不远处，圣吉尔斯大教堂威严壮观的王冠顶清晰可见。苏格兰作为一个曾经的主权国家，其王冠的历史比英格兰更为悠久。用苏格兰王冠来装饰教堂的天际线，可见这个教堂承载着对苏格兰非同寻常的民族意义。16世纪中叶，约翰·诺克斯（John Knox）追随新教改革领袖加尔文，创建了苏格兰长老会的母会教堂——圣吉尔斯大教堂。在他的教导下，苏格兰人开始深入研读《圣经》，这使得苏格兰的学校制度领先了英格兰乃至欧洲其他地区整整两个世纪。伏尔泰也曾赞誉苏格兰为欧洲启蒙运动的中心，这足以证明其在世界文化史上的重要地位。

18世纪的爱丁堡经历了一次城市扩张的壮丽转变。那时，北湖（Nor Loch）被抽干，随后被改造成了一片绿意盎然的王子公园，为市民提供了一个休闲与娱乐的新去处。与此同时，当美国的13个殖民地正在为脱离乔治三世的统治而斗争时，爱丁堡在王子大街以北却迎来了一个以新古典主义风格为核心的新城区的崛起。这一建筑风格在英国人眼中被亲切地称为乔治风格，它优雅而庄重，为城市注入了新的活力。王子大街、玫瑰街和蓟花街等街道的命名，蕴含着这个时期的历史内涵。玫瑰作为英格兰的象征，而蓟花则是苏格兰的骄傲，这两条街道的命名无疑是为了庆祝联合王国的成立，象征着两个民族携手共进的美好愿望。在王子大街的中央，有一个位置绝佳的观景台，那是巍峨壮观的司各特纪念塔。登上这座纪念苏格兰文豪司各特的新哥特式建筑，俯瞰爱丁堡，城市的南边旧城区的哥特式与北边新城区的新古典主义建筑一览无余，让人不禁为之陶醉。J. K. 罗琳撰写《哈利·波特》最后一部之际，为避免"文思枯竭"，曾花费巨资入住城堡风格的巴尔莫勒尔酒店，最终不辱使命，圆满完成了这部不朽的杰作。

爱丁堡十步一教堂，百步一景点，使其拥有独特的步行探索魅力（见图4-3）。我喜欢在爱丁堡的窄巷里寻找一份宁静，看阳光在哥特式建筑上跳舞，听岩石褶皱里传来的欢声笑语。每当雨水滴落在陡峭的石缝，那自由落体的酣畅淋漓为石头城平添一份生动。旧城区的哥特式建筑风格与新城区的古典式风格相得益彰。再登上野趣十足的

图 4-3　爱丁堡街景（肖兵／摄）

卡尔顿山（Calton Hill），遥望无边无际的北海，苏格兰的粗犷与深厚的人文底蕴结合得天衣无缝，怪不得令人一见钟情。在爱丁堡入住的青年旅舍由中世纪的教堂建筑改造而成，红墙尖拱，沉静安宁，仿佛将我带入了中世纪的奇妙世界。初来乍到，餐厅里震耳欲聋的摇滚乐让我有些不适应，但随着时间的推移，我渐渐喜欢上了这种氛围，甚至觉得它增添了旅舍的活力与魅力。当我穿过黑漆漆的过道，打开一扇小门，再顺着仅容一人通行的楼梯往下，彩色玻璃窗的斑斓光影映照出神秘的气息，我脑海中不禁浮现出中世纪修女端着烛台下楼的场景，仿佛有什么故事即将发生。一番胆战心惊之后，地下室豁然开朗，浴室干干净净，让人倍感舒适。从此，青年旅舍成为我钟爱的旅居落脚点。虽然宿舍条件可能有些艰苦，但公共空间的宽敞明亮和地域文化特色的装饰总能让我感到惊喜。厨房里的锅碗瓢盆样样俱全，让我可以尽情享受烹饪的乐趣。在这里，我结识了来自世界各地的旅人，与他们海阔天空地聊天，点缀彼此的旅行故事。

苏格兰最北城市因弗内斯（Inverness）是以阵雨迎接我们的。穿过尼斯河，我们抵达了早已订好的家庭旅馆。每个房间的装饰都相当雅致，小碎花的窗帘、桌布、床罩相互映衬，温馨而舒适的氛围呼之欲出。虽然家庭旅馆不能使用厨房，但房东提供的苏格兰传统早餐却让我们大饱口福。土司、羊肚、鸡蛋、熏肉、果酱、香肠、咖啡、果汁、豆子、西红柿，非常丰富。从因弗内斯去苏格兰高地著名岛屿天空岛（Isle of Skye）非常方便。天空岛南北贯穿、大约用时 2 小时的车程线路中，处处展现出桀骜不驯的气质。恐龙爪印，那是远古岁月留下的独特印记，让人不禁想象起远古时代的恐龙种群在这片土地上繁衍生息。古堡，屹立在山巅之上，历经风雨洗礼，见证着历史的变迁。灯塔，高高矗立在海边，为过往的船只照亮前行的道路，也守护着这片海域的安宁。而仙女池、老人岩默默指引着我们，直到将星罗棋布的湖泊与巍峨雄壮的峭壁、恣意的水波与圆润的山头，全收入心中……

天空岛的风光虽然美得令人窒息，但高纬度的自然环境确实相当严酷。这里的天气变幻莫测，时而阳光明媚，时而风雨交加，给居民的生活带来了不少不便。加之岛屿地理位置偏远，交通不便，导致岛上的生活节奏相对缓慢，人口也相对稀少，居民人口仅有 13000 人。然而，正是这样的自然环境孕育了苏格兰人独特的性格和文化。他们在这片土地上顽强地生存下来，孕育了坚韧不拔的气质和追求真理的品质。在启蒙运动时期，苏格兰人为世界贡献了大批杰出的思想家和科学家，他们的智慧与勇气为人类的进步做出了巨大贡献。

苏格兰粗犷的风景与爱丁堡石头城的悠久历史，是苏格兰人永远的自豪。苏格兰人的骁勇、勤劳、睿智在启蒙运动与海外殖民地的开拓史上，也有其浓墨重彩的一笔。

古罗马时代

疗愈的巴斯温泉城

　　罗马在不列颠的土地上铺设了公路系统，那坚固的路面、便捷的路线，至今仍为现代高速公路所沿用，见证着古老文明的传承与智慧。不列颠的诸多重要城市，比如伦敦、奇切斯特（Chichester）、温切斯特（Winchester）、曼彻斯特（Manchester）、牛津、巴斯等，都是罗马人建立的要塞。以"chester、cester、caster"结尾的城市皆源自拉丁语"驻扎地"，证明了它们的罗马渊源。

　　巴斯，这座因天然温泉而诞生的城市，承载着古罗马的辉煌。罗马浴场静静地矗立在城市的中央，与巴斯教堂相邻（见图4-4、图4-5），构成了基督教世界观下身心治愈的和谐画面。据说，这片温泉最早由李尔王的父亲偶然发现，其独特的治愈力量让这座英格兰唯一的天然温泉更为人熟知。公元65—75年，罗马统治者到达这里，就地建立了浴场，供罗马军团休息、疗愈、疗养。从古迹复原模型上，我们可以清楚看到温泉源头之所在，古罗马人将之命名为"圣泉"。

图 4-4　巴斯浴场（杨哲／摄）

图 4-5　巴斯浴场的古罗马雕塑（背景为巴斯大教堂）（杨哲／摄）

圣泉旁边，建有献给苏利斯 - 密涅瓦（Sullis-Minever）的罗马神庙，这是罗马文化与不列颠当地文化融合的见证。根据罗马传统，一座城市必须有守护神。罗马人因地制宜地建立了苏利斯 - 密涅瓦神庙，将凯尔特神与罗马神祇结合，既体现了罗马人的智慧与包容，也体现了他们对统治的深思熟虑。罗马人管这个城市叫作"苏利斯之水"（Aquae Sulis）。善于工程的罗马人将温泉引入大小浴室，供不同人群使用，最后全部导入艾芬河。浴者先进入温度逐渐攀升的干湿蒸房，享受罗马人先进的地热系统带来的舒适体验，并由奴隶上油、按摩、去角质，然后按照温度从高到低的顺序蒸浴，最后跳入冷水池，完成沐浴过程。1453 年，东罗马帝国被土耳其打败，沐浴文化被土耳其人继承，并发展成了男女分开的沐浴形式。19 世纪，这种沐浴文化又从土耳其传回到了西欧。如今，罗马浴场已建成博物馆保护起来，城市另设现代温泉设施，面向大众开放。

巴斯虽然是古罗马缔造的，赋予巴斯城市建筑风格的，却是 18 世纪欧洲古典主义风格的乔治建筑。[①] 一座城，就像一个人，想到它，脑海里浮现一个轮廓与它的姿态。巴斯的姿态是古典主义的。西罗马帝国灭亡之后，巴斯温泉遭废弃，城市被遗忘，直到 18 世纪 60 年代理查德·纳什（Richard Nash）号召兴建皇家新月楼，巴斯才重振雄风。皇家新月楼是一组由 114 根爱奥尼克圆柱连接的 30 幢联排别墅，呈现出新月弧形的布局，使用奶油色的石灰岩建造，凸显出古典而优雅的复古风格。其中，皇家新月楼 1 号已被开辟为博物馆，展示 18 世纪珍贵的家具、肖像画等。皇家新月酒店也坐落在这里，以其奢华

---

① 新古典主义建筑在英国叫乔治建筑（Georgian architecture），以国王乔治一世至乔治四世命名。18、19 世纪新古典主义不但在欧洲风靡起来，也是美国、澳大利亚新兴殖民地不少权贵的不二选择。

的古典风格而闻名。酒店的每间卧室都采用 18 世纪的装潢风格，配备奢华的寝具、鲜花，并展示庚斯博罗等画家的作品。庚斯博罗曾经居住在皇家新月楼对面的圆形楼（Circus），其设计灵感源自古罗马角斗场的塔斯干、爱奥尼克和科林斯三种柱式。巴斯作为一座城市，拥有对古希腊和古罗马的双重传承，因此获得了联合国教科文组织确定的世界遗产城市称号。

　　巴斯是英国女作家简·奥斯汀曾经生活过的地方，她最早创作的小说《诺桑觉寺》（生前未出版）和最后一部作品《劝导》正是以巴斯为背景。《诺桑觉寺》女主人公凯瑟琳第一次来到这里，就被这个城市逛不完的时装店，热闹非凡的社交舞会、剧场、音乐会所震撼，丰富的娱乐活动都是乡下没有的。凯瑟琳的第一个舞伴蒂尔尼与她搭讪，希望她在日记里夸夸他。凯瑟琳俏皮地回应："兴许我不写日记呢。"男主角马上反驳："不写日记！那你别处的表姊妹如何了解你在巴斯的生活情况？每天有那么多的寒暄问候，要是晚上不记到日记里，怎么能如实地向人讲述呢？要是不经常参看日记，你怎么能记住你那些款式各样的衣服，怎么向人描绘你那每天不同的肤色打扮，种种的卷发样式？"[①] 确实如此，文字的记录功能鲜有可比。写一封信，可能要斟酌一个下午，甚至几天才把一封信酝酿好。20 世纪八九十年代的中国大学生，靠信件的精神力量度过了整个青春。21 世纪的生活节奏越来越快，再也没有时间寻觅一扎漂亮的信纸，挑选一支钢笔，将一个午后揉进纸里，再将纸折成漂亮的样子装进信封，骑至一个邮筒投进去。

　　兴许是受到富有审美触觉的古典主义风格的影响，巴斯时装博

---

① 　[英] 奥斯丁著，孙致礼、唐慧心译：《诺桑觉寺》，湖南人民出版社 1986 年版，第 16 页。译文有少许改动。

物馆收藏了英国 16 世纪后期到现代的时尚珍品，名列世界十佳时尚馆之列。相传，维多利亚女王与艾伯特亲王的结婚礼服开启了白色婚纱的先河，成为后世新娘们争相效仿的典范。博物馆珍藏了同时代（即 19 世纪 40 年代）的白色锦缎方格婚纱，是我眼中的镇馆之宝。婚纱裁剪精细，经过褶皱处理的格子赋予了整件礼服柔软而优雅的气质。同色圆点头纱与礼服相得益彰，不仅呼应了礼服的光泽度与层次感，更为新娘增添了几分神秘与浪漫。搭配细腻的羊皮白色手套，一个端庄秀丽的新娘形象跃然眼前。值得一提的是，当时的羊皮手套制作工艺极为精湛，折起来能放入核桃壳的才算得上是精品。这种对细节的极致追求，不仅体现了当时工匠们的匠心独运，也反映了那个时代对时尚与品位的精益求精。此外，博物馆还收藏了 19 世纪早期简·奥斯汀年代的时装，这也是博物馆的一大特色。这些时装不仅还原了当时的社会风貌和审美观念，更让众多奥斯汀迷们有机会亲身感受那个时代的风情。游客纷纷前来拍照留念，体验英式下午茶，仿佛穿越时空回到了简·奥斯汀笔下的优雅世界。

巴斯，是一个可以让生活精致起来、脚步缓慢下来的花园小城市，从温泉城到时尚城，它的历史听起来就令人愉悦。

撒克逊时代

410--1066 年

「花园古都」温切斯特

从伦敦坐火车往西南走，1小时左右就能抵达英格兰汉普郡首府温切斯特。这座城市以其深厚的历史积淀与美丽的花园景观闻名，多次荣登英国宜居城市之首的宝座。温切斯特满目皆是花园绿地，街头巷尾的咖啡馆布置得十分优雅，颇有几分巴斯城的风格。坐在绿荫环绕的小酒馆里，品尝着英式下午茶，感受到一种难以言喻的惬意。然而，就是在这样一座充满生活气息的城市中，却隐藏着一段庄严的古都历史。

温切斯特，曾是罗马人的商贸中心，日耳曼人入侵后，它摇身一变，成为威塞克斯王国的首都。随着英格兰的统一，温切斯特更是荣耀地担起了英格兰首都的重任，温切斯特城堡内的"王家大厅"便是最好的证明。走进王家大厅，斑驳陆离的墙面上，悬挂着一张象征英国王权的大圆桌。这张由爱德华一世敕造、经亨利八世点缀的亚瑟王圆桌，见证了英格兰国王从公元5世纪到16世纪的万里征程。

公元 5 世纪，西罗马帝国覆灭，英格兰陷入了与来自欧陆的日耳曼入侵者——撒克逊人和盎格鲁人的斗争之中。在这个动荡的时代，传说凯尔特国王尤瑟与公爵夫人伊格娜之间，发生了一段缠绵悱恻的爱情故事，而后伊格娜生下亚瑟。亚瑟继承王位之后，积极投入与蛮族盎格鲁、撒克逊的斗争中。他骁勇好战，招贤纳士，打了很多胜仗，巩固了凯尔特人的主权，建都卡美洛（Camelot）。相传，亚瑟王身边有 24 位忠诚的骑士。为了避免骑士们之间争权夺利，亚瑟王特意定制了一张圆桌，让骑士们环坐周围，不分主次，共同商议国家大事，传为美谈。英王爱德华一世（1272—1307 年在位）对骑士故事情有独钟。他参加了十字军东征，成功解放了被伊斯兰教占领的巴勒斯坦。归来后，他下令敕造亚瑟王圆桌。[①] 这张圆桌直径达 5.5 米，由 121 块英国橡木精制而成，重达 1200 公斤，尽显尊贵。200 年后，亨

利八世继位，下令在桌面画上象征都铎王朝的红白玫瑰和以其肖像为蓝本的亚瑟王，并把圆桌的木板涂成白绿相间的图案（见图4-6）——亨利八世对戏剧感的追求可见一斑。就这样，在亨利八世的邀请下，神圣罗马帝国皇帝查理五世亲临温切斯特，见证了不列颠亚瑟王的新传人亨利八世登上王位。

图 4-6　亚瑟王圆桌（R. S. Nourse/ 摄版权许可：CC BY-SA 4.0）

---

① "圆桌"一词最早出现于 14 世纪的骑士文学，特指斗剑、马术、喝酒的"骑士马术聚会"（tournament），现广泛用于指代多方参与的论坛，集会使用的桌子也不一定是圆桌，方桌、长桌都可以。

　　传说中的亚瑟王是否定都温切斯特不得而知（卡美洛的地理方位至今仍是历史之谜），撒克逊人建都温切斯特是有史料记载的。随着亚瑟王的去世，不列颠进入日耳曼撒克逊时代，文化发展水平退到了史前。直到威塞克斯国王阿尔弗雷德（871—899 年在位）于 9 世纪打败劲敌，英格兰才开始复兴。当时，维京人已经占领了威塞克斯以外英国的所有地盘，英格兰危在旦夕，若威塞克斯失守，英格兰将落入维京人的魔爪。阿尔弗雷德战略性地采取游击战，大胜维京人。根据之后签署的和平协议，泰晤士河以北归维京人治理，而南部的撒克逊人则得以保留自己的土地和生活方式。这一协议不仅结束了双方的战争状态，还为两个民族之间的贸易和通婚打开了大门，促进了文化的交流与融合。

　　按照中世纪的惯例，国王的统治权需要得到罗马天主教会的承认，阿尔弗雷德大帝的统治也不例外。他在温切斯特主教教堂举行了登基仪式，并最终在那里得到了永远的安息。而他的孙子从温切斯特统一了英格兰。温切斯特主教教堂，这座早期的撒克逊国王的主教教堂，见证了多个王朝的兴衰更迭。从撒克逊时代到诺曼王朝，它经历了数次的拆除与重建。到了 15 世纪，它最终以哥特式建筑风格定型，长达 170 米的教堂中殿使其成为了当时欧洲最长的教堂。这一纪录直到圣彼得大教堂的建成才被打破。如今，温切斯特主教教堂成了婚庆热门场地。越来越多新娘选择在这个庄严肃穆的殿堂缓缓走向祭坛，缓缓走完单身的最后一段旅程。走向祭坛的距离越长，越能彰显典礼的尊贵与礼服的美丽。值得一提的是，英国著名女作家简·奥斯汀曾在生命的最后阶段选择搬到这里，以方便就医。然而令人惋惜的是，她在搬来后的仅仅几周内便离世了。100 年后，温切斯特城市为了纪念这位伟大的作家，发起了众筹活动，最终在大教堂内为她建造了一座坟墓。

阿尔弗雷德大帝为温切斯特乃至整个英格兰奠定了尊师重教的传统。他用自己的部族语言——盎格鲁-撒克逊语兴办学校、翻译经典、撰写历史，这一举措极大地推动了盎格鲁-撒克逊语的普及和发展，使其逐渐成为整个英格兰的通用语言，即我们所说的古英语。古英语词汇的特点鲜明，共有 2.5 万词流传至今，这些词汇大多与日常生活密切相关，如表示物体、家庭关系的名词、介词以及简单动词等。① 一些基础词汇通过地名流传至今，譬如 "ing" 表示这个地方的人（Dorking、Earling、Worthing、Reading），"ton" 表示村落（Ridlington、Taunton、Wigton、Cheesington），"ham" 表示农场（Birmingham、Grantham、Cheltenham、Tottenham）。古英语与德语、荷兰语等同属日耳曼语系，其名词具有性（阴、阳、中）与格（第一格、第三格、第四格）之分，动词、介词、形容词等都需要根据名词的性和格进行相应的变化。由于日耳曼人与维京人的长期激战与交往，古英语也吸收了古斯堪的纳维亚语，比如 "by" 结尾的城市名称（Swainby、Rudby、Birkby），意思为 "农场"，"son" 加在爸爸的名字后面变成儿子的名字（Harrison、Gibson、Huddson、Robson、Sanderson、Dickenson、Simpson、Dickinson、Watson）。

阿尔弗雷德大帝的远见卓识和好学精神，为温切斯特乃至整个英格兰的文化和教育奠定了坚实的基础。他学习维京人的造船技术，建造长船；他自制有时间刻度的蜡烛，珍惜每一分每一秒；他自学拉丁语，英译拉丁文名著《英吉利教会史》；他编撰《盎格鲁-撒克逊编

---

① 物体与家庭关系的词如 youth、son、daughter、field、home、friend、grand、butter、bread、cheese、meal、sleep、boat、snow、sea、storm，介词如 in、on、into、by、from，简单动词如 come、go、love、sing、drink。

年史》，成为不列颠人用英文书写的第一本著作，为后世留下了宝贵的历史记录。这种好学之风在温切斯特得到了很好的传承。14 世纪，温切斯特主教威廉·威克姆（William of Wykeham）创办了英国第一所公学——温切斯特公学。这所学校旨在为牛津大学输送优秀人才，至今仍然是英国顶尖的私立中学之一。如果你来到温切斯特，一定要预约参观温切斯特公学古色古香的图书馆，感受英国古都深厚的文化底蕴。

　　每年夏天，温切斯特都迎来了大批游客。他们或漫步在古老的街道上享受着绿树成荫的风景；或驻足于城堡大厅与主教教堂前，感受着历史的厚重与庄严。而温切斯特博物馆更是游客如织，这里珍藏着罗马时期的马赛克地砖与地热设施，这里透露着古城的迷人身世。

封
建
统
治
时
期

1066--1485 年

西敏寺

——王权神授的修道院教堂

　　11 世纪，阿尔弗雷德大帝的重孙爱德华在泰晤士河畔修建宫殿时不幸染病。在那个信仰神迹的时代，他通过虔诚的祷告，竟然奇迹般地康复了。这一事件不仅彰显了神权在当时社会中的崇高地位，也深深影响了爱德华国王的宗教观念与政治决策。康复后的爱德华国王，史称忏悔者圣爱德华（Edward the Confessor），怀着对神迹的感激与敬畏，敕令修葺泰晤士河畔桑尼岛上的本笃会修道院，这就是举世闻名的威斯敏斯特修道院的由来，汉译也作西敏寺。

　　修道院是中世纪最有意思的建筑之一。公元 529 年，努尔西亚的本尼狄克因不满意罗马贵族的腐朽生活而隐修，在罗马南边的卡西诺山拆毁原有的阿波罗和丘比特神庙，兴建了第一座修道院——蒙特卡西诺修道院。修道院通常由修道院教堂、八角形小教堂、寝室、膳食堂、回廊、中庭组成（见图 4-7）。据不列颠历史学家比德记载，圣安德鲁修道院住持格里高利于 575 年在罗马头一回见到肤色

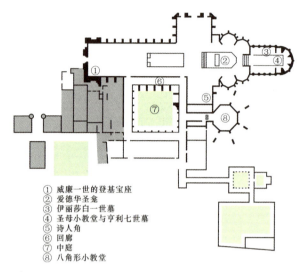

① 威廉一世的登基宝座
② 爱德华圣龛
③ 伊丽莎白一世墓
④ 圣母小教堂与亨利七世墓
⑤ 诗人角
⑥ 回廊
⑦ 中庭
⑧ 八角形小教堂

图 4-7　西敏寺平面图

白皙、金色头发的奴隶，非常好奇，便询问这些奴隶的故乡。当得知他们来自不列颠时，格里高利心中留下了深刻的印象。当了教皇之后，格里高利没忘记那些"长着天使的脸庞，但还不是天使的那些人"。他于 597 年派奥古斯丁去坎特伯雷传教。在肯特国王的接待与支持下，奥古斯丁兴建了坎特伯雷修道院，随后被任命为坎特伯雷主教，负责修建坎特伯雷大教堂。修道院与大教堂，作为天主教的两种传播方式，都在英国扎根落户了。随之在英国扎根的，是跟教会相关的词汇，如使徒（英语 apostle，拉丁语 apostolus）、修道院住持（英语 abbot，拉丁语 abbas）、学校（英语 school，拉丁语 schola）、行政长官（英语 magister，拉丁语 magister）等。西敏寺的英文中"minster"与"abbey"都源自拉丁语，同为修道院的意思。

1065 年圣诞期间，西敏寺刚刚竣工，就传来爱德华国王驾崩的消息。由于爱德华没有子嗣，艾塞克斯伯爵（爱德华妻子的兄弟）继位。

而法国诺曼底公爵，这位爱德华母亲的侄子的儿子，却对此表示强烈抗议。他声称自己才是爱德华国王的合法继承人，并以此为由，发兵讨伐英国。最终，英王战死。1066 年圣诞节，诺曼底公爵在先王敕令建立的西敏寺隆重登位，向世人宣告自己才是爱德华的继位人，从此开启了法国贵族统治英国的历史新篇章。

这位新王史称威廉一世，他的统治对英国产生了深远的影响。他加强了中央集权，从此英国逐渐走向强大和繁荣。而西敏寺作为这场历史变革的见证者，也永远地载入了英国史册之中。英王威廉一世在西敏寺登基，不仅标志着诺曼王朝与英国封建制度的建立，更开启了罗曼语（古法语）大规模融入英国的历史。与统治相关的词汇，如公正（justice）、议长（chancellor）、监狱（prison）、贵族（noble）、犯罪（crime）、法庭（court）等词，都直接来源于法语。此外，与学习、研究、饮食、艺术等相关的词汇，如学院（college）、礼袍（robe）、诗歌（verse）、牛肉（beef）等，也大量来自法语。这些源自古英语与罗曼语的同义词，极大地丰富了英语词汇的多样性和表达力。比如，"开启"（begin、commence）在古英语中表达为"beginnan"，而在古法语中为"comencer"；"看见、看待"（look、regard）在古英语中为"lōcian"，在古法语中则为"regarder"；"臭味"（stench、odour）在古英语中表达为"stenc"，在古法语中为"odur"。这些同义词的存在不仅使英语表达更加精准，也反映了文化之间的交融。值得注意的是，源自罗曼语的词汇往往更加正式，使用场域也有所不同。例如，在英语中，"开学典礼"表达为"opening assembly"，而"毕业典礼"则使用源自罗曼语的"commencement"，这体现了"新的开始"的意味，与毕业典礼的庄重性和仪式感相契合。

踏入西敏寺教堂（由亨利三世于 13 世纪重建）的那一刻，仿佛打开了一扇通往英国历史深处的大门。威廉一世的登基宝座威严地伫立在中殿门口，开启英国君主在此登基的先河。这里也埋葬着 30 位国王（及其配偶）与英国数百位名人志士，他们的生命故事与这座教堂紧密相连，共同构成了英国历史的重要篇章。那一座座大理石雕像就像英国历史的一个个注脚，见证着英国的兴衰荣辱。这里，王权与神权交织，美学与信仰相融，构成英国文化的重要象征。这座哥特式建筑的内部墙体由三部分构成：第一层是最为敦厚的尖券柱廊；它上面一层为漂亮的三拱式拱廊（trifonium），精工细雕的镂空拱券让教堂的空间瞬间跳跃起来；第三层的长廊呼应三拱式拱廊的构件，在这里细长的柳叶窗与花格窗邀请更多阳光进入教堂，形成光影的交响诗。敦厚的石头与彩色玻璃窗似乎有了生命，他们交头接耳，倾诉着关于英国王权更替的悄悄话。

爱德华圣龛位于教堂中殿与十字形耳堂交界处，是教堂的中心。它不仅是进行弥撒、洗礼、坚证、忏悔等宗教活动的核心场所，还是王室举行登基与婚礼仪式的视线中心。传说忏悔者爱德华治愈过瘸子、瞎子、麻风病人，死后躯体不烂，因此被奉为英国的圣人，也是英国国王的保护神。围绕忏悔者爱德华的圣龛，共有 30 位君王与伴侣在此长眠。他们的塑像灵柩上雕刻着历代君王面容，好像在歌颂永恒的君主制。伊丽莎白一世的灵柩雕刻得尤为生动。她一手拿着象征王权的宝球，一手握着权杖，面容庄严而尊贵，受世世代代的不列颠人纪念。西敏寺就像英国名士纪念碑，乔叟、牛顿、达尔文长眠于此，莎士比亚和华兹华斯等文学巨匠虽未葬于此，但他们的纪念碑却矗立在西敏寺的诗人角，成为后人缅怀和敬仰的圣地。正如华兹华斯塑像下镌刻的他的名言，让我们"向诗人献上祝福与永恒的赞美，诗人是爱、美、真理、馈赠"！

图4-8　西敏寺圣母小教堂（amanderson2/摄　版权许可：CC BY 2.0）

　　亨利七世于 1512 年加建的圣母小教堂（Lady Chapel），无疑是西敏寺教堂的高潮，也是中轴线的视觉焦点。圣母小教堂摒弃了法国哥特拱顶的鱼骨肋设计，独创枝肋穹与扇形拱券的融合，营造出一种具有弧度的柔美感（见图4-8、图4-9）。这种设计使得整个教堂看起来更加温馨，也更契合圣母小教堂的主题。玛利亚作为基督教的圣母，一直是中世纪信徒情感的寄托。献给圣母的小教堂，为庄严肃穆的大教堂增添了一抹温情的色彩。再加上色彩斑斓的巴斯勋章旗帜的点缀，圣母小教堂的穹顶充满了诗意与庄严。[①] 与圣彼得大教堂后殿巴

---

①　乔治一世于 1725 年设立巴斯勋章骑士团（册封对象主要为军职人员与王室的功臣），在英国勋章体系中排名第四，与巴斯城无关。圣母小教堂也称巴斯勋章小教堂（Chapel of the Order of the Bath）。

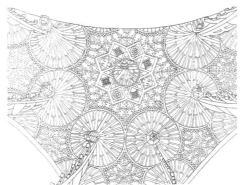

图 4-9 西敏寺圣母小教堂穹顶（申屠青/绘）　　图 4-10 西敏寺徽章（Fenn-O-maniC/ 绘 版权许可：CC BY-SA 4.0 原图经黑白处理）

洛克式的彼得宝座相比，西敏寺圣母小教堂展现出了碎花般独特的细腻感。这种差异可以诠释梵蒂冈罗马天主教教堂与英国天主教教堂的各自特色，共同构成了丰富多彩的宗教建筑景观。

为了向爱德华与都铎王朝开朝皇帝亨利七世致敬，西敏寺的盾形纹章以这两位国王的徽章组合而成（见图 4-10）。徽章上方中央为亨利七世的盾纹，左右两朵都铎玫瑰相伴。亨利七世统治期间，英国繁荣昌盛。这位开国君主解决了红白玫瑰之争，去世后葬于圣母堂。他的徽章既有代表母亲法国王室家族的蓝底金百合，也有代表父亲金雀花兰卡斯特家族的红底金狮子。下方的圣爱德华的纹章，蓝色背景下五只鸽子围绕十字架，则代表了和平与神圣。感兴趣的读者，不妨为之上色，感受纹章的魅力。

西敏寺教堂，作为英国历史的见证者，吸引了无数游客驻足。尽管夏日炎炎、队伍冗长，但游客热情不减，他们如同在翻阅一本生动的英国历史书，借助语音导览仪倾听英国王室与名人贤士的传奇故事。

温莎堡

——法国公爵的英国王宫

　　诺曼底公爵不但开启了英国王室在西敏寺登基的传统，还是在英国建造中世纪城堡的开山鼻祖。温莎堡，这座历史悠久的城堡，坐落在伦敦以西23千米的泰晤士河畔，距离伦敦不足一小时的火车距离，地理位置优越，使得它成为历代英王钟爱的行宫。最初，威廉一世为了保护伦敦西入口的安全，在温莎镇建立了一座木质古堡。200年后，十字军东征归来的英王爱德华三世（1327—1377年在位），受法国文化影响，将温莎堡改建为石头古堡，并成为历代英王的行宫。1917年，来自德国的英王乔治四世宣布改王朝为"温莎"，以示与德国敌方划清界限。伊丽莎白二世更是将温莎堡作为自己的周末居所，2022年葬于她钟爱的温莎堡。

　　castle（城堡）源自古法语castel，涉及分封制度的英语单词如peasant（农民）、vassal（封臣）、governer（主管）、army（军队）、soldier（战士）、garrison（卫戍部队）、guard（警卫）、throne（王位）、duke（公

爵）、baron（男爵）、nobility（贵族）、liberty（自由）皆来自古法语。诺曼底登陆之后的 300 年里，1 万个法语词进入了英语词汇。[①] 从饮食中，我们也可以看到法国对英国的影响。古英语中的"apple"原本泛指水果，但在法国人统治之后，这个词逐渐特指苹果。此外，牛肉、羊肉、猪肉等词也都是在法国影响下进入英语的。这些例子都说明了法国文化对英国饮食文化的深刻影响。直到 13 世纪，英王失去了法国领土，英王与法国的文化脐带断裂，英国王室娶英国女士为配偶，英语的地位才慢慢提高。亨利四世作为第一个以英语为母语的英格兰国王（1399—1413 年在位），标志着英语在政治和社会生活中的重要性逐渐增强。到了亨利五世时期（1413—1422 年），英语更是成为国王下达指令的书面语言，进一步巩固了其在英国社会中的地位。

温莎城堡，这座占地 13 公顷的宏伟建筑，不仅是英国王室的象征，更是西欧分封制度在英国的历史见证。城堡内的圆形古堡、教堂、接待室等建筑共同构成了这座封建领主的"豪宅"。作为防御工事的城堡，高大坚固的墙体是其显著特点。在过去，城堡来访者的身份全靠他手下飘扬的旗帜来辨认，这也促成了徽章的产生。如今，当国王在家，中区圆形古堡上方会飘扬着王室的旗子。王室旗帜的盾徽图案设计精巧，蕴含着深厚的文化内涵，四个方块分别代表着英格兰（左上、右下的红底三头金狮）、苏格兰（右上角金底红色立狮）和爱尔兰（左下部分蓝底金色竖琴）。其设计不仅是对中世纪旗标与盾徽影

---

① 来自诺曼法语的英语单词举例：城市 city（cite）、门房看管人 porter（portier）、金钱 money（moneie）、价格 price（pris）、折扣 discount（desconter）、讨价还价 bargain（bargaine）、契约 contract（contract）、鲑鱼 salmon（saumon）、牡蛎 oyster（oistre）、猪肉 pork（porc）、香肠 sausage（saussiche）、培根 bacon（bacun）、水果 fruit（fruit）、橙子 orange（orenge）、柠檬 lemon（limon）、葡萄 grape（grappe）、挞 tart（tarte）

响的直接反映，也体现了英格兰统一苏格兰与爱尔兰的历史。国王不在温莎堡时则插英国国旗，米字旗代表了整个国家，是不列颠民族团结和国家权威的象征。

　　作为西欧分封制最高领主，国王的私人教堂地位非同寻常。温莎堡的圣乔治教堂是爱德华四世于 1475 年重建、亨利八世 1528 年完工的伟大工程。英国独创的扇形穹隆再次塑造了英伦之风，完美诠释了都铎王朝的垂直风格。能与圣乔治教堂媲美的，恐怕只有西敏寺的圣母堂了。圣乔治何许人也？圣乔治是一位罗马士兵，因受罗马皇帝戴克里先迫害而死。他死后手指、心脏、头骨辗转到此教堂，作为圣物受到崇拜，因此得名。基督教堂以圣徒命名，比如我们最早提到的以圣米尼亚托命名的佛罗伦萨圣米尼亚托教堂，以彼得、马可、保罗命名的圣彼得大教堂、圣马可大教堂、圣保罗大教堂，以圣母玛利亚命名的圣母百花大教堂。圣乔治的名字被用来命名教堂，显示了他在基督教信仰中的崇高地位。1348 年，爱德华三世在英法百年战争凯旋后，效仿亚瑟王，建立了他自己的骑士制度——嘉德勋位（the Order of the Garter），并将他的骑士命名为"圣乔治兄弟会"。这一行动进一步提升了圣乔治在英国文化中的地位，使他成为了英国的保护神。嘉德勋位是国王授予王室成员的最高荣誉，除了国王与王储之外，只有 24 个席位，基本在王族内产生，也有少部分席位授予英国重要的功臣，比如首相丘吉尔、布莱尔，皆为政界高官。至于嘉德勋位名字的来源，有这么一个传说。在一次宫廷庆典中，一位尊贵的女士不慎掉落了她的袜带（garter）。这一小小的意外立刻引起了周围人的注意，而就在这时，爱德华三世走上前来，弯腰捡起了这条袜带，并将其优雅地绑在了自己的腿上，说"思无邪"（honi soit qui mal y pense）。这句古法语直译为"心怀邪念者可耻"。自那以后，"思无邪"便成为嘉德勋位骑士团的座右铭，提醒每一位骑士时刻铭记骑士精神，恪守对女性的尊重与保护。而嘉德勋位也因其深厚的历史背景和独特的文化内涵，成为英国王室成员和杰出功臣所追求的至高荣誉。骁勇好战、尊重女性、保护女性慢慢演变成欧洲的绅士风度，成为欧洲文化的一部分。我还记得在伦敦街头提着大箱子费力行走，就有素不相识的英国绅士帮忙上下台阶。每年的 4 月 23 日，是英国的圣乔治日。在这一天，酒馆挂出圣乔治旗帜，展示其标志性的红色十字架。圣乔治的传奇故事深植于英国人的心中，据说他铲除了一条在当地兴风作浪的毒龙，因此深受爱戴。在英国的许多地方，都可以看到描绘圣乔治身穿盔甲骑马屠龙的图案。红色十字的形成也源于这个传说，据说龙血形成了这个红色的十字。代表英格兰的圣乔治十字架，出现在英国国旗上也不值得奇怪了。作为中世纪战士保护神与英国保护神，以乔治命名的英国国王有 6 位。英王的命名体系，始于诺曼王朝。诺曼底公爵威廉是诺曼王朝的第一代君主，史称威廉一世。以此类推，第三个叫爱德华的国王称爱德华三世。至于王储为何称为"威尔士亲王"（Prince of Wales），也有一个有趣的故事。相传在 13 世纪中叶，爱德华一世平定威尔士的叛乱，在威尔士改建了卡那封城堡（Caernarfon Castle）。王后在那生下了王子，爱德华一世对威尔士那些不服他统治的贵族说，我会送你们一个威尔士出生的王子，且这个王子不会说一句英文。20 世纪的皇室，第一次以"威尔士亲王"称呼王储。

温莎城堡的上区是英王接待贵宾的国事厅与王室的私宅。圣乔治大厅的木拱脚悬臂托梁（hammer beam），保存了中世纪的建筑风格，非常古朴。其天花板缀满了嘉德爵士勋章，五颜六色，绚丽夺目。其中，少数黑色的勋章尤为引人注目，它们象征着那些曾被授予勋章但后来叛变国王的人。值得一提的是，著名的莎士比亚剧作《温莎的风流娘儿们》便是在此大厅首演。白金汉宫建立之后，接待外宾的地点转到了伦敦，而温莎堡的国事厅大多举办王室内部的纪念日聚会，成了王室成员欢聚的场所。维多利亚时代温莎堡开始对公众开放，成为游客了解并亲近英国王室历史的场所。其中，玛丽王后的玩具屋以精湛的工艺令大众倾倒。玛丽王后（伊丽莎白二世女王的祖母）的玩具屋是世界上第一座以 1∶12 尺寸缩小的城堡，并完美还原了温莎堡的室内装潢。20 世纪 20 年代初，建筑师埃德温·勒琴斯爵士率领多达 1500 名顶尖匠人，耗费 5 年时间完成了这件微缩艺术珍品。他们不仅在尺寸上做到了精确的缩放，更在细节上做到了极致。玩具屋内的所有抽屉都能正常打开并储物，墙壁上挂着精美的绘画，书房中还有 100 多本可阅读的微型书籍。这些书籍的尺寸虽然只有邮票大小，但每一页都可以翻阅，展示了匠人们的高超技艺和无尽创意。除了莎士比亚的《暴风雨》是印刷体，其余都是珍贵的手写体，专为玩具屋制作。此外，温莎城堡的图书馆藏书十分丰富，其中约翰·奥杜邦的《美国鸟类》更是高达 1 米，成为英国最宏大的书。在 2022 年的世界读书日，温莎堡还举办了盛大的书展，展出了城堡内最有特色的藏书，让参观者能够一睹这些珍贵书籍的风采。

　　温莎堡，作为英国王室的代表性建筑，虽然或许在建筑风格上不是不列颠最为耀眼的城堡，但它却以深厚的历史内涵，展现了英国最高封建领主的住所以及王室悠久的历史，从而具有无法替代的历史价值。它不仅是一座王室行宫，也是英国君主开展公务和举办重要仪式的地方。而从维多利亚时期之后，王室将温莎堡向公众开放，这传递着一种信号，让民众有机会参与到王室生活中，提高君主制度的存在感。作为英国王室和普通人之间的纽带，温莎堡体现了英国君主制度的一种亲民方式。

牛津

——从四方修道院到学院派大学

　　位于泰晤士河畔的城市牛津，以其独特的地理位置成为连接东西的战略要地，同时也成为南北交通的重要枢纽。早在公元 8 世纪，撒克逊公主弗莱斯史怀德（Frideswide）为了逃避附近国王的求婚，在牛津建立了女子修道院，从而使牛津成了宗教的中心。她过世之后，被奉为牛津的圣徒。就像佛罗伦萨，中世纪城市多是以圣徒与修道院为中心发展起来的。随着时间的推移，牛津的影响力逐渐扩大。在 11 世纪诺曼征服之后，威廉一世的幺子亨利一世在牛津修缮了皇宫，使牛津一度成了首都。这一时期的牛津无疑是政治和宗教的中心，吸引了民众前来朝拜和居住。到了 13 世纪，牛津的历史又翻开了新的一页。1258 年，亨利三世在牛津召开了英国历史上第一次议会，这标志着牛津在政治上的地位进一步上升。同时，商贸的发展也欣欣向荣，为牛津的经济繁荣打下了坚实的基础。

　　然而，历史并非一帆风顺。黑死病的暴发给牛津带来了巨大的打击，大部分使用罗曼语与拉丁语的修士因此丧生，这两种语言在牛津的地位也逐渐式微。但正是这场灾难，推动了英语在牛津乃至整个英国的普及和发展。1299 年，议会从牛津转移到西敏寺，并且开始使用英文召开，这是英文的第一次胜利，英语正式成为英国的主要语言，为后来的文艺复兴和工业革命奠定了坚实的基础。

牛津大学的历史可追溯至其前身——牛津修道院，该修道院于 1096 年开始组织教学活动。到了 1167 年，由于亨利二世禁止英国学子前往巴黎大学求学，牛津大学便逐渐崭露头角，踏上发展之路。现代意义上的大学起源于欧洲的基督教会学校和神学院，其中，意大利的博洛尼亚大学在 1088 年率先成立，巴黎大学紧随其后于 1160 年建校。而成立于 12 世纪的牛津大学，作为英国的第一所高等院校，与之后由其孕育出的剑桥大学，共同成为世界顶级高校的代表。

"牛剑"这两所顶尖学府对学生的选拔标准极高，入学门槛极高，它们所培养出的毕业生，在英国政坛和科技界都做出了巨大的贡献，其影响力让全球都为之赞叹。牛津大学独树一帜的个性化学院制度，以及庄严肃穆的四方庭院校园环境，都为其在教育领域创造了独特的奇迹。

四方庭院（quadrangle）作为一种建筑形式，最早起源于古罗马时期，主要功能为建筑的采光与通风而设计。在中世纪，修道院建筑以中庭（garth）为中心，周围环绕着寝室、食堂、大厅和教堂，通过回廊式建筑构件连接在一起，为修道士们营造出一种强烈的归属感。庭院中洒落的自然气息与凝重的石筑塔楼相互映衬，形成了学院派校园的典型代表。

牛津大学最规整的四方庭院学院（见图 4-11），以典雅的莫顿学院（Merton College）、新学院（New College）与莫德林学院（Magdalen

图 4-11　牛津大学鸟瞰

College）为代表。这种庭院建筑风格深刻塑造了西方大学的传统，即使在没有中世纪建筑的校园里，校园中心的一小块地通常也被称为庭院（quad）。1388 年，威克里夫（Wickliffe）在莫顿学院将《圣经》从拉丁文译成英文，这不仅标志着英语进入宗教权力中心的胜利，也是平民阅读与《圣经》普及的重要里程碑。虽然威克里夫的译本遭到罗马教廷的严厉抵制，他本人也被判为异端，但是仍然约有 250 本威克里夫《圣经》在民间流传，种下了《圣经》普及与平民阅读的种子。

　　基督堂学院（Christ Church）坐拥统摄三个省的主教教堂，是牛津大学一座有着特殊地位的学院。作为牛津大学最富庶的学院，基督堂学院拥有充沛的学术资金和丰富的学生活动，其校友名单犹如一部英国近现代历史，其中不乏众多英国首相。基督堂学院的大厅曾出现在《哈利·波特》电影中，其恢宏的气势和厚重的历史让人印象深刻（见图 4-12）。屋顶风格与温切斯特大厅、温莎堡圣乔治大厅一脉相承，在其中用餐仿佛能感受到深厚的历史底蕴。除了穿袍子的正餐之外，基督堂学院还提供非正式自助餐，餐厅不仅是用餐的地方，更是认识朋友、交流思想的最佳场所，这也是学院制大学的一大吸引力。此外，基督堂学院的汤姆四合院，是牛津最精美的罗马式建筑之一，占地广袤，敦厚宏伟。尽管英国离罗马较远，受罗马式建筑的影响较小，但牛津的这些罗马式建筑仍然显得弥足珍贵。牛津南部郊区的伊夫雷教堂（Iffley Church，见图4-13），以西门 V 字形（chevron）雕刻与鸟嘴头饰（beakhead carving）的罗马式装饰著称。这些装饰元素不仅展示了教堂的精致工艺，更透出一种古朴而庄重的气息。在反复的节律中，石头的沉稳特质得以完美呈现，让人不禁对罗马式建筑的工艺和智慧赞叹不已。

四方修道院的建筑风格与牛津剑桥的学院制度高度契合，为学子提供了一个独特而富有魅力的学术与生活环境。申请牛津大学时，学生不仅需要选择专业（上课归系科管），还需挑选一个学院。这种制度

图 4-12　基督堂学院大厅

图 4-13　伊夫雷教堂　西立面局部（申屠青／绘）

确保了学术的严谨性与生活的多样性并存。学院是一个 300～500 人的温馨社区，每个学院都拥有自己独特的历史传统、学院规模、餐厅特征和文化活动，学生在这里与来自不同专业的同学共同生活、学习和娱乐，建立深厚的友谊。是否靠近市区、河流等人文自然景观，以及学院的建筑风格是否独特，也成为学生选择学院时的参考依据。此外，学院的宿舍待遇也是学生关注的重点，毕竟一个舒适的居住环境对于学习和生活都至关重要。牛津大学确保新生都能住在学院内，以便更好地融入这个大家庭；而对于老生，不同学院会有不同的住宿安排，有些学院可能只提供两年的学院住宿，之后学生便需要在校外自行租房。这种灵活的住宿政策既满足了学生的不同需求，也保证了学院的住宿资源能够得到合理的利用。除了提供住宿外，学院还拥有自己的图书馆、奖学金和助学金等。这些设施和举措为学生提供了更为丰富的学术资源和经济支持，使得他们在追求学术梦想的道路上更加坚定和从容。牛津大学执行小班教学，比如英语系每个班级人数在 20个人以内。除了课堂教学外，牛津大学还实行导师制度。系科老师和博士生会被分配到各个学院，每位导师负责 2～3 名学生的个别辅导（tutorial），频率为每周 1～2 次。这种个别辅导制度使得学生能够在导师的指导下，针对自己的学术兴趣和研究方向进行深入探讨和学习。通过个别辅导，学生不仅能够解决在学术上遇到的问题，还能在导师的引导下，逐渐摸索出适合自己的学习方法和研究路径。对于英语专业本科生来说，一周有 1 次课堂授课和 1～2 次个别辅导。此外，他们还需要每周至少完成 1 篇小论文。这种高强度的学术训练，旨在培养学生的批判性思维、独立思考和写作能力。一年下来，学生需要完成 4 门课程的学业，并撰写无数篇论文，同时还要参加考试。虽然学业压力较大，但这也使得学生能够在短时间内迅速提升自己的学术水平和综合能力。与美国、新西兰等国家的英语本科教育相比，牛津大学的专业学习课程门数虽然减少了一半，但课程的深度和难度却大大增加。这相当于让他们在本科阶段就接受硕士课程的挑战和训练。通过这种深入的教学和学生钻研的相互促进，学生能够逐渐摸索出适合自己的学习方法和研究路径，从而实现一通百通、终身学习的目标。

牛津大学的学院制度为学生创造了一个既严谨又温馨的学习氛围，而图书馆是这一环境的重要组成部分。汉弗雷阅览室作为牛津大学最古老的图书馆之一，不仅拥有古色古香的木质天花板和引人入胜的勋章装饰，更因其深厚的历史文化底蕴和独特的建筑风格成为学术圣地。该图书馆建于 1488 年，建馆初衷是收藏亨利四世的兄弟汉弗雷公爵捐赠的 281 本手抄本。手抄本（manuscript）来自拉丁语，"script"表示"字体"，"manu"则是"手写"的意思。这些中世纪的手抄本，每一本都是僧侣抄写员用心血和智慧凝结而成的艺术品。他们在磨平牛皮表面、精细布局、划线分格、精美誊写的过程中，倾注了对上帝的敬仰和对知识的追求。这些手抄本不仅字迹工整、配色和谐，镶金工艺还精益求精，每一处细节都体现了中世纪信徒的敬业精神。首字母的装饰则更加精美，僧侣会根据字母的形状和结构，设计出繁复灵动的花卉图案，使得整个页面都充满了艺术气息。正因为插画与首字母的装饰，采用铅丹色（minium），所以手抄本的英文也称作 "miniature"（见图 4-14）。值得一提的是，手抄本是以收藏家来命名的，抄写员没有留下姓名，不过，作为中世纪仰望上帝的信徒，抄写《圣经》或者宗教书籍但求内心安稳，本来也不必要留下姓名。自从汉弗雷阅览室成为《哈利·波特》系列电影中霍格沃兹图书馆的取景地，这座古老的图书馆又增添了一份神秘和魔幻色彩。每当学生走进这里，仿佛就能感受到那份来自中世纪的学术氛围和魔法世界的奇幻魅力。

1209 年，牛津大学的部分教师、学生迁至剑桥，创建学习团体，形成了剑桥大学。剑桥大学与牛津大学在学术制度上有着深厚的渊源，两者都采用了学院制度，建筑风格也呈现为相似的四方形庭院。

图 4-14　中世纪手抄本

然而，尽管它们在学术上有着千丝万缕的联系，但地理布局的差异却赋予了这两座城市截然不同的氛围。剑桥，这座因大学而闻名的城市，其魅力在很大程度上来源于那条穿城而过的康河。在康河上划舟，人们可以悠然自得地欣赏到两岸的风光。只见广阔的草地上，点缀着各式各样的学院建筑，每一座都充满了历史的气息与学术的庄重。这些学院与康河、草地相互映衬，构成了一幅幅如诗如画的景象，使得剑桥成为一个充满诗意与学术氛围的栖居地。华兹华斯曾经在《序曲》（*The Prelude*，1850）赞誉剑桥大学的国王学院：

> 那是个凄凉的早晨，车轮在乌云
>
> 笼罩的平野上滚动，一路上我们
>
> 无精打采，直至见国王学院的
>
> 长形礼拜堂从一片昏暗的树林中
>
> 徐徐托出它的塔楼与尖顶，
>
> 它们纵列成行，相互呼应。①

　　这就是剑桥——高耸入云的礼拜堂，远远唤醒疲惫的旅人——给人以振奋之情。而牛津，虽然同样拥有泰晤士河与查韦尔河，但这两条河流都位于城市的外围，因此建在河边的学院数量相对较少，无法像剑桥那样形成河流与学院交织的景观。然而，这并不意味着牛津缺乏魅力，相反，各大学院密密麻麻地分布在城市的各个角落，被高高的石头墙所环绕，仿佛一座座独立的城堡，外人不得一见，独守一份神秘和庄严！

---

① ［英］华兹华斯著，丁宏为译：《序曲或一位诗人心灵的成长》，中国对外翻译出版公司 1997 年版，第 53 页。

文艺复兴时期

1485—约 1650 年

莎士比亚圆形剧场
——现代英语的发源地

    15 世纪初，英国政府部门（Chancery）对英语拼写进行了统一规范，这一举措对英语的发展产生了深远的影响。随着拼写的统一，英语的语言形式逐渐稳定下来，为后续的文学创作和学术交流提供了便利。这一事件不仅影响了当时的语言使用，还间接促进了出版业的繁荣，使得伦敦的某条街道后来被命名为"Chancery Lane"（法院街），成为出版业的集中地。

    到了 1453 年，古滕堡的活字印刷术问世，这一技术革命极大地推动了书籍的广泛传播和知识的普及。英国首位印刷商威廉·卡克斯顿（William Caxton）将这一技术引入英国，并结合政府统一拼写后的标准，出版了一系列重要的文学作品和译作，其中包括乔叟的《坎特伯雷故事集》、托马斯·马洛礼的《亚瑟之死》，以及《伊索寓言》和《列那狐的故事》英文译本。卡克斯顿的贡献在于，他不仅推动了印刷术在英国的发展，还通过出版这些经典作品，为现代英语的形成奠定了基础。这个时候，现代英语的雏形已经具备。

1485 年，伯爵亨利·都铎在法国援助下战胜理查三世，夺取王位，建立都铎王朝。这标志着英国文艺复兴时期的开始。其间英国又经历了重大的新教改革。1524 年，威廉·廷代尔（William Tyndall）从古希腊语原文翻译新约，尽管因此遭受监禁并被处死，但他的英文译本在印刷机的帮助下得以流传。1533 年，亨利八世的个人婚姻问题引发了英国与罗马教廷的决裂。这一政治事件对英国的宗教和文化产生了深远的影响。亨利八世转而支持英语版《圣经》的发行与传播，这一举措不仅加强了英国宗教改革的力度，还极大地提升了英语作为书面语的地位。英文版《圣经》的合法流传使得更多人能因它而接触英语书面语，从而大大提升了英语作为书面语的地位。

1604 年，英国迎来了其历史上第一部词典《字母表》（*A Table Alphabetical*）的发行，这部词典由考德里（Robert Corderoy）编纂，收录了 2543 个外来语。这是英语词汇规范化的一个里程碑。当时，英国正处于对古典文化的热烈推崇之中，古希腊语与拉丁语的特征在英语中得到了保留。例如，"哲学"（philosophy）与"物理学"（physics）的 /f/ 发音，便是依照古希腊语的"ph"拼写方式而来。早期通过古法语纳入英语的单词，在《字母表》中也得到了进一步的规范。这些单词在参考拉丁语原文的基础上，加入了不发音的 b、c、i、p 等字母，如"debt"（拉丁语 debitum）、"doubt"（拉丁语 dubitare）、"scissor"（拉丁语 scissor）、"salman"（拉丁语 salmo）、"receipt"（拉丁语 receptum）等。这种变化看似微小，却对英语的拼写和发音产生了深远的影响。此外，16 世纪的英国海上航行与交易活动，也极大地丰富了英语词汇。随着英国商船队的远航，来自葡萄牙、西班牙的新鲜水果与特产被带回国内，如香蕉、酸橙、柑橘、杏、土豆、可可豆、玉米等，它们的名称也随之进入英语。伊丽莎白女王时代的英国与西班牙"无敌舰队"的多次交锋，也带来了"贸易禁令""龙卷风""独木舟""红酒"等词语。这些词语不仅反映了当时英国与世界的广泛联系，也丰富了英语的词汇库。

佛罗伦萨文艺复兴的清风历经两个世纪的沉淀，终于轻轻吹拂到了英伦的土地上，而这场文化运动的英国代言人便是举世闻名的莎士比亚。莎士比亚以其独特的才情，不仅改写了彼得拉克的意大利十四行诗，更是开启了英语话剧创作的新篇章。1571 年，伊丽莎白女王宣布皇家交易所投入使用，标志着伦敦正式与欧陆的大城市接轨。商贸的蓬勃发展催生了一大批富裕且悠闲的市民阶层。1587 年，泰晤士河南岸的南华克区矗立起了一栋别致的木头剧院，它有一个充满诗意的名字——玫瑰剧院。到了 1599 年，在玫瑰剧院附近，一座更具规模的圆形剧场（Globe）拔地而起，莎士比亚作为其股东之一，为这个剧场的繁荣做出了巨大贡献。在这个舞台上，莎士比亚的才华得到了充分的展现。在莎士比亚长达 27 年的创作期间（1589—1616 年），英语得以进一步标准化。莎士比亚的语言也成为现代英语成语的一大出处。莎士比亚发明或首次记录了 2000 多个词与短语，至今仍广为应用，比如出自《驯悍记》的"break the ice"（破冰），出自《暴风雨》的"in a pickle"（处于困境），出自《奥赛罗》的"vanish into thin air"（烟消云散），出自《麦克白》"what's done is done"（木已成舟）等。

1997 年，伦敦重建莎士比亚圆形剧场。这座剧场以其独特的茅草屋顶和 20 个面的多面体结构，完美地再现了早期剧场的原始风貌（图 4-15，请用彩铅为插图补上茅草屋顶）。当我于 2006 年 8 月首次踏足这座位于伦敦泰晤士河畔的剧场时，内心充满了激动与期待。我手持 5 英镑的站票，站在看台与舞台之间的站席位上，仿佛穿越时空，回

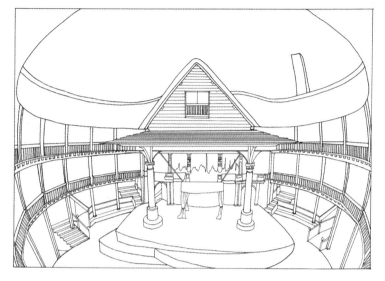

图 4-15　圆形大剧院舞台（申屠青 / 绘）

到了伊丽莎白时代。我仰头望向那高高的舞台，感受着那个时代普通老百姓的视听体验。虽然视角有些仰视，但那种与历史的亲近感却让我心潮澎湃。莎士比亚时代剧场盛行兜售的饮料与食物，现在已被禁止。木质三层看台的贵族席位，还跟以前一样优雅与舒适。德罗姆古尔（Dominic Dromgoole）执导的剧目却令我大失所望。弗兰西斯·巴贝（Frances Barber）饰演的埃及艳后穿着透视装，歇斯底里地表演，让人难以将她与那位成熟、智慧的女王联系起来。虽然这出剧的女主角已经不是与凯撒大帝唇枪舌剑的妙龄少女，但那气急败坏的演绎与原著的成熟女王大相径庭。艳后握蛇自杀的场面，本是剧中情感的高潮，但由于演员缺乏情感投入，观众难以产生共鸣，更无法感受到悲剧的力量。尼克洛斯·琼斯（Nicholas Jones）饰演的罗马将军安东尼，也缺乏应有的魅力。他的表演似乎只停留在表面，没有通过眼神等细节，表现出对克利欧佩特拉深沉的感情。这样的演绎使得原本充满张力的人物关系变得平淡无奇，难以打动人心。莎士比亚剧场的魅力在于演员通过精湛的语言和肢体表达来展现作品的精髓。然而，在这出剧中，我们看到的却是导演过于追求形式上的创新，而忽略了演员表演的核心。德罗姆古尔于 2005 年出任圆形剧场导演，他在这部剧中似乎想通过互动，为观众带来更加真实和生动的观剧体验。然而，弄臣边嗑瓜子边吐皮的场面，让前排观众不知所措。而将军和士兵的酒宴场景更是令人意外。跟跟跄跄、发酒疯甚至吐得满地狼藉的行为，让前排站席的观众收获了不必要的"湿身"体验。这样的处理方式不仅无法让观众沉浸在剧情中，反而让人感到疏离和困惑。

莎士比亚的戏剧作品，以其简洁而精彩的情节以及鞭辟入里的语言而广受赞誉。莎士比亚的大多剧本，故事皆有原型，悲剧《罗密欧与朱丽叶》也不例外。这部作品的灵感来源于奥维德《变形记》第三部中的一首诗，讲述了皮拉缪斯和忒斯彼（Pyramus and Thisbe）这对年轻恋人的悲剧故事。皮拉缪斯和忒斯彼是邻居，但由于家族之间的对立，互生情愫的他们只能依靠墙体上的一个小孔来偷偷交流。后来，他俩找到一个机会，约在城外约会。当皮拉缪斯赶到约会地点，却看到被狮子撕碎的恋人的衣服：

"啊，一晚上

就夺取了一双恋人的命。是我害了你，

你本应该幸福长寿，是我，是我，

我不该让你在漆黑一团的长夜里来到荒郊野外，

我不该比你来得晚，我应该被狮子碎尸万段。

什么？这是懦弱者的行为？"

他捡起忒斯彼的脸罩，眼泪浸湿了他熟悉的信物，他不禁亲了好几口，

"我的吻与我的泪，都是为你，现在我的鲜血也是为你流。"

最后忒斯彼赶来，看到倒在血泊中的爱人……她哭了：
"啊，你亲自拿刀结束了你的生命，你为爱而死。
我的手，也当如你手勇敢。
我对你的爱也将让我勇敢面对这宿命。
我将随你，命赴黄泉。虽然我将被谴责，
我自然也要和你一起接受命运的捉弄。
只有死亡才能夺去对你的爱，
但是死亡隔绝不了我的爱。哦，我们的父母啊，
愿你们听到我们的祈求，念在我们悲惨的命运，
日夜思念却只有死才能结合的我们，请将我们葬在一起吧。"①

1567 年，亚瑟·戈丁（Arthur Golding）将《变形记》翻译成英文。莎士比亚将这个故事写入了《仲夏夜之梦》，又以细腻的笔触将之改编为《罗密欧与朱丽叶》。莎士比亚保留了原故事的核心元素和悲剧力量，透过独特的抒情手法和深刻的人性洞察，使得这部作品焕发出了非同一般的表现力与感染力。朱丽叶为了逃婚，在结婚当天吃下了一种能佯死的神药。罗密欧不知其详，看到不省人事的朱丽叶，不禁悲恸欲绝：

---

① Ovid, *Metamorphoses*, Oxford: Oxford University Press, 1998, pp. 77-78.

"啊！亲爱的朱丽叶，你为什么仍然这样美丽？难道那虚无的死亡，那枯瘦可憎的妖魔，也是个多情种子，所以把你藏匿在这幽暗的洞府里做他的情妇吗？……我要留在这儿，跟你的侍婢，那些蛆虫们在一起……来，苦味的向导，绝望的领港人，现在赶快把你的厌倦于风涛的船舶向那巉岩上冲撞过去吧！为了我的爱人，我干了这一杯！"

朱丽叶醒来，见到已经殉情的罗密欧：

"这是什么？一只杯子，紧紧地握住在我的忠心的爱人的手里？……唉，冤家！你一起喝干了，不留下一滴给我吗？我要吻着你的嘴唇，也许这上面还留着一些毒液，可以让我当作兴奋剂服下而死去。（吻罗密欧）你的嘴唇还是温暖的！"

朱丽叶决心随罗密欧而去：

"啊，人声吗？那么我必须快一点了结。啊，好刀子！（攫住罗密欧的匕首）这就是你的鞘子；（以匕首自刺）你插了进去，让我死了吧。（扑在罗密欧身上死去。）"①

伊丽莎白一世出于对戏剧和文化的热爱，经常在格林尼治宫和白厅宫（Whitehall）召集莎士比亚剧团演员进行表演。伊丽莎白驾崩之后，詹姆士一世（1603—1625 年在位）继位，他同样对戏剧抱有极大的热情。1603 年圣诞，就在汉普顿宫大厅上演了莎士比亚戏剧。汉普

---

① [英] 莎士比亚著，朱生豪译：《莎士比亚全集（八）》，人民文学出版社 1986 年版，第 107-109 页。

顿宫大厅的木拱脚悬臂托梁，古朴威严与皇家威风相得益彰，为戏剧表演增添了几分庄重与神圣（见图4-16）。然而，1613年在圆形剧场上演《亨利八世》时却发生了一场意外。用作特效的一门大炮失火，烧毁了圆形剧场的茅草顶，整个剧场坍塌。这场火灾使得《亨利八世》成了莎士比亚的收官之作。尽管一年后，剧场在原址重建，但是莎士比亚已经退隐故乡。1642年，英国内战爆发，政府下令关闭伦敦所有的剧院，禁止演出。1644年，圆形剧场被推倒，土地被变卖。直到1997年得以重建的圆形剧场，再次召唤戏剧爱好者重温现代英语诞生的摇篮。

英国与罗马相隔遥远，因此古典雕塑和建筑并非英国文化的核心。当意大利的城市如火如荼地复兴古典荣光时，英国还在摸索自己

图4-16　汉普顿宫大厅（David Iliff/摄　版权许可：CC BY-SA 3.0）

的文化发展之路，寻找在文化世界中的定位。不过，英国很快发现了海上贸易的巨大商机，于是它紧随葡萄牙、西班牙、荷兰的步伐，与法国等国竞争，积极开辟新航线，大力发展商贸事业。文艺复兴时期的航海业蓬勃发展，为英国带来了资本积累，推动了圈地运动等社会变革。在这一时期，英国的文化也呈现出兼容并蓄的特点。莎士比亚的剧作便是这一文化融合现象的生动体现。他的剧本素材丰富多样，既有古典神话和传说，也有反映宫廷生活的现实故事。通过对这些原型故事的改编和深化，莎士比亚继承并传播了西方古典文化。

剧本是一种文学体裁，戏剧却是表演艺术。在国内，我们往往缺乏机会去亲身欣赏西方戏剧，因此大多时候都是通过阅读剧本来感受剧作家的魅力。然而，在莎士比亚的时代，情况则截然不同。莎士比亚首先是一位演员，他的作品可以说是他实战经验的结晶。观众热衷于前往剧院欣赏戏剧，那里不仅是社交的场所，也是娱乐的天地。文艺复兴时期的剧院，可以说是我们了解那个时代的最佳窗口。

剧院的公众功能不仅迎合了英国宫廷的趣味，妙语连珠的莎士比亚剧场更是老百姓的英语启蒙学校。西方人对话剧的热爱一直延续至今，伦敦、纽约、柏林、威尼斯等大城市，每天都在上演戏剧——话剧、歌剧、音乐剧、舞剧，琳琅满目。每年夏天，英美城市的公园都会上演一系列名为《公园里的莎士比亚》的演出，让公众免费近距离感受莎翁剧作的魅力。新西兰成立的就地圆形剧场（Pop-up Globe），2016 年开始在新西兰与澳大利亚巡演，为南半球的观众提供了亲身体验圆形剧场与莎剧魅力的机会，每场演出都座无虚席。2020 年的新冠疫情使得这一活动一度停摆，到了 2024 年 2 月，剧场重整旗鼓，上演《仲夏夜之梦》与《罗密欧与朱丽叶》，再次掀起一股莎剧热潮。

启蒙运动与工业革命

1689—约1830年

「一便士大学」
——英语平民化运动

英国的义务教育起源于 1880 年，在这之前，剧场、沙龙、咖啡馆、酒馆、图书馆已经颇具规模，承担起公众教育的功能。从 18 世纪到 20 世纪，报业在不列颠群岛扮演了至关重要的"信使"角色，将新闻、知识和观点迅速传递给广大民众。据统计，在 17 世纪 60 年代，伦敦只有 60 多家咖啡馆，到 19 世纪 20 年代，发展到近 300 家。咖啡馆创造了一个知识空间，只要付上一便士，便可品尝咖啡、读报聊天，伦敦的咖啡馆也因此被人称为"一便士大学"。著名报人纳撒尼尔·密斯特（Nathaniel Mist）则将自己办的报纸比作剧院，强调其为公众带来的教育意义。他写道：我以剧院的标准来办报纸，"提供愉悦的同时带来利益"。

印刷机的发明和印刷技术的进步，使得大规模、高效率的报纸生产成为可能，无疑对报业的发展起到了革命性的作用。1641 年创刊的 *Newsbook* 是当时的官方报纸，内容主要聚焦于议会与国王之间的政治斗争，成为政府传递声音的重要工具。同时，贵族之间也流传着手抄报（news sheet，也被称为 gazette），其内容则更为广泛，不限于政治领域。

18 世纪的报刊业可谓群星璀璨，是推动英语平民化运动的重要阶段。此前，莎士比亚的英语作品虽然充满世俗气息，但仍带有一定的诗歌韵脚，主要讲述贵族和国王的故事。然而，18 世纪的报刊文章开始贴近百姓生活，用词更加通俗易懂。

在这一时期，丹尼尔·笛福凭借其卓越的才华，为英国的新闻事业奠定了坚实基础。他在《评论报》上发表的文章，不仅语言朴实，而且内容贴近现实，深受读者喜爱。1719 年，他还创作了以苏格兰水手的故事为蓝本的《鲁滨逊漂流记》这部脍炙人口的小说，通过《每日邮报》连载的形式，让广大读者能够逐日追读，这也是世界上第一部由报纸连载的小说。

接过笛福的指挥棒，斯蒂尔和艾迪生同样是这一时代的佼佼者。他们合作创办了《闲谈者》和《旁观者》等杂志，开创了英国史上的"白话"散文。大文豪约翰逊博士（Samuel Johnson）则是散文刊物《漫游者》与《懒汉》的创办人。杂志文学涉及风俗、时尚、文学、道德等多个方面，文风实在，针砭时弊，在咖啡馆与酒馆被广泛阅读，深受中产阶级读者的喜爱，同时也是英国女王每天早上必读的刊物。艾迪生说："大家都认为苏格拉底把哲学拉下了神坛，把它带到了人间，而我也希望终有一天，人们能够这样说起我，认为是我把哲学从密室和图书馆、从大学和研究所中解救出来，让它生活在俱乐部和人群中间，出没于茶桌左右，逗留于咖啡馆之间。"[①] 这些杂志文

① ［英］艾利斯著，孟丽等译：《咖啡馆的文化史》，广西师范大学出版社 2007 年版，第 218 页。

学重伦理、长说理，文风针砭时弊，大众争相传阅，因作者匿名为报纸撰文，也成就了一大批社会边缘人物，比如女性、苏格兰人、爱尔兰人，打破了英国的阶层束缚。

17、18世纪的法国文化无疑是欧洲的文化中心，法语也再次大规模地渗透进英文，为英语词汇带来了丰富的法语元素。例如，"liaison"（联络）、"beau"（美的）、"faux pas"（失礼）等法语词都在这段时间内被英文吸纳，丰富了英文的表达方式。同时，那些早期已经引入英文的法语单词，也在这个时期恢复了其原本的法语拼写。比如，"饼干"从"bisket"变为"biscuit"，"蓝色"从"blew"变成"blue"，这些变化都体现了英语对法语文化的接纳与融合。

托马斯·谢尔丹的《英语词典》（*A General Dictionary of the English Language*，1780）则标志着对英语发音规范的开始。谢尔丹非常注重发音的准确性，尤其是对英语中"h"音的发音。他强烈建议词典中所有以"h"开头的单词都应该清晰发音，这反映了他对语言纯净性和准确性的追求。这一建议在后来的音乐剧《窈窕淑女》中得到了生动的体现。剧中，出身于伦敦东区的女主角伊莉莎（Eliza Doolittle）在发音教授的指导下，反复练习那句"In Hertford, Hereford, and Hampshire, hurricanes hardly ever happen"，以强化 /h/ 的发音。这一场景不仅展现了谢尔丹对于发音规范的重视，也生动地呈现了英语发音训练的过程。

在18、19世纪之交，英国的报业文化领域迎来了前所未有的繁荣。大文豪如兰姆、狄更斯、华兹华斯等纷纷在报刊上发表连载作品。这些作品往往具有深刻的社会洞察力和人文关怀，通过细腻的笔触描绘了当时社会的风貌和人物命运，引起了广泛的共鸣。与此同时，法国大革命的胜利对英国产生了深远的影响。英国随后创办了自由学校（free school），标志着大众教育的兴起。这一举措使得更多的人有机会接受教育，提高了整个社会的文化素养。煤油灯的使用也使得人们可以在夜晚享受阅读的乐趣。在物质文化方面，橱窗和书亭成为展示和销售书籍的重要场所。人们可以方便地在这些地方购买到心仪的书籍。此外，广告商的包装纸上也印有文字，这既是一种宣传手段，也丰富了人们的阅读体验。值得一提的是，诞生于苏格兰的流动图书馆，在英格兰也风靡一时。这种巡回式图书馆服务通过移动图书车或马车，将书籍带到较远地区的居民身边，为他们提供了宝贵的阅读机会。报刊文章在这一时期也开始更多地使用"我尊敬的读者与听众"这样的措辞，这标志着编辑职业队伍的兴起与受众意识的萌芽。编辑开始更加注重与读者的互动和沟通，通过直接对话的方式满足读者的需求，进一步提升了报刊的影响力和传播效果。面向中产阶级的《泰晤士报》到19世纪初已经独立于政府，成为世界上最有影响力的报纸了。19世纪也见证了英国报业集团化的过程，全国性报纸逐渐集中在伦敦的舰队街（Fleet Street）。《泰晤士报》作为其中的佼佼者，其影响力不局限于英国，更扩展至全球。

与报纸一同兴盛的咖啡馆，其初衷并非售卖美味的咖啡，而是作为商人阶层与政客交流思想的场所，被誉为"政治家的粥"。事实上，欧洲在很长一段时间内，对咖啡的"邪恶气味"都持排斥的态度。咖啡豆原产于埃塞俄比亚，后经威尼斯商人之手传入欧洲，并于16世纪下半叶抵达英国。为了更便捷地获取咖啡豆，从17世纪开始，英国在法属马提尼克岛殖民地与美国殖民地，都种植咖啡豆。1652年，英国第一家咖啡馆诞生于牛津。咖啡从一开始就与制糖产业紧密相连。英国从非洲贩卖奴隶到西印度群岛与美国的种植园，这些奴隶辛勤劳作产出的糖，成了咖啡的绝佳伴侣。因此，咖啡与糖不仅是一条连接英国与非洲、中美洲、北美洲的产业链，更是殖民迫害的沉重枷锁。

据 2015 年的数据，不列颠人均报纸购买量位居世界前茅。回想起 2006 年初次访问英国时，伦敦地铁上几乎人手一份报纸的情景，确实令人印象深刻。作为英语老师，我也曾想要入乡随俗，通过购买报纸来了解当地的时事和文化。然而，面对报刊亭里琳琅满目的报纸，我却陷入了选择困难，这无疑暴露了我的外来身份。英国报纸的种类繁多，它们有着鲜明的阶级、阶层和政治倾向。例如，严肃的大开本报纸如《每日电讯报》《泰晤士报》《卫报》《独立报》《金融时报》等，主要面向社会精英群体，它们的收入主要依赖于广告（到 2024 年，只有《金融时报》与《每日电讯报》还是大开本，因此在数字阅读时代，按照大小开本来定义报刊严肃与否，已经不完全正确了）。这些报纸的读者通常具有较高的购买力和社会地位。而小报则以小道消息、娱乐新闻和桃色新闻为卖点，销量巨大，它们的收入主要来源于报纸的销售而非广告，如广为人知的《太阳报》。英格兰最著名的报纸都出自伦敦。这种首都报纸垄断国家报业的情况，在西方世界较为少见。德国、法国和美国的报纸则更侧重于服务本城市的读者。这可能也意味着，我在伦敦看到的报业繁华，更多反映了伦敦居民的人均消费水平，而非整个英国的报业状况。

随着数码手机的普及和互联网的迅猛发展，传统报纸的地位受到了前所未有的挑战。当我 2018 年再度访问伦敦的时候，地铁上的读报人已经寥寥无几，这不禁让我感到一丝失落。我的英伦印象，那个几乎人手一份报纸的时代已经陨落。然而，经过报业的诞生与繁荣，英语完成了它的"白话"运动，为它在世界范围内传播做好了准备。

大英帝国鼎盛时期

1815---1931年

水晶宫

——万国工业博览会

在英伦夏日的微风中，我漫步至海德公园，寻找那座已经消失在历史长河中的建筑。它曾在公园的南部矗立，展示着超过十万的展品，汇聚了来自 28 个国家的近 14000 个参展商，其中 6000 名来自海外。这座建筑，曾在亨利八世的皇家狩猎场上屹立，向世界发出热情洋溢的邀请：伦敦欢迎您！

正是阿尔伯特亲王的决策，使得英国向五洲四海的商人敞开了大门，促成了一场世界级别的博览会。自都铎王朝（1485—1603 年）以来，特别是 1650 年之后，随着东印度群岛、印度、非洲与太平洋市场的不断开拓，英国在产业革命的浪潮中率先崛起，于 19 世纪中叶发展成为国际制造业的中心。

1851 年，伦敦万国工业博览会（the Great Exhibition of the Works of Industry of All Nations）盛大开幕。这场博览会的诞生，既是对法国博览会的回应与超越，也是阿尔伯特亲王借此机会与欧洲大陆接

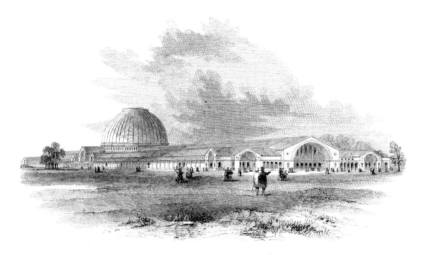

图 4-17　水晶宫外观，载《水晶宫：其建筑历史及建筑奇迹》（1851）

轨、教育大众的重要举措。伦敦万国博览会不仅展现了帝国的雄厚实力，更是世界博览会历史上的一个里程碑，开启了后世博览会的先河。

展馆有个曼妙的名字——水晶宫（Crystal Palace）。水晶宫（见图 4-17）摒弃了传统的木、石建材，采用成片的玻璃与钢筋制成组件，并在现场进行组装，充分展示了工业社会流水线工艺的优势与特点。从远处望去，水晶宫如同一座晶莹剔透的宫殿，在阳光下熠熠生辉。它由成片的玻璃和钢筋制成，每一块玻璃都经过精心挑选和打磨，使得整个建筑在光线的照射下呈现出梦幻般的光彩。钢筋则如同骨骼一般，支撑着整个建筑的稳定。展馆内设有原材料、工业成品、装饰、机械四个展区，全面展现了工业文明的成就高峰。水晶宫的长度达到了 564 米（相当于 1851 英尺，以此纪念博览会于 1851 年召开），宽度 138 米，高度达到了 39 米的三层楼高。其建筑长度是圣彼得大教堂的

2.6 倍，无疑是当时欧洲最大的建筑。水晶宫的设计融合了古典与文艺复兴的元素，在古典建筑巴西利卡、穹顶的基础上，结合文艺复兴的圆形装饰，如同是工业文明绽放的一朵古典主义的白莲。

19 世纪中叶开通的铁路交通，让更多英国人来水晶宫参与这项盛事。1851 年之前，不同阶级的人群很少有机会聚在一起，共同娱乐，当时的铁路交通分一等、二等、三等车厢。社会阶层之间的界限分明，彼此之间的交流与理解十分有限。然而，博览会的举办却为不同阶层提供了一个难得的交流平台。从理论上讲，博览会成了一个阶层熔炉，使得来自不同社会背景的人们能够聚集在一起，共同分享这场视觉与文化的盛宴。虽然低收入阶层一开始只在"一先令"打折日进馆，但是博览会的票价后来从最初的一镑降到一先令，工薪阶层的参与度大大提高，也使得博览会成为大众教育空间。

漫步在海德公园的宁静之中，我穿梭于成片的芦苇荡，寻找着那座曾经辉煌一时的水晶宫。尽管它已不复存在，但我的心中仍能描绘出它那宏伟壮观的模样。我想象着那个被放在中央、富得流油的印度展馆，它是英国殖民统治的象征，也是那个时代的缩影。我似乎能够看到展馆内各样宣传文字，上面印着"英国所有"的字样，彰显着英国人的自信与傲慢。他们将这次展览称为"万国展览"，不仅是为了展示各国的工业成就，更是为了展示英国作为世界强国的威严与地位。水晶宫作为博览会的核心，日吞吐量高达 4.2 万多人次，最高时甚至接近 11 万人次。人们从四面八方涌来，争相目睹这座工业文明的杰作。而在所有的展区中，属于英国殖民地的印度展区无疑是最受追捧的展区之一。其中最为引人注目的，莫过于那颗"柯伊诺尔"钻石。这颗钻石在 1850 年由西印度公司赠送给维多利亚女王，女王将其作为胸针使用，后来更是将其放置在王冠的正中，象征着大英帝国的荣耀与权威。而美国馆的规模同样宏大，其中最为引人注目的，是那座真人大小的《受伤的印第安土著》塑像，塑像意图讴歌基督教文明对异族的胜利，却也同时暴露了殖民扩张背后的残酷与血腥。在这场万国博览会上，中国商人徐荣村也带着他的"荣记湖丝"参展，并获得了优胜奖。他的成功不仅展现了中国丝绸的卓越品质，也为中国在国际舞台上赢得了一席之地。

伦敦万国工业博览会的成功举办，犹如一颗火种，点燃了世界博览会的热潮。据国际展览局（BIE）的官网数据，从 1851 年至二战前夕，西方国家轮流坐庄，共举办了 24 届国际博览会，其中美国、法国各六次，比利时五次。这些博览会不仅成为展示各国工业成就的舞台，更成为西方列强展示其殖民统治力量的窗口。在这些博览会上，除了琳琅满目的物品外，各殖民地的居民也被当作展品展出。例如，1878 年的巴黎博览会上，法国殖民地塞内加尔人、越南人以及塔希提岛民被置于"黑人村"中展出，他们如同被圈养的动物一般，供人观赏。1904 年，美国圣路易斯世界博览会的人种学展览上，一群菲律宾土著人同样被当作展品展出。这些博览会上的展览说明，更是明目张胆地宣扬"白种人进化得最先进"的进化论，为西方的殖民统治行为摇鼓呐喊。

伦敦博览会的丰厚收益，在阿尔伯特亲王的建议下用于购置土地，建立了南肯辛顿博物馆（现为维多利亚和阿尔伯特博物馆）、自然历史博物馆、帝国理工学院、阿尔伯特音乐厅、皇家地理协会等一系列重要的文化教育机构。这些机构不仅为英国的学术研究、文化传承和公共教育做出了巨大贡献，也成为英国文明发展的重要象征。然而，水晶宫这一曾经的辉煌建筑，却在历史的变迁中遭遇了不幸。水晶宫被其建筑师收购后，移至伦敦南部的锡德纳姆山，扩建成世界上第一个主题公园。但不幸的是，1936 年的一场大火将其完全烧毁，使得这一工业文明的杰作永远消失在历史的长河中。

然而，从工业博览会召开到建立国家级博物馆与主题公园，英国的文化资源得以保存与建立。关于大英帝国的文化想象与批判，也一直活跃在英国文坛上。当代英国文学家朱利安·巴恩斯在小说《英格兰，英格兰》（1998）中，构建了一个名为"英格兰，英格兰"的主题公园，"在这 155 平方英里的范围内聚集了所有游客希望领略、通常被人们视为代表英格兰的一切……在我们这个快节奏的年代，能够一个早上就参观到巨石阵和安妮·海瑟薇的小屋，继而在多佛尔海峡的白崖顶上来一份'农夫午餐'，再到伦敦塔里的哈罗兹百货公司度过一个轻松悠闲的下午（皇室卫兵为您推着购物车！）"①。这个公园将英国文化包装成快餐文化，以迎合游客的需求。游客可以在短时间内领略到被视为代表英格兰的一切，然而这个英格兰主题公园的各种演员，如罗宾汉、国王、皇家士兵、约翰逊博士……慢慢地不再听从指挥，开始导演自己的言行举止，极具反讽意味。而拜厄特的小说《孩子们的书》（2009）则以维多利亚和阿尔伯特博物馆为背景，展现了 19 世纪末期到一战期间，英国博物馆功能的演变。这部小说不仅揭示了博物馆在古玩收藏和公共教育方面的交互作用，更深入地探讨了帝国扩张中（博物馆很多藏品的源头）的伦理问题，引发人们对历史与现实的深刻思考。

通过这些博览会和文学作品，我们可以看到西方列强在殖民扩张中的残忍与贪婪，以及他们对异族文化的漠视与践踏。同时，这些文化机构与文学作品也为我们提供了反思历史、审视现实的重要视角。

---

① ［英］巴恩斯著，周晓阳译：《英格兰，英格兰》，外语教学与研究出版社 2018 年版，第 210 页。

帝国「心脏」大本钟

　　竣工于 1859 年的大本钟，无疑是英国浪漫主义运动对中世纪哥特建筑风格的杰出复兴。作为英国议会大厦暨威斯敏斯特宫的一部分，自诞生之日起便为伦敦增添了又一座雄伟的地标。[①] 塔楼敲钟的传统源远流长，可追溯到中世纪时期，而维克多·雨果笔下的敲钟人形象卡西莫多更是深入人心，他以钟声来规定修道院的工作与敬拜时间。佛罗伦萨百花大教堂的乔叟钟楼，则以其精致的圣徒雕塑和哥特式尖拱窗闻名于世。然而，大本钟在继承哥特式建筑风格的同时，融入了工业时代的时代精神，将时间这一元素置于最引人注目的位置（见图 4-18）。

[①]　威斯敏斯特宫曾经是王宫，直到亨利八世搬到白厅宫（White Hall，后也被大火烧毁），威斯敏斯特宫才独立成为议会大厦。1512 年之前，议会在西敏寺的八角形小教堂与威斯敏斯特宫的小教堂集会，没有自己的固定办公地点。1834 年一场大火烧毁了除了威斯敏斯特大厅以外的整座威斯敏斯特宫，目前的议会大厦包括大本钟是大火后重建的。

图 4-18　汉普顿宫大厅和大本钟（David Iliff / 摄　版权许可：CC BY-SA 3.0）

伊丽莎白塔楼，人们更习惯称之为大本钟，其四面设计巧妙，无论从哪个方向望去，都能欣赏到其正面的风采。这也象征着不列颠的四个构成国——英格兰、苏格兰、威尔士、北爱尔兰的团结与和谐。若从内部登上塔楼，你会发现那里共有五座钟，其中最大的一座重达12 吨，负责整点报时，而周围则有四个用于 15 分钟报时的钟。大本钟是世界上最大的"表"，其表面直径达到 7 米，由 312 块玻璃精心组合而成。每隔 15 分钟，大本钟便会发出悠扬的报时声，仿佛是在向世人述说着它作为帝国心脏的骄傲与荣耀。

英国现代主义巨擘弗吉尼亚·伍尔夫（Virginia Woolf）的小说《达洛维夫人》以克制的笔触，深刻描绘了帝国心脏——伦敦与普通民众之间的微妙关联。在这部作品中，大本钟作为时间的象征与主人公达洛维夫人的意识流交织在一起，共同描绘了战后人们的厌世情绪。1923 年的某个寻常日子，达洛维夫人出门买花，准备在家中举办一场晚宴。在这不到 24 小时的短暂时光里，大本钟的钟声不断回荡在她的耳畔，提醒时间的流逝。大本钟代表的时间与达洛维夫人的意识流交织在一起，推动着情节发展。在达洛维夫人穿越维多利亚大街前往花店的过程中，大本钟的钟声成为她感知世界的重要媒介："深沉洪亮的钟声响了。前奏优美，接着，铛——铛——铛，庄严肃穆，穿透时光，永不回转。"①她大病初愈，感受着新鲜的空气和庄严肃穆的钟声，心中涌起一种莫名的欢愉。这种欢愉既是对生命的庆祝，也是对时间的敬畏。钟声仿佛在告诉她，无论生活如何变迁，时间始终在不停地流逝，而每一个人都在这流逝的时光中追寻着自己的意义。她穿过白金汉宫附近的圣詹姆士公园，到达邦德街道的花店。在花店门口，出现了另一位主人公，他叫赛普蒂莫斯·史密斯（Septimus Warren Smith）。史密斯是一位一战老兵，深受战争创伤的折磨。在花店门口，他再次陷入了幻觉之中，看到了同伴埃文斯被流弹击中身亡的惨状。这两位主人公素未谋面，一位是前线战士，一位是后方的老年妇女，隔着花店的玻璃门，各自在战争的阴影中挣扎求生。达洛维夫人挣扎的是她日益老去的身躯、毫无生趣的婚姻、不甚和谐的母女关系以及对青春的怀念与人生意义的丧失；而史密斯则在与战争创伤的斗争中寻求解脱和救赎。

十点半，达洛维夫人家迎来了一位不速之客。刚从英国殖民地印度归来的彼得，怀着急切的心情前来见老朋友达洛维夫人。他离开时，大本钟恰好敲响十一点，彼得在那"铛铛铛"的报时声中，穿过了伦敦的政治中心。他在十一点的钟声里感受到了一种不安，那是对青春尚未完全释怀的不安（他曾与达洛维夫人热恋过），也有对自己政治前途未知的焦虑。彼得的印度之行没有带来他所期待的人生价值的

---

① Virginia Woolf, *Mrs. Dalloway*, New York: Harcourt Publishing Company, 1990, p. 4.

实现。大本钟的报时声就像一条无形的纽带，将每个人物巧妙地安置在时空的共同体中，那声音的穿透力与人物的内心世界紧密相连。正如《文学理论》的作者韦勒克与沃伦所言："伦敦、巴黎、纽约这样的大城市是诸多现代小说最真实的主人公。"[①] 一战结束后的第五年，战争的阴影依然笼罩在伦敦人的心头，德国投掷流弹造成的灾难现场仍历历在目。大本钟的钟声在伦敦上空盘旋，它划过纳尔逊纪念柱、威斯敏斯特教堂、白金汉宫、白厅宫，每一处都似乎在控诉着帝国的侵略行径与战后英雄主义的失落。

在这钟声笼罩下的小说世界里，每一个人物都带着病痛与伤痕。一战归来的士兵史密斯，他的精神已经崩溃，深受战争创伤的折磨；而他的妻子，在照顾他的同时，也满腹苦水，默默承受着无尽的痛苦与压力。大病初愈的达洛维夫人脸色苍白，身体虚弱。她的朋友休则同样忙于为妻子治病，四处奔波，寻求救治之法。而当夜幕降临，达洛维夫人家中迎来了一位客人——威廉·布莱德肖爵士。在与他交谈的过程中，达洛维夫人意外地听到了一个惊人的消息——一位陌生的士兵史密斯竟然跳窗自杀了。这个消息仿佛一道闪电，瞬间击中了达洛维夫人的内心。她仿佛看到了史密斯在绝望中挣扎的身影，也仿佛感受到了他生命中的无奈与悲哀。史密斯的死似乎为达洛维夫人带来了一种奇妙的重生。在那一刻，她仿佛摆脱了自身的病痛与困扰，而小说也在这一刻达到了高潮，留给读者无尽的思考与感慨。

二战期间，BBC 每晚九点的默哀时间里同样响起大本钟的钟声。新西兰，这个位于南太平洋的岛国，深度参与了联盟军在中东、希腊、南非、太平洋的战场，为联盟军贡献了自己的力量。尽管其总人

---

① René Wellek, and Austin Warren, *Theory of Literature*, New York: Viking Press, 1956, p. 221.

口仅 163 万，但仍有 14 万人勇敢地踏上了战场，其中 1.2 万人献出了宝贵的生命。这些数字背后，是无数家庭的破碎与悲痛。毛利女诗人珍珠（Pearl de Vere Boyed）在她的诗《沧海桑田》（"The Changed Land"）中，用犀利的文笔质疑了大本钟的声音。大本钟的钟声对于新西兰人来说，不仅是时间的象征，还是来自殖民宗主国英国的命令。为英国参战，新西兰的代价何其大：

> 战争疏离了人类
> 我们与他们，我与他
> 各自站在国旗下祷告
> 敌人——灭亡吧
> 每天清晨，在爱与恨之间
> 每个人都是行尸走肉
>
> 战争的狂热
> 捕获了山脉、港口、土地、婴孩
> 眼睛所见 心里所想
> 万事万物皆沾染了战争的狂热
>
> 每晚九点整
> 战事从伦敦传来
> 伴着大本钟的声音
> 丧钟从伦敦传来：
> 世界已被谋杀 [①]

---

① Reina Whaitiri, and Robert Sullivan, eds., *Puna Wai Kōrero: An Anthology of Māori Poetry in English*, Auckland: Auckland University Press, 2014, p. 35.

英语的航行

不列颠作为一个国家符号，是比地理位置的出现晚得多的表征。它对世界格局的影响，不逊于罗马帝国。曾是罗马帝国边陲行省的不列颠，在文艺复兴时期凭着先进的航海和地图绘制技术，将自己的版图与影响力从大西洋扩展到了太平洋和印度洋。

英国王室与诺曼王室的联姻，开启了诺曼王朝在英国的统治，欧陆的分封制传入英国，促进不列颠的中央集权进程。英国王室传统与罗马教会的权力，在不列颠延续了西欧古堡、教堂、修道院的繁荣，但渐渐又出现了一些新的文化载体，比如议会、大学、话剧、报业等。工业革命带来物质生产的空前繁荣与交通载体的革命，铁路逐渐代替了水路。大英博物馆在 18 世纪中叶就骄傲地宣布其藏品来自大千世界的各种文明。19 世纪中叶，世界各地的商人赶来伦敦的海德公园参加万国博览会，开启世界范围内的商业合作联系。同时，"ABC字母表"在南亚、非洲、北美洲、大洋洲的教室里也挂起来了。

约翰逊博士在 1755 年的《英语词典》是这样定义英语的：英语，英格兰的语言。短短 200 年，英语作为母语使用的人数已经到了 4.5 亿人，作为第二语言使用者，约有 10 亿～15 亿人。[①] 随着日不落帝国海外殖民地的开拓，英语与植物一起漂洋过海。17 世纪的时候，法语是世界通用的商贸语言，到了 19 世纪逐渐被英语替代。

英语之所以席卷全球，其起源可以追溯到英国的海上贸易与传教士的海外工作。在 17 世纪初，东印度公司应运而生，英国开始入侵印度。同时，英国在弗吉尼亚的詹姆斯敦建立了第一个美洲殖民地（1607 年）。到了 17 世纪下半叶，英国进军加勒比海的牙买加，涉足非洲和加拿大。随着海外贸易的蓬勃发展，大量非洲人被贩卖到加勒比海的种植园成为奴隶，而印度人也被吸引至此做苦力。这是一场史无前例的商品与人员的大迁移。

至 1670 年，英国已经在北美洲、加勒比地区建立了广泛的殖民地。笛福的小说《鲁滨逊漂流记》便生动地描绘了一个执意要探索世界的英国青年。他先通过非洲的奴隶贩卖赚取了第一桶金，随后在巴西建立了种植园。然而，在前往加勒比的航行中他们遭遇风暴，11 位船员生死未卜，而他则被命运抛到了一个荒岛上。海外贸易在当时的英国是一个利润丰厚的行业。笛福在 1706 年 1 月 3 日的《评论报》上发表的《贸易概论》中，对商人赞不绝口："一个真正的商人是个通识一切的学者……他不用书本就能懂得许多语言，不用地图就能懂得地理；他的航海日志和贸易旅行记能详细描述世界；他的外汇、声明、代理书标示着不同的语言；他坐在自己的账房里，就能与世界各

---

① Simon Horobin, *How English Became English: A Short History of a Global Language,* Oxford: Oxford University Press, 2016, p. 1.

国进行联系，维持着人类社会最精英和最广泛的部分之间的交流。"①

18 世纪后期，英国因北美殖民地的独立而受挫，加紧了对非洲与南太平洋的殖民扩张。1788 年，在澳大利亚的第一个殖民地新南威尔士成立；19 世纪中叶，印度各邦逐渐沦为英国的殖民地；新西兰与太平洋诸岛如斐济，也相继被纳入英国版图。大英帝国疆土辽阔，从开普敦到开罗，占领了世界将近四分之一的国土，统治着超过世界四分之一的人口。在 19 世纪的英国文学作品中，对英帝国殖民地的描绘屡见不鲜。例如，《简·爱》中罗切斯特先生的夫人就是加勒比人；《远大前程》中皮普的资助人在被流放到澳大利亚后，逃回英国资助了皮普。威尔基·柯林斯的《月光石》则讲述了英国战士在与印度军队的战役中盗取了一枚宝石（映射的是后来落入维多利亚女王手中的"柯伊诺尔"钻石），并将其带回英国送给侄女，由此引发了一系列连环盗窃事件。这部小说深入探讨了文化挪用、殖民主义以及英国在印度殖民统治所带来的后果。

随着人员的迁居，英语也来到了殖民地。1826 年，伦敦传教协会在印度建校时，曾厚颜无耻地吹嘘："掌握英语并了解英语文学作品，对于提升印度人的智力和品德至关重要。英语不仅是最适合学习的语言，掌握英语还能促进知识的进步。印度本土语言造成了印度人的无知与迷信，对心灵具有极大危害。"②殖民者贬低殖民地本土文化，将英语提升到智力与道德的高度，这无疑是在对印度人民进行洗脑和文化操控。与此同时，随着英国殖民扩张在世界范围内的深入，英语也

① Daniel Defoe, *Selected Writings of Daniel Defoe*, ed. James T. Boulton, Cambridge: Cambridge University Press, 1975, 转引自陈兵：《笛福与现代英国民族身份构建》，《国外文学》2020 年第 1 期，第 58 页。

② Richard Bailey, *Images of English: A Cultural History of the Language*, Cambridge: Cambridge University Press, 1991, pp. 135-136.

在不断吸收当地的词汇。例如，印第安人的仙人掌、麋鹿、浣熊等单词进入了英语；阿拉伯人的酒精、刺客、零等词也被英语吸收；中国闽南语的番茄酱、茶以及粤语的炒菜锅等词也融入了英语；印地语的平房、小艇、洗发水以及泰米尔语的双体船、雪茄、芒果等单词也进入了英语词汇库。

1931 年，一个松散的联盟——英联邦正式成立。这意味着英国对加拿大、澳大利亚、新西兰等自治领的统治正式结束，标志着英帝国的瓦解。澳大利亚、新西兰率先脱离了英国的统治，印度、加纳、牙买加、特立尼达和多巴哥也相继独立。当各殖民地纷纷独立后，它们为构建自己的民族文学付出了巨大的努力，也呈现出不同的使命和期望。它们的文学叫作英语文学，以区别英国文学。

加拿大、澳大利亚、新西兰等国，由于英国移民的占比巨大，对英国的文化资源有着不同程度的依赖。当我第一次在新西兰的超市看到标着"manchester"的货架时，满心疑惑，心想：这与英帝国纺织业的首府曼彻斯特有何关联？朋友告诉我，在澳新英语中，"小写的曼彻斯特"实际上指的是家纺制品。新西兰作为曾经的英帝国殖民地，其语言和文化深受英国影响，由此可见一斑。但与此同时，这些国家也面临着共同的挑战：如何在英美文学占统治地位的背景下，发掘本土文学的资源，建立国家文学身份，推动民族文学事业的发展，并提升国家文化实力？

在以当地人种为主的非洲和印度，英语后殖民文学肩负着重建家园的重要使命。在这些国家与地区，英语被尊为"高贵的语言"，不仅作为连接不同民族和部落的通用语存在，更被视为一种"中立"的语言，不偏向任何一门当地部落语言。选择用英语书写，既有其历史原因，也考虑了现实流通的需要。非洲和印度急需处理不同民族、种族之间的冲突，同时反思并消除殖民影响，以重建各自的国家和文化。譬如，被誉为非洲现代文学之父的阿契贝（Chinua Achebe）的小说《瓦解》（*Things Fall Apart*，1958），是尼日利亚四部曲的开篇之作。小说通过部落英雄奥贡咯沃的悲剧，描绘了白人入侵对部落的破坏和部落成员之间的分裂。部落英雄奥贡咯沃遭流放后返回故土，却发现自己的部落已经遭受了白人的入侵。他意识到仅凭一己之力无法扭转局势，"白人很聪明，化成了和平使者，轻悄悄地带着基督教来了。我们怜悯他愚昧无知，让他住下来。哪知道他赢得了我们的兄弟，我们部落再也不能拧成一股绳。他拿刀片割断了我们之间的连接，我们已经分崩离析"[①]。这种深深的无力感和绝望最终促使他选择了悲情自杀。他的悲剧深刻揭示了殖民主义的残酷和破坏性。阿契贝控诉殖民所到之处，必然利用宗教的力量，激化部落的内部矛盾，策动部落的一部分人成为傀儡。阿契贝强调用英语书写的重要性，因为这样才能让英国人乃至全世界看到非洲人经历了什么心路历程。然而，与他同时代的尼日利亚作家提安哥（Ngũgĩ wa Thiong'o）则持有不同观点，他虽也曾用英文创作，但最终决定用自己的母语书写，以此将反殖民斗争进行到底。

在印度，出于殖民统治的需要，英国人推广英语教育，会说英语逐渐成为身份地位的一种象征。许多印度精英阶层选择到英国留学并在英国工作，成为了英国的族裔作家。其中，毕业于英国公学和剑桥大学的拉什迪（Salman Rushdie）便是其中的佼佼者。《午夜之子》以精湛的语言造诣获得 1981 年的布克奖。主人公大鼻子娃娃萨里姆恰巧出生在 1947 年 8 月 15 日的子夜，也正是印度摆脱英国的长期殖民

---

① Chinua Achebe, *Things Fall Apart* (ebook), Ontario: Anchor Canada, 2019, ch. 20.

统治、正式宣告独立的那个时刻。小说通过主人公（印度的化身）荒诞不经的经历，反讽英国殖民印度的遗害。

　　加勒比文学在家园和文化认同上则呈现出了独特的离散性。对于加勒比地区的知识分子来说，寻找家园和文化的根是他们内心深处的一种夙愿。2001 年诺贝尔文学奖得主奈保尔（Vidiadhar Naipaul）的文学之路，正是这种离散性和文化追寻的生动写照。奈保尔 20 岁时离开加勒比海上的特立尼达岛国，前往牛津大学求学，之后长期生活在英国。他的身份背景十分特殊，作为在特立尼达岛国出生的印度裔移民后代，他既不属于加勒比，也不完全属于印度，更无法完全认同他的殖民宗主国英国。这种多重身份和文化背景，使他寻找家园和文化认同的道路充满了挑战和困惑。奈保尔对加勒比岛国贫瘠的文化与精神生活感到失望，他渴望寻找一个能够给予他文化归属感和精神寄托的地方。然而，当他回到祖先的国度印度时，却发现那里同样陌生而遥远。为寻找家园，他走遍了印度、非洲，可是家在哪里仍不得而知。在《模仿者》里，他借主人公之口说："在这个城市，灯光是如此绚烂，它照亮了最不为人知的水泥路，但是对我而言，它与腐烂的木栅栏与崭新的铁屋顶一样毫无生机。在这个钢筋水泥的大城市，生活是二维的。"[1] 在比奈保尔早十年获得诺奖的圣卢西亚作家沃尔科特（Derek Walcott）笔下，加勒比的离散文化则是一个悲痛的历史事实。长篇史诗《奥麦罗斯》（*Omeros*，1990）淋漓尽致地展现了圣卢西亚破碎流变的历史、受国际资本控制的旅游业以及文化杂糅的生存状态。主人公菲罗克忒忒（Philoctete）以希腊神话中希腊联军第一神箭手菲罗克忒忒斯（Philoctetes）命名，影射他是被白人贩卖到加勒比海的小岛上的非洲黑人，与欧洲白人混血出生的后代。主人公患有重

---

[1]　V. S. Naipaul, *The Mimic Men* (ebook), New York: Vintage, 1967, ch. 2.

疾，背负着种族厄运：

> 想到蜡烛，他便想到了自己的死亡。
> 风翻动大片薯叶如非洲地图，叶脉
> 流出白浆，像菲罗克忒忒，跟跄着
>
> 走在薯田里，越来越虚弱，仿佛是
> 医院病房里的病人，皮肤是一棵荨麻，
> 头是蚂蚁的集市；他听到螃蟹呻吟，
>
> 患了蟹钳关节炎，他感到，一只蝼蛄
> 从溃疡钻进骨头。他的膝是发光的铁，
> 胸是一袋子冰块，生锈的牙齿围栏后
>
> 是一只侏獴关在笼子里，疯狂地尖叫
> 似要迸发而出；舌爪在他口腔的穹顶
> 瘙痒，摇晃笼子的栏杆，陷于狂怒。[1]

　　菲罗克忒忒的伤口是"烈酒不能慰藉的部落伤痛"（the tribal/sorrow that Philoctete could not drown in alcohol），是整个加勒比地区黑人社群无法摆脱的集体记忆。他的癫痫象征着祖先被贩卖为奴隶的无法言说的悲痛，这种悲痛在加勒比文化中被代代相传，成了无法抹去的伤痕。沃尔科特的语言不断撕开主人公的伤口——殖民的伤口，在不断拷问、倾诉、控诉中，试图寻找治愈这种部落伤痛的途径。沃

---

① ［圣卢西亚］沃尔科特著，杨铁军译：《奥麦罗斯》，广西人民出版社 2018 年版，第 29 页。译文略作改动。

尔科特借助荷马史诗、莎士比亚、乔伊斯的典故，在黑肤、白肤、非洲奴隶、希腊勇士之间的杂糅叙述中谱写圣卢西亚的离散历史。圣卢西亚这个家园到底意味着什么，这是沃尔科特不断拷问自己与世界的问题。

新西兰、澳大利亚原住民的家园虽然明确，但是他们的土地上存在一个强大的外来者，它掌握着经济、政治、文化霸权，不断侵吞原住民的土地、侵蚀原住民的文化。原住民捍卫家园的同时，也要捍卫自己的语言。在新西兰，毛利语作为官方语言之一，已经与英语共同成为日常沟通的工具。例如，"Aotearoa"（长白云之乡，指新西兰）、"kia ora"（你好）、"nau mai haera mai"（欢迎）和"ngā mihi nui"（谨致问候）等毛利词语的广泛使用，标志着毛利人捍卫家园的阶段性成果。毛利著名小说家依希马埃拉（Witi Ihimaera）的作品，开创了将毛利语言与英语相结合的新型文学表达方式。他在作品中大量使用毛利词汇，比如《骑鲸人》以毛利格言开篇，夹杂在英语中，并不再为毛利词提供注释，带有鲜明的文化特色与原住民捍卫家园的立场。

英国的海外扩张、殖民和移民活动是英语成为全球通用语言的直接驱动力。通过大规模的殖民扩张，英国将其影响力延伸至全球各地，同时将英语作为一种主要的官方语言和沟通工具带到这些地区。这种全球性的语言传播，奠定了英语在国际交流中的基础地位。而工业革命则进一步巩固了英语在全球的统治地位。随着英国在技术和经济领域的飞速发展，英语成为商业、科技和文化交流的主要语言。这不仅促进了英语在全球范围内的普及，也加强了其在国际事务中的影响力。从英国殖民地脱离出来的美国，在独立后接过英国的接力棒，在短短200余年的时间，迅速崛起为20世纪科技最先进、经济最发达、文化影响最深远的西方国家。

第五篇

美利坚筑梦纪

移民熔炉美国梦

1492 年，代表西班牙出海的热那亚航海家哥伦布，宣布抵达了他魂牵梦萦的"东亚"，整个世界为之震动。七年之后，佛罗伦萨探险家亚美利哥·维斯浦奇（Amerigo Vespucci）也抵达了同一地方，不过他坚信这是一块尚未被欧洲人所知的新大陆。德国制图家马丁·瓦尔德塞弥勒，在 1507 年的世界地图上首次绘制了这片新大陆，并以亚美利哥命名，这个名字一直沿用至今。自那以后，西班牙、葡萄牙率先在加勒比海与巴西设立种植园，主要种植甘蔗和咖啡豆等经济作物。为了满足种植园对劳动力的巨大需求，两国开始从事跨大西洋的奴隶贸易，将大量非洲黑人贩卖到美洲做奴隶。这一奴隶贸易活动在 16 至 19 世纪间非常盛行，对非洲、欧洲和美洲的历史产生了不可逆转的影响。

随着新大陆的经济价值逐渐凸显，荷兰、法国和英国等国家也加入了殖民争夺的行列。1607 年，在伦敦弗吉尼亚公司的组织下，104

名英国人跨越重洋，来到弗吉尼亚，建立詹姆斯敦。他们从事商贸活动，为英国商品开拓海外市场，投资股票，这是英国在北美建立的第一个殖民地。1620 年，搭乘"五月花"号船的 100 名英国清教徒从英国普利茅斯启程，漂洋过海，在现在的马萨诸塞州建立了普利茅斯殖民地。抵达的时候已是寒冷的 11 月，幸亏善良的印第安人向他们传授了采集食物等生存技能，否则这群清教徒很可能在美国的严冬中全军覆没。来年，幸存的 53 名清教徒与当地的 90 名瓦帕浓印第安人一起庆祝丰收，这就是感恩节的来源。1630 年，牧师兼总督约翰·温思罗普率领 700 多清教徒（Puritan）来到波士顿地区，在这里他们摈弃英国国教"腐化"、"毒害下一代"的敬拜方式，致力于建立一座虔敬的上帝之城。为了培养克己、禁欲、自律的清教徒领袖，波士顿的清教徒不遗余力地推动教育事业的发展，在他们的共同努力下，美国第一所大学——哈佛大学应运而生。波士顿迅速崛起为美国第一个学术中心与精神首都。

经过一个多世纪的发展，英国人在美国开辟了 13 个殖民地，它们于 18 世纪中叶开始反抗英国的统治，最终在 1776 年宣布独立，成立了美国。在以波士顿、费城为中心的东北部，美国建国之父为实现美国梦而殚精竭虑。相比法国的"自由、平等、博爱"，美国的《独立宣言》指出："我们认为这些真理是不言而喻的：人人生而平等，造物者赋予他们若干不可剥夺的权利，其中包括生命权、自由权和追求幸福的权利。" 18 世纪的建国之父深受欧洲启蒙运动的影响，秉承古罗马的共和制梦想。他们首先抛弃了贵族统治、君王制度和易被大众误导的全民民主制度。他们相信共和制是最佳政体，社会精英凭着才能与本事，代表大众执政。然而，值得注意的是，"生而平等"的理念在当时特指白人男性，并不包括有色人种与女性。英国大文豪约翰逊博士曾对此提出质疑：在奴隶主的土地上，为什么我们听见了最响亮的自由呼声？事实上，《独立宣言》里的"生而平等"，更多的是指辨别是非的道德感，而非人种、财产或才能的平等。美国精神从根本上讲，摒弃了血缘继承，鼓励白手起家，凭借才能、勇气、坚韧和信念来实现成功的人生。不过这种成功梦，不发生在从非洲来的黑奴身上。

英国在美国建立殖民地的动机，除了清教徒追求宗教理想的因素外，更主要的原因是英国追随葡萄牙、西班牙、荷兰在16、17世纪开展贩奴买卖，将美利坚作为一个烟草、制糖工业区，以谋取暴利。18世纪，英法两国跃然成为这个黑暗市场的领袖。美国殖民地靠压榨奴隶的血汗，与英国、非洲建立商贸金三角，日渐富裕。贯穿南北的密西西比河（Mississippi River）成为美国境内奴隶运输的主动脉，这是非洲黑奴的美国噩梦。

建国后的美国，专注西部开发，培养吃苦耐劳、白手起家的美国人。19世纪中叶，林肯签署了《宅地法》，一边鼓励耕地开发，推动西进的土地政策，一边积极推进废奴运动。他深知奴隶制度不仅与美国的自由民主理念相悖，而且严重阻碍了美国的工业化进程，限制了美国白人的上升空间。在林肯的领导下，美国逐步废除了奴隶制度，为国家的进步和繁荣扫清了障碍。随着本土开发的完成，美国的目光开始投向更远的太平洋地区。19世纪末，美国将魔爪伸向了夏威夷岛。夏威夷因其独特的地理位置和气候条件，成为美国资本主义扩张的新目标。美国人在夏威夷推广资本主义制糖业，改变了夏威夷的农业经济结构，并逐渐垄断了夏威夷的进出口贸易。最终，夏威夷被纳入美国版图，成为美国在太平洋的战略根据地，为20世纪美国在太平洋的一系列政治、军事、经济控制奠定了基础。

随着一战期间欧洲资本主义国家之间的相互牵制与内耗，美国在 20 世纪逐渐崭露头角，成为国际舞台上的重要力量。1932 年正值美国大萧条时期，詹姆斯·亚当斯（James T. Adams）的名著《美国史诗》问世。这部作品不仅是对美国历史的深刻反思，更明确提出了"美国梦"的概念，给身处困境的美国大众带来了希望和动力。尽管从清教徒最初开垦美国到启蒙运动开国元勋构建美国的这段历史中，已有诸如《论美国的民主》（法国历史学家阿历克西·德·托克维尔 1835 年的作品）和《美利坚合众国》（英国史学家詹姆斯·布莱斯 1888 年的名著）等论著对美国进行了深入的探讨，但"美国梦"却是一个更具内涵与外延的概念，它能够高度概括美国文明自身的发展史。作为一个新兴的国家，美国吸引了大量的移民前来寻求自由、财富和成功的机会。美国是个大熔炉，每个公民都承载了不同的母体文化，但都效忠于美国梦，推崇进步发展、自由包容的文化基因。

极度的追求物质进步，创造了美国梦的繁荣巅峰，造就了像纽约这样的国际大都市，同时也让普通美国人拥有了汽车与洋房，然而，正如古语所说，"物极必反"，菲茨杰拉德的小说《了不起的盖茨比》（1925）、阿尔比的戏剧《美国梦》（1961），聚焦、批判美国梦的虚无主义——青春、汽车、洋房都可能在一夜之间失落。同时，那吸引一代代移民到美国追求自由、财富、平等的美国梦，却在透露各种不平等的讯息。

20 世纪五六十年代掀起波澜壮阔的黑人民权运动，族裔、阶层寻求平等与权益，试图颠覆以白人价值为核心的单一美国梦。其实，这种种族权益不平等的根源，在美国州名可见端倪。鉴于西班牙、荷兰、法国、英国殖民者在美国的殖民活动，美国州名主要有四个来源——英语、其他欧洲语言、美洲原住民语和波利尼西亚语。[①]

美国最早独立的 13 个州，州名基本来自英语：新罕布什尔（英国罕布什尔郡）、新泽西（英国泽西岛）、纽约（英国约克伯爵）、马里兰（英王查尔斯一世的妻子玛丽王后）、乔治亚（英王乔治二世）、弗吉尼亚（终身不嫁的英王伊丽莎白一世）和特拉华（英国驻弗吉尼亚殖民地的总督特拉华爵士）等。

也有一些州名来源于荷兰语、西班牙语、法语、拉丁文等其他欧洲语言。罗德岛源自荷兰语中的红色（rood）。荷兰探险家阿德里亚恩·布洛克在 1610 年代路过该岛，将其描述为"外表呈红色的岛屿"，这大约来自秋天的红叶或海岸的红色黏土造成的印象。佛罗里达州名来源于西班牙语"花的节日"，即复活节，而内华达来自西班牙语"白雪覆盖的"，形容当地的雪山。加利福尼亚来自 15 世纪西班牙传奇文学中"遍地黄金与珠宝的理想岛"。路易斯安那来自法国探险家勒内罗德·拉萨勒为法王获得的土地"La Louisiane"，意为"法王路易（十四）的土地"。缅因州来自法兰西王国的缅因省。佛蒙特州（Vermont）来自法语"绿"（vert）、"山"（mont），意为"绿岭"，即阿巴拉契亚山脉的一部分。宾夕法尼亚州源自威尔士语姓氏"Penn"（殖民地开创者威廉·佩恩）与拉丁文"树林"（slyvania）的合体。北卡罗来纳和南卡罗来纳州来自拉丁文（英王查理一世）与英语的合体。

中西部的大多数州名来自印第安语。密歇根州来自阿尔冈琴语"大湖"。伊利诺伊源自印第安语"战士"，再加上法语形容词后缀"ois"，指代某处居民。爱荷华州来自印第安语"瞌睡虫"。阿拉巴马

[①] 州名来源参考美国政府网站，见 U.S. Department of the Interior Indian Affairs, "Origin of Names of US States," https://www.bia.gov/as-ia/opa/online-press-release/origin-names-us-states, accessed on May 5, 2024.

州的名称来源于印第安语的"阿拉巴马"，意为"河流之地的部落"。阿拉斯加则来自美洲原住民因纽皮雅特人的语言，意思是"半岛"。

最后，夏威夷州的名称来源于波利尼西亚语"家园"，这反映了美国在太平洋区域称霸的殖民野心。美国领土面积世界第四，领土从大西洋海岸的 13 个州一直西进，直到太平洋的夏威夷。美国州名反映了当时欧洲列强争夺美洲的史实还暗藏了一条印第安人、夏威夷土著不断失去土地与主权的线索。

新大陆吸引着一代代的移民来此安家落户，寻求自由和发财致富的机会。他们怀揣着梦想来到第二故乡，这些梦想有些实现了，有些失落了，有些镌刻到了美国的文化基因里。

殖民地时期

1620~1775 年

波士顿

——新英格兰的梦之地

　　1630 年，温思罗普率领约 700 名清教徒，毅然踏上了马萨诸塞湾的土地，并在这片新大陆建立了波士顿。波士顿以英国林肯郡的同名港口命名，以纪念几位清教徒领袖的故乡。马萨诸塞（Massachusetts）则来自英语与印第安语的结合："mass"意为"大的"，"chuset"是印第安阿尔冈琴语"山丘"（wachusett）的改写，连在一起就是"大山丘"，原为波士顿附近的丘陵的别称，后用作殖民地和州的名字。

　　清教徒向往的自由，在新英格兰一一得到了满足。牧师弗朗西斯·希金斯因孩子的淋巴结核在波士顿不治而愈，对新大陆赞叹不已："吸新英格兰一缕空气，比英国的一阵风都来得新鲜。"[①]1640 年，已经有约七千英国移民到了美国的东海岸。这段时期英国斯图亚特王朝统治腐败，资产阶级革命正在酝酿中。国内政治动荡、经济倒退，

---

① Francis Higginson, "New-England's Plantation," in *Highlights of American Literature I*, ed. Carl Bode, Washington: United States Information Agency, 1970, p. 5.

新教徒不断遭迫害，政府苛捐杂税，民不聊生。而新大陆被一再吹嘘"流着奶与蜜，遍地黄金"，政治经济地位不断下滑的英国人萌生去新大陆发展的愿望愈加强烈。新英格兰移民，大多来自英国的中低阶层，到新大陆是一次重新洗牌的机会。在英国，土地与资源掌握在世袭的贵族手里，在新世界，人人自力更生，既能实现信仰自由，又能改变命运，这就是早期英国移民在新英格兰的美国梦。

抵达森林围绕的新大陆，他们披荆斩棘，筑起简陋的房屋，辛勤劳作以获取生活必需之物。在这片陌生的土地上，他们不仅建设自己的家园，更致力于兴建公共设施，让这片新大陆焕发出勃勃生机。清教徒抵达波士顿的第二年，北美第一条英王特许的公共交通——连接波士顿与查尔斯顿的轮渡开通。拓荒之后，教育大业提上日程："我们的理想 / 是提高教育水平 / 恩泽后世。"[①]1636 年，即建立殖民地的第六年，马萨诸塞州殖民地立法机关拨款 400 英镑，于麻省的新城（Newetowne，后改名剑桥），建立了第一个学院"新学院"。毕业于英国剑桥大学的约翰·哈佛牧师，捐献了他的所有书籍及一半的资产。1638 年，新学院开始招生，次年改名为哈佛学院，这就是美国第一所高等学府哈佛大学的由来。哈佛大学的建制因袭剑桥大学，以培育教会人才、发展清教为己任。世界上叫剑桥的地方分布四大洲，少说也有 30 多处，英国、牙买加、美国、加拿大、澳大利亚、南非都有剑桥，而与英国剑桥大学的剑桥最有渊源的当属麻省的剑桥市。

哈佛大学的建立，奠定了剑桥的大学城气质。在剑桥背着书包骑自行车的年轻人随处可见，亚裔、亚洲国际生占了多数。自行车潇洒

---

① "Harvard's Founding," *The Harvard Crimson*, https://www.thecrimson.com/article/1884/10/6/harvards-founding-this-quaint-account-of/, accessed on Oct.1, 2023.

飘逸的矫健身影代替了汽车隆隆的马达声，我似乎回到了八九十年代的中国。戴眼镜者比比皆是，闪闪发光的镜片下熠熠生辉的眼神，道不尽这个城市浓郁的书生气。在哈佛广场和地铁站，卖艺者络绎不绝，其中多为白人和年轻人。我甚至在哈佛广场看到一个六七岁的男孩与几个大学生一同演唱美国童谣，场面温馨而动人。波士顿的地铁系统由四条线路组成——红线、蓝线、绿线和橙线，它们与剑桥紧密相连，地铁站点整洁美观，无障碍通道设计得十分便捷。乘坐地铁时，我注意到一个有趣的现象：在美国，从 3 岁的小孩到 70 岁的老人，女性普遍喜欢美甲，但在剑桥，涂指甲油的人却相对较少。相反，地铁上的读报风气盛行，几乎每个人手中都拿着一份报纸。这种景象在我之前乘坐纽约、华盛顿首府和旧金山的地铁时都未曾见过，唯一相似的记忆是在伦敦的地铁里。

以哈佛广场为中心，剑桥集校舍、书店、小餐馆、精品店为一体，就像巨磁吸引着万千游客。美国高校游颇成规模，每个大学都有一个访客中心，提供学校地图与简介材料，学生导游带着参观。哈佛大学的校园内更是门庭若市，校主约翰·哈佛的铜像，特别是他的脚趾，也已经被游客触摸得闪闪发光了。然而最吸引我的，是哈佛园的 9 道大门（见图 5-1），饶有韵味地镌有"入学增长智慧"（Enter to grow in wisdom）、"毕业报效祖国"（Depart to serve better thy country and thy kind）的豪情迈语。哈佛学子素以改变人类命运的抱负闻名，这恐怕与哈佛大学的清教徒传统有关。这种宗教使命感深深地融入哈佛大学的血脉之中，影响了其后来的发展。在哈佛大学的早期历史上，宗教教育占据了重要的地位。然而，随着时间的推移，哈佛大学逐渐发展成为一所综合性大学。哈佛大学自然历史博物馆即为一例。博物馆的陈列布局清新可爱，动物标本琳琅满目、植物标本精致

图 5-1　哈佛大学校门（Tim Sackton/ 摄　版权许可：CC BY 2.0）

逼真，简直是科普的第二课堂。其中，俗称"玻璃花"的"植物"标本，以精湛的玻璃工艺享誉天下，其逼真程度令人叹为观止。19 世纪末，哈佛植物博物馆第一任馆长在德国的莱斯顿城附近，偶遇布拉斯卡（Blashka）父子祖传的玻璃制作手艺，请他们制作玻璃标本教学生辨认植物、存放博物馆展示。不料，此举成就了哈佛自然博物馆的镇馆之宝。哈佛科学中心门口的圆形石头喷泉也富含科技含量，一改传统喷泉垂直的水帘与水花，这个喷泉的水珠就像层层迷雾弥漫在石头周围，一如剑桥润物细无声的氛围。

　　清教徒受加尔文主义新教思想影响巨大，相信预定论，信奉克己慎行、禁欲虔诚的品德，为建设新英格兰做出了巨大的贡献，清教徒的工作伦理成为美国精神的一部分。然而，当清教徒的清规戒律被过度强调和执行时，也可能导致悲剧和灾难。在距波士顿东北半小时车程之处，有一座新英格兰重镇塞勒姆。塞勒姆"驱巫案"是清教徒历史上一个悲惨的篇章，20 多名无辜者被错判并遭受极刑，这一事件体现了当时社会对于"异端"的过度反应和残酷对待。著名作家纳撒尼尔·霍桑的祖父约翰·霍桑，曾以法官身份参与 1692 年声名狼藉的塞勒姆"驱巫案"，霍桑深以为耻，修改姓氏（Hathorne 改成 Hawthorne），以表明立场。时隔 100 多年，霍桑创作长篇小说《红字》，挖掘了早期清教徒社会的种种冲突。《红字》中的青年牧师迪梅斯戴尔在众人面前秉持虔诚之心，讨伐婚内出轨的海斯特，在私下里却为赎罪付出了惨重的代价（他就是女主人公的情人），"在迪梅斯戴尔先生的密室里，在锁头和钥匙下，藏着一根血淋淋的鞭子。这个清教教徒和清教徒的圣人，经常用这根鞭子狠狠地抽打自己的肩膀；一边抽打，一边对自己大声哭笑，随后由于这种哭笑而抽打得更加厉害"。[①] 最后，身心俱疲的迪梅斯戴尔终于当众忏悔，无憾而死。与青年牧师形成强烈对照的是女主人公海斯特，她佩戴着不洁偷情者的字母 A，却在巨大的社会谴责压力下不亢不卑，过着勤劳朴素的生活，靠着精湛的裁缝手艺，最后成为大家的榜样。通过对比海斯特和迪梅斯戴尔两个角色，霍桑似乎在讽刺清教徒社会的虚伪和残酷。海斯特虽然被教会谴责为不洁者，但她却以勤劳和善良赢得了人们的尊重，而道貌岸然的牧师迪梅斯戴尔，却在道德和信仰的枷锁下走向了毁灭。

以波士顿为第一大城市的新英格兰地区，同时也是美国独立战争的发祥地。1773 年 12 月 16 日，一名来自哈佛大学的热血青年塞缪尔·亚当斯带着一帮人，冲上英国的运茶船，运作了"波士顿倾茶事件"。事态迅速发酵，很快打响了美国独立战争的第一枪。

---

① ［美］霍桑著，苏福忠译：《红字》，上海译文出版社 2007 年版，第 90 页。

建国初期

1783—约 1800 年

国家广场

与新英格兰清教徒的虔诚与宿命论不同，启蒙思想强调自然法则、共和理想以及个人的自我创造。富兰克林与杰斐逊等启蒙思想的代表人物，坚信人类可以通过理性思考和科学方法来认识世界，并推动社会的进步。富兰克林的自传深刻揭示了人在新大陆上所拥有的各种可能性，他鼓励人们通过自力更生、白手起家来实现自我价值。这正是启蒙主义者的美国梦——一个充满机遇、鼓励创新和自我实现的梦想。

本杰明·富兰克林本人出身卑微，但他凭借一己之力，在18世纪成了最有名望的美国人之一。亚当斯在《美国史诗》中赞誉富兰克林是第一个典型的美国人，他在这个新世界，选择了不同于父辈的道路（肥皂制造商或餐具商人），成为印刷工人、科学家、发明家和政治家。富兰克林坚信"普通人只要制定计划、专注一心，全力以赴地努力就可以对人类做出巨大的贡献"①。富兰克林作为美国的缔造者之一，是美国宪法的主要起草人，也是唯一一位在《独立宣言》《美利坚合众国宪法》《美法同盟条约》和1783年的《巴黎条约》这四个在美国建国时期最重要的法律文件上签字的政治家。他的成功不仅诠释了美国梦，也代表了美国的崛起。

1776年至1783年的独立战争的胜利标志着美国的建立，然而，美国各殖民地之间存在着经济基础和宗教派别等方面的巨大分歧，缺乏共同的历史和文化基础。为了建立一个能够承载历史和创造文化的中心，美国的建国之父决定创建一个首都。1790年，亚当斯、杰斐逊和汉密尔顿决定从马里兰州和弗吉尼亚州各分出一部分土地，建立华盛顿哥伦比亚特区，以纪念美国首任总统华盛顿和哥伦布航海抵达美洲。华盛顿哥伦比亚特区的建设核心，是代表美国民主制度的三权分立机构，即国会（立法机构）、白宫（行政机构）与法院（司法机构）的布局。

西方民主制传统自古以来就强调公共空间的重要性，这一传统从古希腊的集市到古罗马的市政广场，再到文艺复兴时期的佛罗伦萨市政广场，都得到了充分的体现。作为一个新兴的共和国，美国首都的规划在很大程度上体现了对公共空间的重视。在18世纪末，法国建筑师朗方（Pierre Charles l'Enfant）受邀为美国首都设计了国家广场的雏形。他深受欧洲新古典主义复兴艺术思潮的影响，同时结合美国的政治理念，选择复兴古罗马市政广场的设计，以创造出一个体现美洲共和制度历史和文化特色的公共空间。然而，在接下来的一百年中，

---

①   Benjamin Franklin, *Franklin: The Autobiography and Other Writings on Politics, Economics, and Virtue*, ed. Alan Houston, Cambridge: Cambridge University Press, 2004, p. 80.

年轻的首都面临着经济拮据、土地滥用、建筑设计杂乱无章的挑战，甚至连铁路都横穿国家广场，与朗方的设计理念与美好愿景背道而驰。

1900 年，在纪念首都成立 100 周年之际，国家广场的无序现状引起了社会的广泛关注。由密歇根州参议员詹姆斯·麦克米兰（James McMillan）领导的委员会决心恢复朗方的设计。他们考虑了多种设计方案，包括借鉴法国的林荫大道、英国的景观公园以及意大利的喷泉广场等。最终，他们决定效仿伦敦圣詹姆士公园连接白金汉宫和特拉法加广场的林荫大道（the Mall），通过建设一条宽阔的步行道，将国家广场的各个部分连接起来，形成一个统一、和谐的空间。

根据麦克米兰的设计（见图 5-2），中心广场以高耸入云的华盛顿纪念碑为中心，它不仅是视觉上的焦点，更是一座象征美国独立革命精神的不朽丰碑。华盛顿纪念碑高 169 米，设计灵感来自埃及方尖碑

图 5-2　华盛顿特区中心广场（1901 年设计图）

和古罗马凯旋柱，它是对美
国第一位总统的崇高致敬。
乔治·华盛顿（见图5-3）以
其坚定的信念和卓越的领导
力，带领一支驻扎在剑桥的
小小革命军，击败了英国军
队，塑造了美国精神的第一
座丰碑。革命军的崛起，是
为了保卫在美国的英国人的
利益。英国的殖民政策视北
美殖民地为商埠，主要目的
是榨取殖民地的皮毛、蔗糖
等原材料，政府对殖民地居
民的生活和发展漠不关心，

图5-3　波士顿公园乔治·华盛顿塑像

也加剧了与殖民地居民之间的矛盾。英国建立美国殖民地之后，与其
他列强的利益冲突不断深化。英国与法国在北美争夺土地的七年战争
（1756—1763），以法国割让密西西比河以东的所有领土收尾。这个时
候，英国在北美已经拥有了大片土地，包括加拿大。英国政府为了不
与当地印第安人发生冲突，明令禁止殖民者在阿巴拉契亚山脉以西居
住。然而，殖民者通过艰苦的拓荒和战斗，成功占领了阿巴拉契亚以
西、密西西比河以东的大片平原，这些土地对于他们的生存和发展至
关重要，而英国政府对此却一无所知，也没有给予应有的重视。此外，
英国在1770年之后变本加厉地征收税收，引起殖民者的极度不满。
1773年12月，波士顿殖民者不满情绪全面爆发，将英国东印度公司
运来的一整船茶叶倾入波士顿湾，以此反抗英国国会于1773年颁布的

《茶税法》。价值 5 万美金、迢迢长路来自福建武夷山的正山小种就这样付之东流，可见殖民者对英国政府的不满情绪有多深。

广场东西两端分别耸立着国会与林肯纪念堂。杰斐逊总统以罗马卡比托利欧山（Capitoline Hill）命名国会大厦（the Capitol）。他在写给设计师朗方的信中透露，以罗马古迹为模板，不仅为新生的共和制国家找到了建筑的先例，也是对美国人民的政治启蒙。于是，共和制度与欧洲审美的结合，成就了华盛顿特区的风格。国会大厦借鉴了文艺复兴时期意大利穹顶教堂的穹窿范式和古典柱式，延续了古罗马和文艺复兴建筑的对称结构与和谐比例。1808 年，拉特罗布（Benjamin H. Latrobe）设计了国会大厦一楼北厅的内部，特意进行了古典柱头的美国化改造，设计了 6 个玉米棒柱头，被称为"哥伦比亚"柱头。可惜，他的创新并没有得到广泛传播，也许当时的美国更倾向于直接复制罗马建筑样式，以期建立与古典时代的连接。内战期间，国会大厦的建设曾一度中断，被改建为救治伤病员的临时病房。然而，林肯总统坚持继续国会的扩建工程，他深知国会大厦对于美国政权的重要性。他说："只有当人们看到国会大厦继续在建，才能确信美国的存在。"[①] 如他所愿，当距地面 88 米的穹顶建成，国会大厦毫无疑问成了美国政权的象征。

与脱胎于古典建筑理念的国会大厦类似，兴建于 1922 年的林肯纪念堂，复兴了古希腊帕台农神庙的建筑样式与白色大理石的质地。纪念堂外部，36 根多立克围柱巍然耸立，不仅代表着林肯总统统一联邦政府的 36 个州，更是对林肯伟大理想的坚定捍卫。步入纪念堂内部，一座巨大的林肯坐姿雕像矗立在正中央，令人联想到古希腊七大

---

① Yasmin Sabina Khan, *Enlightening the World: The Creation of the Statue of Liberty* (ebook), Ithaca and London: Cornell University Press, 2010, ch. 6.

奇迹之一的奥林匹亚宙斯雕像。林肯的左手握紧拳头，象征着总统坚定不移的决心和坚毅不屈的意志；松弛的右手则象征了他仁慈、宽容的胸怀。正是这刚柔并济的品德锻造了林肯的伟大建业，使他成为美国历史上最伟大的总统之一。从林肯塑像可以追溯西方塑像从古埃及拉美西斯二世像、古希腊宙斯像以来的伟大传统。

国会和林肯纪念堂之间的林荫大道是步行区域，两侧有许多博物馆，包括美国印第安人国家博物馆、国家艺术画廊、美国国家航空航天博物馆、美国自然历史博物馆、国立非洲艺术馆、美国历史博物馆、弗瑞尔美术馆、大屠杀纪念博物馆等。博物馆设施先进，全部免费开放给公众（包括外国游客），是美国博物馆最集中的区域，也是爱国主义教育的中心。国会的外缘则与最高法院、国会图书馆相接，可以说，国家中心广场是华盛顿特区和美国政府的心脏地带。这个区域包括总统府、议会、法院、纪念堂和博物馆，集政治和教育于一体，是全美最大的文化中心，又被绿地、湖泊环绕，是我流连忘返之地。

从高空俯瞰国家中心广场，其布局宛如罗马的巴西利卡，东边的国会相当于中殿入口，西边的林肯纪念堂是教堂的后殿，纵轴线上的白宫和杰斐逊纪念堂恰似教堂的两侧翼廊，构成了一幅庄严肃穆的画面。这种设计不仅是对古罗马建筑风格的致敬，更是对美国政治文化的独特诠释。白宫，这座兴建于18世纪末的宏伟建筑，复兴了爱奥尼克柱式神庙正立面的风格。其洁白的外墙、精致的柱式以及完美的比例，都彰显着古典建筑的优雅与和谐。白宫作为美国总统的官邸和权力中心，其建筑风格无疑是美国政治文化的重要组成部分。而二战后建立的杰斐逊纪念堂，则效仿了罗马的万神殿风格。这座纪念堂以其宏伟的规模和庄严的氛围，向世人展示了杰斐逊总统的卓越贡献和崇高精神。它与白宫遥相呼应，共同构成了国家中心广场的核心景观。

　　在通往中心广场的小径上，小女童真的声音打破了宁静："妈妈，快看，那是白宫，这个也是白宫，还有这些，全都是白宫。"这些相似的白色新古典主义建筑，构成了华盛顿特区独特的风景线，它们整齐划一，却又各有千秋，如同古罗马共和理念的现代诠释。这种高度的同质化和统一性，是建国之父们深思熟虑后的结果。他们希望以此复兴古罗马的共和理念，表达美国自己的政治文化的抱负。不仅如此，华盛顿特区东西走向的大道。以州名和一些特定名词（比如立法大道）命名，而南北走向的街道则以字母（从 A 到 Z）命名，都体现了首都的特殊地位以及它从零开始的历史。

　　美国在其建国之初就认为自己是古罗马的继承者，城市设计采用古典建筑风格是有意为之，也是顺理成章的。

西部开拓时期

约 1800—1900 年

非裔美国人的噩梦之河

英国人踏上的美洲，并非渺无人烟的处女地。土生土长的印第安人已经在此扎根了几千年，西班牙、法国、荷兰早已将黑奴买卖到此，经营种植园。在美国启蒙主义者的自我实现宏图中，华盛顿中心广场的古典复兴，象征着一种对自由与理想的追求。然而，与此同时，也有一批人，他们从未享受过任何自由。这些人从非洲被贩卖到美洲的种植园，被迫成为奴隶。无论三权分立的共和制度如何先进和理想化，对于黑奴而言，他们心中的美国梦从一开始便笼罩在噩梦的阴影之下。

18、19世纪，贩奴商人在奴隶运输的主动脉——密西西比河沿岸的大城市——新奥尔良、孟菲斯、圣路易斯售卖奴隶。密西西比河是美国中西部10个州的天然分界线（见图5-4），河流中上游流经自由州——明尼苏达州、威斯康星州、爱荷华州、伊利诺伊州，下游经过奴隶州——密苏里州、肯塔基州、田纳西州、阿肯色州、密西西比

图 5-4　密西西比河与俄亥俄河

州、路易斯安那州，最后注入墨西哥湾。在没有发明蒸汽船的年代，这条河只能顺流而下，不能逆行。被卖到密西西比河，意味着南下做奴隶去。奴隶被迫在河流的船上工作、在河边的种植园里劳作。在这场噩梦中，能打败这条河的是另一条河——俄亥俄河（Ohio River），它自宾州西部流向西南，汇入伊利诺伊南端的密西西比河。俄亥俄河与密西西比河垂直交汇，其北岸的伊利诺伊州、印第安纳州、俄亥俄州是自由州，南岸的肯塔基州则是奴隶州。奴隶从南部无法逆流而上抵达北部，因此，从密西西比河经俄亥俄河逃离到北部的自由州，是自由的唯一通道。它是"地下铁路"——自由之路的重要组成部分。很多脍炙人口的小说以密西西比河为背景，深刻刻画了黑人的悲惨境遇、鞭笞了奴隶制度的可恶。

譬如，马克·吐温的小说《哈克贝里·费恩历险记》（1884），通过白人少年哈克与黑人吉姆的冒险旅程，揭发了美国社会的种族不平等和奴隶制度的残酷无情。哈克与吉姆乘着竹筏，从伊利诺伊州与密苏里州接壤的杰克逊岛（Jackson Island）出发，顺密西西比河而下，计划从伊利诺伊的开罗市沿着俄亥俄河逃往伊利诺伊州的腹地。在密西西比河竹筏漂流，隐含了一条通往自由之路，但这同时是一条充满了不确定性的河流，稍有不慎，就会被奴隶主发现重新卖到南方。密西西比河在杰克逊岛流域的地理描绘具有深刻的隐喻意义。在伊利诺伊州这一侧，河流绵延几十英里，象征着宽广的自由与机会；而在密苏里州那侧，河流却只有一英里半，这种不对称的地理描绘影射了自由州与奴隶州之间巨大的差异与不平等。密西西比河也被描绘为大自然的馈赠，一个让身心都得到休息与滋养的地方。哈克与吉姆在竹筏漂流的过程中，体验到了河流的宁静与神奇之处："竹筏漂流的第二天，我们看看鱼、聊聊天，时不时下水游个泳，免得睡着。在这样寂静的夜晚，仰望星空，我们都没有了大声说话的欲望，连笑也不想大声。"[①] 不料，竹筏接近开罗时遭遇大雾，结果错过了开罗，直接南下了。在离开开罗的水域中，小说描述了另一个对比鲜明的景象："开罗接壤俄亥俄河的水域，清澈见底，而另一侧的河流却浑浊不堪。"[②] 清澈与浑浊，同样寓意着自由州与奴隶州的善恶对比。

1808 年，美国已经明令禁止黑奴的国际贩卖，于是奴隶主采取就地繁殖的策略，强迫强壮的黑奴与多个女奴发生关系，尽可能多地

---

①   Mark Twain, *The Adventures of Huckleberry Finn*, London: Penguin Books, 1978, p. 119.

②   Mark Twain, *The Adventures of Huckleberry Finn*, London: Penguin Books, 1978, p. 151.

生产强壮的黑奴后代，这成为黑奴买卖的新方式。《汤姆叔叔的小屋》（1852）就记录了这个罪恶。在小说开篇，肯塔基州谢而比种植园奴隶们引吭高歌"希伯来人穿过约旦河，来到迦南地，来到上帝应许之地"的场景，与现实中女奴伊丽莎所面临的困境形成了鲜明对比。当伊丽莎听说儿子已经被奴隶主卖给了他人，无奈之下踏上了逃亡之旅。她从肯塔基州出发，冒着生命危险穿过冰封的俄亥俄河，前往俄亥俄州，并计划跨越大湖区抵达加拿大。冬天的俄亥俄河虽然被冰封住，可冰并不坚固，浮冰随时会夺去人的性命。尽管自由之路充满危险，但是对于寻求自由的奴隶而言，它仍然值得冒险：

> 她飞快地跑着。脚像不沾地一样，飞奔到了河边。眼看黑利的马就要追上她了，后有追兵，前有急流，这样的困境通常能激发人的潜能，伊丽莎唯有拼全力一跳，竟如有神力相助般，跃过了湍急的河流，落在河中的冰块上。那是孤注一掷地一跳，若不是被逼到了绝路的人是不会这样一跳的。落脚的大冰块吱吱作响，她不敢停歇，又一跳，跳上了另一块冰块，就这样一块又一块地跳来跳去，像一只伶俐的山羊。伊丽莎眼前一片模糊，只记得跳，坚持！冰块上留下她的血迹，她脚上伤痕累累了，像做梦一样，她终于看到了俄亥俄河的岸。[①]

伊丽莎的勇气和决心让她最终克服了这些困难，获得了自由。俄亥俄河作为自由之路的形象，愈加鲜活了。

然而，不是所有经俄亥俄河、成功逃离奴隶制度的黑人，都能沐浴在自由的阳光中。诺贝尔文学奖得主莫里森的小说《宠儿》，以

[①] ［美］斯托夫人著，刘瑾、赵小兰译：《汤姆叔叔的小屋》，中国致公出版社2004年版，第47页。

1856 年肯塔基黑奴玛格丽特·加纳（Margaret Garner）的真实故事改编而成，深入挖掘了奴隶制度的精神枷锁。莫里森以倒叙的手法描述了女主人公塞斯（Sethe）逃脱肯塔基的奴隶制度后在俄亥俄州生活的现状，她与一个叫"宠儿"的姑娘纠缠的心路历程。塞斯横渡俄亥俄河的时候怀着自己的小女儿，正巧羊水破了，与河水混在一起，生下丹芙（Denver）："塞斯望着那一英里宽的河面……横渡过去就是俄亥俄州，就是家了，刚生下的婴儿应该也是这么想的。"[①]塞斯盼望着在俄亥俄州重建家园。无奈奴隶主追杀前来，塞斯惊慌失措，为了保护孩子不重蹈覆辙，她做出了一个母亲最艰难的决定，大女儿宠儿就这样牺牲了。18 年后，一个与宠儿相似的女孩出现在塞斯的生活中，塞斯认为那是宠儿的幽灵归来。塞斯对她百依百顺，却受尽女孩的精神折磨。这部小说描绘了奴隶制度下，一个无依无靠的南方黑人母亲对孩子无尽的爱和对奴隶制度绝望的恨，而自己在爱恨难两全的现状下身心不断煎熬的凄惨故事。

密西西比河上的船只，对于非裔美国人来说，不仅仅是运输的工具，更是他们痛苦记忆的象征。这些船只不禁让人回想起那些被白人强行押运过大洋，穿越"中央航道"的非洲奴隶。他们被像死鱼一样塞进狭小的船舱，从非洲西部开启了一段流离失所、惨绝人寰的美洲噩梦。对于处于奴隶制度下的非裔美国人来说，挣脱奴役的枷锁，追寻自由的生活，就是他们坚定不移的美国梦。

这个梦想在弗雷德里克·道格拉斯（Fredrick Douglass）的自传《道格拉斯自述》（1845）里有着真实的记录："脱离奴隶的凄惨生活（曾被毒打 6 个月之久），我仿佛感到自己刚从饿狮窟中逃出来。然

---

① ［美］Toni Morrison：《宠儿 Beloved》，外语教学与研究出版社 2000 年版，第 83 页。

而，……我又重新沉浸在一种巨大的不安全感和孤独感中。我仍然很有可能被抓回去，去经受奴隶制的各种折磨呢……我不敢与任何人讲话，生怕那是一个坏人……"① 在北方定居后，道格拉斯积极投身于废奴运动，为争取黑人平等权利而发声。他成为美国早期最著名的黑人演说家和废奴主义者之一。通过他的故事与声音，更多黑奴受到鼓舞，奋力反抗自己的噩梦妖魔。

① [美]道格拉斯著，李文俊译:《道格拉斯自述》，生活·读书·新知三联书店1988 年版，第 103-104 页。

西进运动

——「应许之梦」？血泪之路！

美国建国后的历史与其领土扩张和西部开发紧密相连，而西部的界限也不断得到重新定义。最初的 13 个殖民地位于阿巴拉契亚山脉以东，印第安人则被白人驱赶到阿巴拉契亚山脉以西的区域，与东部殖民地保持相对独立。阿巴拉契亚山脉当时作为美国的西部边界，标志着已知与未知、文明与荒野的界限。

1803 年，杰斐逊总统从法国购得路易斯安那，将美国疆域扩大了一倍。三年后，杰斐逊总统批准修筑一条从马里兰州的坎伯兰到密苏里州的圣路易斯的国道。这条西部国道成为 40 年代的商业通衢，供"康乃斯托嘎"马车队伍通行。杰斐逊政府坚信通过培养自力更生的共和国子民，就能实现自由民主的共和理想，他相信"在土里劳作的，便是上帝拣选的子民"[①]。随着路易斯安那进入美国版图，美国人

[①] Thomas Jefferson, *Notes on the State of Virginia*, Philadelphia, PA: Prichard and Hall, 1788, p. 175.

口增长 5 倍，密西西比河从 18 世纪美国的边境线成为 19 世纪美国的西部边界，美国人开始垂涎密西西比河以西的"远西部"。

从 1810 年到 1893 年，美国人从中部城市——密苏里州的圣路易斯与独立城出发，沿着俄勒冈小径、加利福尼亚小径，穿过美国大平原，抵达太平洋（见图 5-5）。这就是波澜壮阔的美国西进运动。19 世纪的头 30 年，只有少数探险者踏上了前往西部的征程。然而，到了 1841 年 5 月，西进运动迎来了第一次高潮。70 名西部拓荒者组成马车车队，从密苏里州的独立城出发，穿越大平原，翻越怀俄明州的沙漠与落基山脉，穿过怀俄明州的南山口向西北进军，抵达俄勒冈州的哥伦河，整个行程长达 2200 英里（约合 3541 千米），历时 5 个月。拓荒者一路寻找柴火与水源，同疾病抗争，与时间赛跑，努力在冬天来临之前到达目的地。1845 年，记者欧苏利文（John L. O'Sullivan）发

图 5-5　西进路线与"血泪之路"

表演说，将把美国版图扩展到得克萨斯与俄勒冈州视为"昭昭天命"（manifest destiny），这极大迎合并推动了西进运动的发展。1840 年到 1860 年的这 20 年间，西进运动已经如火如荼地开展。政府、皮毛商人、传道者不断吹嘘西进开发获得土地的自由与好处，鼓动中西部居民（如肯塔基州、田纳西州）向西寻求新发展。在这样的舆论导向下，去西部开发农场，竟成为了自由的代名词。

乡村民谣也在不断歌颂着美国西部的旖旎风光。1871 年堪萨斯州新移民鲁斯特·希特利博士写了一首小诗。其友丹尼尔·凯利用吉他谱了悠长的旋律，这就是脍炙人口的《牧场是我家》（"Home on the Range"）。在我国 20 世纪 90 年代的大学课堂，唱英文歌是非常受欢迎的教学模式。我还记得口语老师 Mr. Brian 戴着一顶西部牛仔的帽子，弹着吉他，教我们唱《牧场是我家》：

Oh give me a land

Where the bright diamond sand

Flows leisurely down the stream

Where the graceful white swan

Goes gliding along

Like a maid in a heavenly dream

Home home on the range

Where the deer and the antelope play

Where seldom is heard

A discouraging word

请给我一片土地

钻石沙流过小溪

优雅的白天鹅好似

梦中少女凌波微步

哦牧场上的家

小鹿与羚羊嬉戏

哦牧场上的家

丧气的话一句也不说

可事实上，西进之路充满了艰辛，并非歌中唱响的田园诗。除了路途遥远，拓荒者不断面临着渡河溺亡、摔下马背、与印第安人冲突等这些可能致命的危机。此外，抵达山区后，陡峭的山路也使拓荒者面临着感染霍乱等风险。歌谣却总是浪漫化西进运动。创作于1847年的《哦，苏珊娜》("Oh! Susanna")，以欢快的旋律歌唱"我"从阿拉巴马赶到路易斯安那，从密西西比河东部跨到西部的心情：

我来自阿拉巴马，带上心爱的五弦琴；

要赶到路易斯安那，为了寻找我爱人。

晚上起程大雨下不停，但是天气还干燥，

烈日当空，我心却冰冷，苏珊娜，别哭泣。

翌年，加州发现金矿，淘金者就唱着这首旋律欢快的歌谣，怀揣着梦想奔赴加利福尼亚。1949年，加州淘金热吸引了世界各地的淘金者，华人也被吸引过去修建铁路。他们克服了艰苦的环境，参与了美国第一条横贯大陆的铁路——太平洋铁路的建设。这条铁路的开通不仅极大地促进了美国东西部之间的贸易和交流，也标志着马车西行时代的结束。

1862 年林肯总统签署的《宅地法》，是美国西部开发中的一项重要法案。该法案规定，任何公民只要支付 10 美元的费用，就有权在西部获得不超过 160 英亩（约合 64.75 公顷）的土地，并在土地上耕作、居住 5 年后即可拥有该土地的所有权。在这样的特惠政策下，更多的拓荒者走向了西部。西进运动在美国西部留下了时代的车辙，拓荒者在怀俄明州的一块巨石上纷纷刻下自己的名字与抵达的时间，后世称之为"独立之石"，成为了西部开发史的见证。1893 年历史学家特纳（Frederick Jackson Turner）发表了《边疆在美国历史上的重要性》的演讲，提出西进运动塑造了美国信奉的个人主义、政治民主以及经济流动性的观点。他说：

> 美国的民主既不是谁的理论创造的，也不是从"苏珊·康斯坦"号、"五月花"号船带来弗吉尼亚与普利茅斯的。它从美国森林里生根发芽，每开拓一次边疆，美国民主就长一分力气。[①]

这形象化的描述是多么贴切，然而稍加辨析，它又带着白人种族主义的深刻烙印，让我们对美国民主产生了怀疑。

在森林里"茁壮成长"的美国民主导致森林的主人印第安人不断失去自家林子。1830 年，国会通过的《印第安驱逐法》成了合法驱逐印第安人及剥夺他们土地的法律依据。印第安人原本居住在美国东

---

① Frederick Jackson Turner, "The Significance of the Frontier in American History," in *The Frontier in American History*, New York: H. Holt and Company, 1920, p. 293.

部、东南部地区，然而随着欧洲殖民者的到来和美国的西进扩张，印第安人被迫不断西迁。这场悲剧的根源是白人在乔治亚发现了金矿。为了霸占印第安人的土地，他们驱逐了美国东南部农业最发达的五个印第安部落——切诺基族（Cherokees）、契卡索族（Chickasaws）、克里克族（Creeks）、乔克托族（Choctaws）、塞米诺尔族（Seminoles）。他们从阿巴拉契亚山脉以东的地区迁徙到密西西比河的西边，再从大平原地区退居"印第安保留地"。这一过程中，印第安人不仅失去了土地和资源，还遭受迫害和暴力。最悲壮的是，1838—1839 年，住在美国东南部的 1.5 万名切诺基族印第安人在政府军队的挟持下，被迫背井离乡，从乔治亚州的阿巴拉契亚山脉向西被逐长达 800 英里的路程。在这场被称为"血泪之路"的迁徙中，有四分之三的人口最终抵达了俄克拉荷马州，而四分之一的人口在途中因饥饿、疾病而丧生或被杀害，沿途尸横遍野。切诺基印第安人从田纳西州的查尔斯顿、查塔努加与阿拉巴马的佩恩堡出发，顺着三条主要陆路与一条水路（见图 5-5），穿越肯塔基州、伊利诺伊州、密苏里州、阿肯色州，历经艰难险阻，受尽了屈辱，直至密西西比河以西的荒无人烟的"保留地"。半个世纪之后，这里建成了俄克拉荷马州。背井离乡，是印第安人心中永恒的痛。

　　一个半世纪之后，契卡索族诗人琳达·霍根在自传体小说《守卫世界的女人》里忧伤地告白："我是藏在祖母体内的孩子，我的每个细胞、每个基因，灵魂的每一次喘息，都随着哀恸的部落，走在血泪之路上"[①]。尽管霍根没有参与西迁，但那种失丧祖居地的痛楚，已经深深地烙印在她的血脉之中，代代相传。她的诗作《眼泪》正是这种

① Linda Hogan, *The Woman Who Watches over the World: A Native Memoir*, New York: W. W. Norton & Company, 2001, p. 123.

情感的真实写照，每一滴眼泪都承载着对过去痛苦记忆的缅怀和对未来的深切期许：

> 它们被称为破衣烂衫
> 因为殖民者的棉布被撕成
> 丝丝褴褛
> 就像那些我们被迫走上的公路
> 通往俄克拉荷马
> ……
> 我记得这些女人。
> 今晚她们走着
> 走出了阴影
> 带着黑狗，
> 孩子，壮硕的黑马，
> 还有精疲力竭的男人。
>
> 他们走入我的身体。这鲜血
> 就是我们之间的公路地图。
> 我就是他们活下来的原因。
> 他们身后的世界并未关闭。
> 他们眼前的世界依然开启。
> 在我周围都是我的祖先，
> 我未出生的孩子们。
> 我是他们之间的眼泪

两方都还活着。[1]

1887 年，美国政府颁布《道斯法案》，重新分配印第安保留地的土地，并要求印第安人像白种人那样耕种土地。印第安家庭必须在 160 公顷的土地上耕作 25 年，方能获得土地拥有权以及美国公民身份。事实上，这是美国对印第安人赤裸裸的剥削与同化政策，8000 公顷的印第安土地被国家没收，按照私有制的要求再次分配。在这过程中，白人杀戮了大量美洲野牛，这对印第安人的影响不啻赶尽杀绝。印第安人世代以野牛为食、用牛皮御寒，杀戮野牛让印第安人几乎消失殆尽。此外，为了促进西部农业的发展，美国建设了不少水坝工程，这些工程最终导致了 1930 年代的沙尘暴，给印第安人和其他当地居民带来了灾难。更为残酷的是，19 世纪上半叶盛行的美国印第安寄宿学校，强制将印第安男孩从他们的原生家庭中带走，迫使他们改变发型、着装和名字，禁止他们讲族语，甚至采取残酷的体罚手段，如针刺舌头，强制切断他们与印第安文化的联系。这种文化同化措施严重破坏了印第安人的语言传承和身份认同。哪怕一个世纪之后，印第安保留地仍然是主流社会不允许触碰的故事。印第安作家林恩·瑞格斯（Lynn Riggs）为印第安保留地创作戏剧《百合花绿油油》（*Green Grow the Lilacs*，1931），该剧由白人改编成音乐剧《俄克拉荷马！》大获成功。然而，改编完全摒弃了印第安人的视角，因此可见美国主流社会对印第安人的漠视与歧视。直到二战之后民权运动蓬勃发展，印第安人的境遇才有所改善。

19 世纪美国的历史就是一部西部开拓史，不仅开发了阿巴拉契亚

---

[1] 转引自张琼：《生存抵抗之歌——当代美国本土裔（印第安）诗研究》，华东师范大学出版社 2021 年版，第 356-358 页。

山脉以西的广大地方，并且在路易斯安那购地的基础上发展出 15 个州。这一系列的扩张活动，不仅极大地增加了美国的国土面积，也极大地推动了美国的经济、文化和社会的发展，是美国梦的最大体现。至 19 世纪末，美国本土完成了从大西洋到太平洋的拓展，并颠覆了坐落在太平洋中央的夏威夷王朝，为争夺太平洋霸权做了充分的准备。夏威夷的加入，不仅使得美国在太平洋地区拥有了一个重要的战略支点，也为美国的海外扩张提供了更多的可能性。

然而美国领土的扩张蓝图，也是印第安人的血泪史与夏威夷岛民的屈辱史，美国梦的民主共和理想只代表一定人种与阶层的梦想。种族歧视、社会不公等问题一直存在，这使得边缘群体的美国梦无法实现。

国家公园
——有别于欧洲的美国自然画卷

当岁月的指针拨回到 19 世纪 30 年代，国家公园的概念正悄然萌芽。那时的美国，正处于一个寻求本土文化与民族自豪感的时代。欧洲浪漫主义的思潮如春风般拂过大地，与本土的超验论相互激荡，唤醒了人们对于自然之美的独特感知。美国人开始审视自己脚下的土地，发现与欧洲的古堡、教堂相比，这片土地上的自然景观更为悠久、更为壮丽。这些山川、湖泊、森林，不仅是自然的馈赠，更是美国文化的根脉。保护这些特殊的自然资源和文化资源，避免开发商与个体的破坏，并对大众进行教育，成为当务之急。1872 年，美国国会通过法案设立了黄石公园，标志着美国第一个国家公园的诞生（也是世界第一个国家公园）。同时，州立公园也开始兴起。这比英国早了大半个世纪，直到 1949 年英国才立法建立国家公园。

设立公园保护自然，也是对工业革命唯利是图、利欲熏心的对抗。在 19 世纪的美国，工业革命正如火如荼地展开，一些私人老板开始在尼亚加拉大瀑布周围开设发电厂，以谋取个人财富。以美国景观建筑师之父弗雷德克·劳·奥姆斯特德为领袖的一群有识之士，意识到这种开发对自然环境的极大破坏，成立了"解救尼亚加拉运动"组织，致力于保护自然资源。在奥姆斯特德理念的鼓舞下，1885 年，纽约州成立了尼亚加拉大瀑布州立公园，至今依然免费向公众开放，成为动植物保护的典范。驱车进入这座全美最早建立的州立公园，远远就能听到瀑布轰鸣的流水声。迫不及待地寻觅，期待亲眼见到地理课本上那经典的画面。慢慢地，视野开阔起来了，只见大瀑布傲然地奔腾着，巨大的水流一泻千里的景象，让人难以置信这个世界奇迹居然慷慨地免费开放（见图 5-6）。若顺着河岸漫步，你可以追溯到它的源头，见证河水如何在地貌的作用下，从温柔的小溪变成通天的水

图 5-6　尼亚加拉大瀑布

帘。尼亚加拉瀑布在美国境内由两大瀑布组成，分别是婚纱瀑和马蹄瀑，以形状命名。广受欢迎的"烟雨处女航"载你到马蹄瀑的身前，近距离感受马蹄瀑的磅礴气势。乘坐游船的旅客会被瀑布飞流直下的水雾所包围，仿佛置身于一个梦幻般的世界，正是"烟雨处女航"这一名称所蕴含的诗情画意。另一个有趣的景点也有个悦耳的名字——"旋风之洞"（Cave of the Winds）。它位于婚纱瀑的谷底，游人披上雨衣，穿过瀑布的水帘，体验被瀑布击中的感觉。尼亚加拉大瀑布的壮丽景色名副其实，拿破仑的弟弟就曾在这里与他的美国新娘拍摄婚纱照，这一传统也延续至今。越来越多的新人将这一自然奇观作为他们爱情故事的永恒背景。

　　美国国家公园和州立公园当然也是老百姓习以为常的周末度假场所。2011 年五月底的一个周末，我欣然接受了朋友的邀请，一同前往弗吉尼亚州的仙纳度国家公园（Shenandoah National Park）露营。这座公园距离华盛顿特区仅有两小时的车程，是城市人们逃离喧嚣、亲近自然的理想之地。仙纳度国家公园位于东部大城市周围，交通便利，风光或许无法与黄石、死亡谷或大峡谷等世界闻名的国家公园相媲美，但其宁静与秀美仍足以让人心旷神怡。感谢约翰·丹佛那首脍炙人口的民谣《乡村小路带我回家》（"Take Me Home，Country Roads"），仙纳度这个拗口的地理名词，都好像亲切了好多。

　　Almost heaven West Virginia

　　Blue Ridge Mountains

　　Shenandoah River

　　…

　　Country roads take me home

To the place I belong

West Virginia mountain momma

Take me home country roads

西弗吉尼亚，总如天堂一般，

蓝岭山脉长，

仙纳度河弯

……

故乡的路，带我回家吧，

回到我期盼已久的家园，

西弗吉尼亚，大山母亲，

带我回家吧，故乡的路。

　　仙纳度国家公园的亮点不仅仅是歌中吟唱的乡村小路，还包括一条绵延 100 英里的公路，它有个诗意的名字叫"天际线"（Skyline Drive）。秋天，瞬息变幻的自然之色将整条山脉浸染，斑斓的山谷尽在眼前，叫人沉醉其中。美国国家公园通常只象征性地收费，一车5～35 美元不等，一周之内自由出入。也可以选择支付 80 美元的年费，畅游全国 63 座国家公园。露营在美国是一项备受欢迎的活动，几乎每家每户都拥有露营所需的装备，如帐篷、睡袋、躺椅、吊床和户外冷藏箱等，甚至有人拥有设备齐全的房车。在节假日，美国人喜欢与亲朋好友一同在公园露营，享受大自然带来的宁静与放松，同时增进彼此之间的情感交流。露营地通常不会单独收费，只需预约，提供烧烤架、停车位、公厕与淋浴房等设施。我们一行四人到达营地先搭起帐篷，看到朋友 M 手法熟练地组装、打桩，就知道露营是多么深入人心的活动。露营地人多热闹，大家有故事的讲故事，爱骑车的骑车，去小路爬山的爬山。烧烤也是风靡美国的休闲方式，或在露台，或在后院，或在营地，亲朋好友烤点牛排，喝口红酒，仰望夜空中的繁星，抛开一周的疲惫与压力。

不知不觉，夜浓了，凉意重了，我们把睡袋裹在身上继续海阔天空，直到周围静悄悄别人都躺到帐篷里去之后，才惊觉睡袋已被露水打湿。整个晚上，风声呼啸，数次将我从梦中惊醒，我开始担心帐篷会被风吹走，内心也不禁开始胡思乱想：我是否会遇到一个没有头脑的稻草人、一个没有心脏的铁皮人，或是一头懦弱的狮子？

第二天清晨，当我钻出帐篷，只见餐桌上露珠成串、晶莹剔透，不禁感叹原来露营不但指的是露天扎营，还是与露水为营啊。英语中露营"camp"，源于拉丁文"campus"，意为"野外空地"。中文的"露营"真叫技高一筹，它一语双关又诗意盎然。

资本构建的「大都会」博物殿堂

美国的铁路业、金融业在 19 世纪后半叶蓬勃发展，富裕起来的工业和金融业大亨，萌生了修建世界级艺术馆的宏愿，以期在文化艺术上赶超欧洲，向往在文艺界里留下永恒的印记。[①]

早在 1753 年，欧洲就已经有了大英博物馆这样的国家博物馆，它作为欧洲最早的国家博物馆之一，以其 600 多万件丰富的藏品和悠久的历史，成为博物馆建设的榜样。而在法国，狄德罗积极推广国家博物馆的概念，最终在 1793 年法国大革命期间卢浮宫对外开放，进一步推动了博物馆的公共化和民主化。

到了 19 世纪后半叶，纽约这座快速发展的城市凭借其丰富的文化资源，吸引了众多有识之士的目光。同时，大洋彼岸英国南肯辛顿

[①] 美国还是英国殖民地的时候就已经建立博物馆，但博物馆的规模与影响尚小。启蒙时代将博物馆推向了第一个高峰，博物馆所承载的教育功能，与启蒙时代精神高度契合。

博物馆的快速发展增强了伦敦的吸引力，也有目共睹。1866 年，旅居法国的美国律师约翰·杰伊为庆祝美国内战的胜利与《独立宣言》签订 90 周年，倡议建立一个国家级的艺术馆。很快，纽约丰富的文化资源使其成为这一宏伟计划的理想选址。《纽约晚报》主编威廉·布莱恩特更是深情呼吁建立一座"配得上纽约作为新帝国商贸中心的国际级别艺术馆"①。1870 年，大都会艺术博物馆在纽约成立，简称"大都会"。这个名称本身就寓含着一个国际大都市崛起的雄浑之势。一座真正的国际大都市，哪能没有国际级别艺术馆的加持呢。

作为新兴国家，美国的艺术品收藏史与梵蒂冈、罗马或英国有着显著的区别，它并非基于古老的文明积淀或殖民扩张的掠夺，而是依靠美国大亨们的私人捐赠和募捐购买逐渐积累的。② 这种独特的收藏方式，展现了美国独特的文化和艺术发展历程。资本促成了艺术品的收藏和流传，譬如五金与烟草业继承人凯瑟琳·伍尔夫小姐、布朗兄弟投资银行的布朗夫人、制糖业大亨亨利·哈弗迈耶、铁路巨头克里斯·亨廷顿、银行家 J. P. 摩根、桑顿·威尔逊、石油巨头洛克菲勒家族均做出了突出贡献。正如《纽约时报》所指出的，对于许多追求社会地位的纽约富人而言，成为知名文化机构的董事，是一种向社会展示自己身份和地位的方式。而对于那些深谙此道的人来说，他们更直接的目标，则是成为大都会艺术博物馆的捐赠者。

1914 年，旅居法国多年的美国雕塑家乔治·巴纳德回到纽约，修建了一座修道院，以收藏他在海外收集的众多中世纪建筑碎片。1925

---

①   Andrea Bayer and Laura D. Corey, eds, *Making the Met*, 1870–2020, New York: Metropolitan Museum of Art, 2020, p. 35.

②   大英博物馆一部分藏品来源于大英帝国时期殖民扩张时期的购买、交易和掠夺，比如从埃及获取的罗塞塔石碑，从希腊购买的雅典卫城的大理石，以及 1897 年英国军队攻占尼日利亚贝宁城洗劫王宫的战利品。

年，小洛克菲勒用股票买下了巴纳德的修道院及藏品，慷慨地捐赠给了大都会艺术博物馆。更令人赞叹的是，在第二次世界大战在欧洲爆发之际，洛克菲勒于哈德逊河畔的山顶置地 4 公顷，建成崔恩堡公园，并在其中修建了一座修道院赠送给大都会，用以安置巴纳德修道院的藏品。这座修道院后来成为大都会艺术博物馆的回廊分馆（The Met Cloisters）。构成回廊展馆主体的，是巴纳德收藏的来自法国五个修道院（教堂）的残垣断壁（Saint-Michel-de-Cuxa、Saint-Guilhem-le-Désert、Trie-sur-Baïse、Froville、Bonnefont-en-Comminges），尤以建于 12 世纪的法国圣米歇尔·德·居克莎修道院的粉红色大理石最为精致。1958 年到 1961 年，美国又从始建于 12 世纪的西班牙富恩缇端纳圣马丁小教堂（San Martín in Fuentidueña）的废墟里挽救出后殿，并与西班牙达成了长期的租借协议。这座后殿经原地拆卸后，巧妙地"嫁接"到回廊分馆。美国为收集欧洲修道院的藏品到了殚精竭虑的地步，也证明了回廊博物馆的成功，离不开资本在世界范围内的投资。回廊博物馆不负众望，按照中世纪罗马式风格到哥特式风格的时间顺序进行布展，是美国罕见的集建筑与展品为一体的馆藏空间。为了回归中世纪，回廊博物馆还在花园中栽种了中世纪修道院藏品上描绘的植物，包括镇馆之宝独角兽织毯上描绘的植物，可见其用心。回廊博物馆穿越时空，重现了中世纪的"百草园"，在美国这片鲜有中世纪古迹的土地上，从内而外地创造了一个真实而令人感动的中世纪博物馆空间。

国际合作不仅促进了文化交流，也为大都会艺术博物馆带来了珍贵的展品。

1965 年，埃及决定修建阿斯旺水坝，这一宏伟的工程对尼罗河沿岸的古迹构成严重威胁。美国立即组织考古队协助埃及进行文物发掘与保护，成功解救即将被水淹没的丹铎神庙，埃及将这座神庙赠送给了美国大都会艺术博物馆。无独有偶，1980 年，美国慈善家阿斯特（Roberta B. Astor）为了纪念她随父亲在中国园林建筑中度过的青春岁月，捐资兴建了"阿斯特庭院"。这座庭园仿照苏州名园网师园内的"殿春簃"而建，巧妙地将中式园林的韵味与西式建筑的风格相融合。阿斯特的这一善举，不仅为大都会艺术博物馆增添了一处别致的东方景观，也进一步丰富了博物馆的文化内涵。

　　大都会艺术博物馆凭借其雄厚的资本，不仅在展品的数量上出类拔萃，还在软件建设方面同样不遗余力。这一点在周末艺术导览团的丰富多样性上得到了充分体现，大都会每年推出主题各不相同的导览活动，可见其对教育项目的重视与投资之大。我记得在一个大雪纷飞的二月周末，我和朋友一家同游了大都会的回廊分馆，那次的主题是"中世纪绘画的色彩"。由于天气原因，当天只有我们两家观展，这使得整个参观过程变得格外难忘。讲解员带我们欣赏了几幅精心挑选的圣徒像，又向我们展示了一个装满泥土和彩色石头的盒子，原来啊，中世纪绘画颜料来自大自然。我们了解到，圣母的衣服通常呈现蓝色，是因为在那个时代，蓝色是一种罕见的颜色。讲解员还介绍了彩色玻璃窗的常用颜色，并递给我们卡纸和五颜六色的贴纸，让我们亲手制作彩色玻璃窗的模型。大家兴高采烈地在卡纸上画出彩色玻璃窗的轮廓，再进行色彩的拼贴与覆盖，最后竟然达到了彩色玻璃窗的效果。这一互动环节不仅让我们更深入地了解了彩色玻璃窗的制作工艺，还增添了观展的乐趣。另一次，"大都会"基于波西·杰克逊的畅销小说《奥林匹亚神》（The Olympians by Percy Jackson）推出了主题活动卡，邀请小朋友寻找古希腊的八件艺术品，完成一次古希腊古罗马的探索之旅。第一件展品就给我们一个下马威，要求解读古希腊酒器上描绘的诸神。起初，小女有些困惑，因为它们长得很相似，就像典型的欧洲人在我们看来都差不多。我就问小女，如果我们要辨认一个人，除了长相之外，还需要什么信息。她马上回答："穿着。"一针见血！我们开始研究他们的服饰、手上的物品以及身旁的侍从。谜底一个个揭开：佩戴花纹盔甲、手持长矛的是战神雅典娜；手上站立着一只鸽子的是爱神爱芙罗狄忒；手拨七弦琴的是音乐之神阿波罗；手持闪电坐在王位上的是主神宙斯，给他斟酒的是美男子盖尼米得；背着弓箭、手持猎物的是狩猎女神阿尔忒弥斯。女儿饶有兴致地一一找到了另外七件藏品。她了解了忒修斯杀米诺牛解救十四童子的故事（《西游记》里也有类似的情节），找到了独眼怪兽，仔细观察了美杜莎的头像，津津有味地告诉我她看过一个影片，人看到她的眼睛就要变成石头。这一活动不仅考验了我们的观察力和推理能力，还让我们在寻找过程中领略到了古希腊艺术的魅力。通过藏品引导大众了解艺术背后的文化，大都会艺术馆的软硬实力有目共睹。

纽约的小众博物馆同样出众，比如摩根图书馆及博物馆。它是美国近代金融巨头 J. P. 摩根的私人藏书楼与艺术收藏馆，一般的旅行册子少有提到，多数游客与她失之交臂，甚至纽约客也未必知晓。其实它的位置在帝国大厦 34 街附近，实属中心地带。对文学、音乐、艺术感兴趣的朋友，断然不能错过摩根博物馆。一脚跨进摩根，迎接你的是彬彬有礼的工作人员、浓郁醇香的咖啡与足以绕梁三日的古典音乐。博物馆的咖啡馆通常都隐秘在夹层或者地下，以保护独立的艺术空间，然而摩根的大厅里，咖啡的香醇与古典音乐的韵味缭绕在两三件艺术品之间，家庭氛围呼之欲出。与大厅紧密相连的是摩根的办公室、书房与藏书楼。走进馆主的个人空间，精致的核桃木书架雕刻着文艺复兴样式的木纹，三层书架环绕直通屋顶，规整的书架与头顶的古典壁画相互映衬，挂毯的风格与地毯的颜色也遥相呼应，不禁为馆主深厚的人文积淀暗暗称奇。

摩根博物馆的魅力当然在于其无与伦比的收藏品位，从熠熠生辉的中世纪镶金手稿、珍贵的古滕堡《圣经》、海顿和莫扎特的乐谱，到爱因斯坦的相对论手稿、维多利亚女王的日记，摩根博物馆的藏书无疑是世界级的瑰宝，令人叹为观止！

主题展览"三百年的私人生活"亦是精彩纷呈，展示了夏洛特·勃朗特、沃尔特·司各特、梭罗等文学巨匠的文学日记，爱因斯坦的科学笔记，鲍勃·迪伦的艺术随笔，霍桑夫妇的蜜月日记，约翰·牛顿的宗教日记，以及母女笔记、战争日记和"9·11"救援笔记等。这些日记和笔记林林总总，不仅定格了历史的瞬间，也揭示了人性的美好与深邃。日记通常被视为最隐私的文字，不太适合公开展示。然而，令我震惊的是，摩根博物馆所展出的所有日记都如同出版前的清样一般，字迹工整，条理清晰。这似乎在证明，有条理的头脑往往能够成就非凡。有意思的是，梭罗的日记展出了两部，打开的两页字迹完全不同，仿佛瓦尔登湖成为了他生命中的分水岭。常言道，文如其人，字如其人，配合着讲解录音，我似乎有幸踏入各位伟人的书斋，目睹人生之精彩，体悟心灵之能量。

不知道是纽约成就了"大都会"与摩根博物馆，还是"大都会"这样的博物馆艺术馆成就了国际大都市纽约。19世纪以来的金融资本，无疑为纽约插上了艺术的翅膀，使得这座城市能够有足够的财力和影响力，从世界各地购买和收集珍贵的艺术品。这些艺术品不仅丰富了纽约的文化底蕴，也吸引了世界各地的游客和艺术爱好者前来参观和体验。当我在纽约访问一年结束之际，我遗憾地发现，尽管我尽力去探索，但仍然没有能够走遍这座城市的500处博物馆。这也许就是资本所造就的世界文化之都吧，它汇聚了世界各地的艺术瑰宝，它能牢牢拽住我思考的衣角。

产业革命催生的麻省理工学院

19世纪，随着产业革命的蓬勃发展，美国决定仿效德国建立理工大学，以培养更多适应工业化进程所需的技术人才。在这样的背景下，麻省理工学院（MIT）于1861年在波士顿剑桥应运而生。波士顿这座城市，以其悠久深厚的人文历史积淀和在制造业、商业的领军地位，吸引了大批受过高等教育的人士聚集。因此，麻省理工学院的建立显得顺理成章，成为这座城市学术和科技领域的重要里程碑。时隔200多年，哈佛大学终于有了一所可以与之媲美的高等学府。

2011年7月，我有幸参观了麻省理工学院，恰逢其150周年校庆。校园里挂满了庆祝的标语，"MIT+150 = Inventional Wisdom"，这寓意着麻省理工在过去的一百五十年里，一直致力于培养创新型人才。麻省理工素以培养创新型工程人才而自豪，许多改变世界的发明和创造都源自这里，如人工皮肤、卫星导航、因特网、电脑游戏、蝴蝶效应理论的提出以及传真机的设计。漫步在校园中，随处可见的雕塑也与数学密切相关，如由数字与数学符号拼接而成的思考者塑像，以及抽象的几何图形雕塑，这些都不断提醒我们理性思维的重要性，彰显着理工学院的独特魅力。

麻省理工注重创新，并邀请现代及后现代建筑大师在校园内留下他们的杰作。其中，最引人注目的是解构主义大师弗兰克·盖里设计的史塔特科技中心，其外观色彩丰富，造型独特，硬朗的几何图形相互依偎，挑战着传统审美观念（见图5-7）。邀请你为它添上色彩，感受其独特的造型。华裔建筑师贝聿铭作为 MIT 的校友，也为母校设计了四栋大楼，每一栋都别具一格。以化学楼为例，几何形的楼体，每一层都有相仿的造型，但色彩上却赋予红、蓝、橘、黄等不同的颜色，使得建筑在统一中富有变化，又在变化中寻求统一。麻省理工的小教堂也是世界闻名。祭坛处由铜片串起的帘幕，在顶灯的照耀下仿

图 5-7　麻省理工学院史塔特科技中心（俞鳕／绘）

佛象征着上帝之光从天而降，光影交错的效果令人叹为观止。这次参观让我深刻感受到了麻省理工的学术氛围和创新精神，也让我对这座学府充满了敬意和向往。

麻省理工的编号系统是其独特的校园文化的一部分。从中心建筑的简单编号，到周边建筑的详细方位指示，再到专业和课程的编号，这种系统不仅方便了学生和教职工的日常交流，也体现了数字在校园中的普遍性和重要性。当听到学生用编号来谈论他们的课程和学习地点时——"两点半我先在 10 号楼 250 房间上 6 专业 001 课程，接着在 46 号楼上 9 专业本科生研究资助项目的课"（I have 6.001 in 10.250 at 2:30, then my Course 9 UROP in Building 46）——不难感受这种通用语言的便捷和高效。进入学生公寓，我被其独特的建筑风格和充满创意的标语所吸引。历史悠久的宿舍楼与查尔斯河的美景交相辉映，红色的墙体蜿蜒在查尔斯河畔，朝南的每一间宿舍都是望得见风景的房间，而宿舍的北侧建有洗手间、淋浴房、活动室、阅览室等公共空间，真是匠心独具。而新建的宿舍大楼则以其独特的彩色格子外观吸引了众人的目光。它的外观由精心设计的彩色格子构成，呈现出一种独特而富有创意的美感：从左往右看，橙色与蓝色交错排列，犹如清晨的朝霞与傍晚的蓝天交融，清新而富有活力；而从右往左看，红色与黄色犹如夕阳下的晚霞与丰收的麦田，带来温暖而喜悦的视觉体验。而公寓内的标语和房间门口的简介更是展现了学生的创意和个性。无论是通过算式传达相互尊重的价值观，人＋人＝笑脸（下批：相互尊重，更多尊重），人－电脑＝哭丧的脸（下批：看好你的物品），还是通过小诗、段子、画作等方式展示自己的幽默感和才华，都让人感受到了学子丰富多彩的内心世界和积极向上的精神风貌。在麻省理工这样一所充满创新和活力的学府中，数字不仅是一种通用语言，更是一种文化和精神的象征，代表了学校对精准、高效和创新的追求，也体现了学生对知识和未来的渴望和追求。

说起创意，麻省理工的每届毕业生都会设计一枚属于自己的戒指，个性化地展示 MIT 的符号，以展示他们对 MIT 的热爱和归属感。这个传统始于学生之间的创意和热情，大一学生选举出的戒指设计委员会负责策划，大二学生则负责将设计方案转化为成品。在毕业典礼上，当校长恭喜学子圆满毕业时，他们会将这枚象征着大学生活的特殊戒指翻转过来，这一动作取代了传统的将学位帽流苏从右侧拨到左侧的做法。麻省理工的戒指成为校友相认的最好标志。麻省理工的校园文化中，善意捉弄（hack）也是一大特色。这种传统体现了学生们对校园生活的热爱和对创新的追求。1994 年，有人将一辆校园警车模型放置在 MIT 标志性建筑——行政大楼的楼顶，并附上一张罚单，以幽默的方式表达停车之难。麻省理工学院重视理论与实践相结合，培养了美国首屈一指的科学家与工程师。素有工程师之称的海狸，在麻省理工也找到了自己的位置。由于 MIT 的字母倒过来拼写就是"Tim"，海狸一不小心就被冠上了这个名字，成为了 MIT 的吉祥物。

与麻省理工学院创办相隔 20 年，距离波士顿 5000 千米的西海岸，也成立了一所以实用为理念的大学，这就是斯坦福大学。从哈佛大学到麻省理工学院，再到斯坦福大学，美国高等学府的发展，见证了 19 世纪美国大陆西进运动的成果——西部高校崛起并与东部学府相媲美。从旧金山出发，驱车向南一小时，便可抵达位于硅谷中心的斯坦福大学。从访客中心取了校园地图、校史资料一出来，被斯坦福大学的宁静与广袤所震撼：茂密的森林与宁静的湖泊相映成趣，椰林成行，点缀其间。土墙红瓦的拱门与柱子，古典而庄重，透露着土耳其风格的独特韵味。纪念堂（Memorial Church）正立面的墙体上装饰着巨大的马赛克画作，与罗马式雄壮的拱门和柱子相互映衬，为校园增添了一份东欧风情。

斯坦福大学的由来背后蕴藏着一段感人的故事。1884 年，时任加州州长、铁路富豪利兰·斯坦福夫妇痛失了他们年仅 15 岁的儿子。为了纪念他们的爱子，他们决定将原本计划建设为农场与别墅的 8000 多公顷土地改建为一所大学，致力于为全加州的孩子提供教育机会。今日的斯坦福大学，全称"小利兰·斯坦福大学"（Leland Stanford Junior University），正是以他们儿子的名字命名，并于 1891 年开始招生。

斯坦福夫妇游历欧洲多次，决定以当时风靡欧洲的巴黎美术学院布杂艺术（Beaux Arts）风格设计校园。他们聘请了著名的景观设计师奥姆斯特德，他巧妙地运用当地的植被棕榈树与建材土砖，设计出了一条壮观的棕榈大道作为大学的入口，搭配土墙红瓦的四边形回廊作为校园的中心建筑。整座校园被茂密的树林和精心设计的花园环绕。层层叠叠的树纹如同精致的树雕，与大量的室外雕塑相映成趣。罗丹雕塑群与非洲面具木雕、新几内亚木雕、石雕等艺术品相得益彰，共同营造了浓厚的艺术氛围。登上斯坦福大学的制高点胡弗塔楼，鸟瞰美丽的校园以及远处的山脉，不禁感叹这是我在美国见过的最美校园了。1936 年，著名建筑师弗兰克·劳埃德·赖特（Frank Lloyd Wright）为斯坦福教授汉纳夫妇设计了汉纳宅邸。这座建筑以蜂巢为设计灵感，创造了一个充满创意的六角形结构，其中没有一处是直角，这无疑又是建筑史上的一次大胆创新。

连接棕榈大道与四边形回廊的是一个宽阔的椭圆形广场，这里是斯坦福大学众多院系办公室的聚集地。我们特地前来寻找著名的人工智能实验室，因为它不仅是斯坦福大学的重要科研机构，还是美国最早建立的人工智能实验室之一，更是我先生导师曾经辛勤耕耘的地方。怀着对学术的敬意和对过往的怀念，我们走进了广场旁的一间办公室进行咨询。值班的女士非常热心，她不仅耐心地听我们讲述来意，还主动帮助我们在地图上定位人工智能实验室的确切位置，并详细地告知具体方位。在这位女士的帮助下，我们顺利找到了目的地，也深深感受到了西部人的友善和热情。

1951 年，斯坦福大学独具匠心地建立了研究园区，将其广阔的土地租赁给电子公司，以此作为办学基金的来源。这些企业迅速崛起并书写了硅谷的传奇。正是通过这种以地办学的模式，惠普、谷歌、柯达、雅虎等新兴公司得以获得宝贵的发展空间。而这些电子产业和互联网产业的迅猛发展与繁荣，也反过来推动了斯坦福大学的"校企"双赢。硅谷的辉煌成就，成为了 20 世纪第三次产业革命的重要里程碑。从此，斯坦福大学作为美国大学的后起之秀，与哈佛、麻省理工等名校并驾齐驱，共同在世界教育领域引领风骚。

自由女神像

——新移民的美国梦

图 5-8　自由女神像背面图

1886 年，当斯坦福大学正在筹建之际，自由女神像也正式落户美国。这座雕塑，头戴太阳光束王冠，身穿古罗马政客大袍，左手紧握象征《独立宣言》的宗卷，右手高擎火炬，成为美国文化和历史的重要象征（见图 5-8）。

自由塑像滥觞于罗马时代，把自由比喻成女性则肇始于法国画家德拉克洛瓦（Eugène Delacroix）《自由引导人民》的名画，女子头上所戴的就是罗马释放奴隶的自由之帽。

19 世纪法国的共和之路艰难曲折，法国人为了纪念肇始于法国的启蒙理想首先在美国得以实现，精心设计了自由女神像，以庆祝美国建国 100 周年和纪念美国内战胜利。诚如纽约州议长迪普（Chauncey M. Depew）在自由女神像揭幕仪式上的演讲所指出的那样："当富兰克林从乌云中取到闪电，他可能难以想象他在人类科学发展史上的光芒为法国与美国点亮了自由的火炬。"[1] 自由女神像代表的自由，是启蒙思想的科学理性，是他们认为的这个时代最先进的技术与社会制度。因此，美国也是移民趋之若鹜的目的地。

17 世纪早期，欧洲移民最早移民到美国：西班牙人定居在佛罗里达，英国人在新英格兰和弗吉尼亚，荷兰人选择纽约作为他们的家园，瑞士人则落户在特拉华。与此同时，非洲人被贩卖到美国。独立战争之际，托马斯·潘恩出版了宣传手册《常识》（1776）："欧洲，而不是英国，某种程度可称为美国的母国。因为这个新世界曾经成为欧洲各地受迫害的、酷爱公民自由与宗教自由人士的避难所……"[2]

一个世纪之后，世界难民寻求庇护的情结愈演愈烈。19 世纪中叶，来自爱尔兰的移民占据了移民总数的三分之一到二分之一。到了19 世纪末，大批东欧和南欧的移民涌入美国，其中包括因沙皇俄国迫害而逃离的犹太人、为摆脱贫困而来的意大利人，以及因战乱、干旱、饥荒和宗教迫害而流离失所的波兰人、匈牙利人、捷克人、斯洛伐克人、希腊人、土耳其人、叙利亚人等。由于买不起一等或二等舱的票，他们只能花 30 元购买甲板下的高低床或通铺，只要能挤上船就是万幸，卫生条件恶劣也在所不惜。只有对"美国梦"的向往在激

---

[1] Chauncey Mitchell Depew, "A Symbol: Oration at the Unveiling of the Bartholdi Statue of Liberty," https://www.bartleby.com/lit-hub/a-library-of-american-literature/a-symbol/, accessed on May 1, 2024.

[2] [美] 潘恩著，何实译：《常识》，华夏出版社 2004 年版，第 36 页。

励着他们前行。在他们看来，能抵达美国这个充满机遇和财富的地方，就是通往成功和幸福的康庄大道。

当移民乘坐越洋游轮，远远地看到矗立在水中央的自由女神，不禁欢呼雀跃。美国普利策文学奖获得者亨利·罗斯（Henry Roth）的小说《就说是睡了》（*Call It Sleep*），开篇便描述了犹太男人接妻子与儿子初来美国，看到自由女神像的激动心情："在这不可思议的自由之国，机会无穷，黄金铺地。"[①] 自由女神像附近的埃利斯岛，在1892—1954年间肩负着海关的职能，是无数移民踏上美利坚国土的第一站。1907年，这一数字达到了历史顶峰，总共有125万移民（主要来自欧洲）通过这座岛屿的关卡。在通过健康检查和司法检查（确认是否有犯罪记录）后，他们会被颁发一张通行证，作为进入新生活的凭证。

1883年，美国第一位犹太诗人艾玛·拉扎鲁斯（Emma Lazarus，见图5-9），为集资建造自由女神像底座而创作十四行诗《新巨人》。在1903年，这首诗被镌刻在自由女神像的底座内，成为自由女神像展览的一部分，永久地与这座象征自由和欢迎的雕像结合在一起。《新巨人》用诗意的语言，向世界发出邀约：

希腊罗德岛的灯塔巨人，
曾迈着征服的步伐跨越万水千山；

图5-9 犹太诗人艾玛·拉扎鲁斯

---

① Henry Roth, *Call It Sleep,* New York: Picador, 2005, p. 16.

而在我们的海滨，日落的城门前，

却将屹立起一位伟大的女性，

她的火焰是囚禁的闪电，

她的名字是流亡者的母亲。

她温和的目光注视着双城环抱的港湾：

"古老文明啊，你尽可保留装腔作势的繁荣！"

她向世界发出邀请，

她默默地呐喊——

"疲惫不堪、穷困潦倒的人儿、

渴望自由呼吸的人儿、

拥挤不堪的世间尘土，

都送到我这里来！

无家可归、风雨飘渺的人儿，

都送到我这里来！

我手擎火炬，

为你们，

照亮遍地黄金。"①

　　美国，作为世界现代史上首个主要的移民国家，其"美国梦"的象征意义至今仍然强烈。这种梦想象征着机遇、自由和繁荣，吸引着无数人跨越国界，追求它。2016 年，我在新西兰求学，住在一位华侨的家中。我告诉他，我计划将在美国读书的女儿转学到新西兰，他的

---

① Emma Lazarus, "The New Colossus," *Poetry Foundation*, https://www. poetryfoundation.org/poems/46550/the-new-colossus, accessed on May 1, 2024.

眼神里尽是不解："你来新西兰的最终目的不就是去美国吗？怎么还会想把孩子从美国转到新西兰这个小岛上呢？"这一反应正体现了大众心中根深蒂固的观念：美国才是移民的最终目的地。

热情好客的美国，向来以欢迎世界的落难之民并助力他们实现美国梦而著称。然而，族裔冲突时常演变成一种深刻的伤害。2011年，在纽约普罗文斯顿剧场，我有幸聆听了《智慧的珍珠》说书团的一个单口秀。[①] 其中，意大利裔艺术家、说书人和诗人罗丝·丰塔内拉分享了她幼年的求学经历。作为意大利后裔，她在二战期间遭遇了同学的歧视和攻击，被追着用石头打，被称作"法西斯"。如今已经过去五六十年，但她依然没有忘记这件事，没有原谅她的同学。现在同学会召开在即，她表示她要努力，但愿能原谅伤害过她的同学。我很震惊，孩子的错误举动带来的屈辱，影响如此长远。政治冲突、种族偏见，到底带有多么深重的分量。这个故事也让我想起了另一位德国移民后裔的亲身经历。她曾不明就里地租住在一个纽约的意大利社区，但在那五年里，邻居从未与她说过一句话。她不明白自己究竟哪里得罪了他们。直到她搬走的那一天，邻居们开始庆祝，并对她说："终于你搬走了。"这五年的冷暴力和最后的那句话，成了她与邻居最初也是最后的交流。这位母亲深感唏嘘，因为她从未想到自己会遭受这样的待遇。

纷纷思绪中，罗丝女士以一首新诗《越过山的那边》（"Over the Hills and Beyond"）结束了今天的表演，记得最后一段：

---

① 普罗文斯顿剧场是一个如雷贯耳的名字，1918年开始演出与百老汇风格不同的戏剧，培养了安妮·班克罗夫特、朱丽·哈里斯、尤金·奥尼尔那样的戏剧大师，是美国本土戏剧的摇篮。后来被纽约大学收购之后，成为纽约大学音乐与表现艺术系的演出与上课地点。

As for me—I'm over 65 and I'm still alive

And I hope to be—past 93.

I want to be with the old and the young

My last story has not been told

My last song has not been sung

I still have dreams and schemes

AND so much to achieve.

If I believe—I can do it

Screw it—I can

大意：

我 65 岁了，我还活着

我要活过 93 岁。

年轻的、年老的，都要成为我的朋友。

我还有故事要讲，还有歌要唱。

我有梦想，我有计划

我还有未来去创造。

我相信，我能够，

我可以成功。

　　这就是美国梦，即使在特殊的时代，作为意大利移民的她曾被扣上了"法西斯"的帽子，她的美国梦仍可以继续。美国作为大众趋之若鹜的移民目的地，不同族裔之间的矛盾与张力长期存在。非洲人、爱尔兰人、犹太人、德国人、中国人，都曾在美国历史上遭受过不同程度的歧视和排斥。种族歧视在 20 世纪并未消失，对它的反抗也在继续。

美国的崛起

约 1900 年至今

「现代建筑之巅」纽约

南北战争之后，随着北方工业的迅速崛起，芝加哥与纽约率先迈入了工业化城市的行列。为了应对都市人口激增所带来的土地压力，一种在单位土地面积上实现最高使用效率的建筑形式应运而生，这便是工业化都市中的钢筋水泥建筑。纽约的第一座高楼——"塔楼"（Tower Building）于 1889 年拔地而起。它坐落在曼哈顿繁华的金融区，高耸入云达 11 层，然而其宽度却仅有 6.5 米，这种设计在当时引起了广泛关注。自"塔楼"诞生之后，现代建筑在纽约得到了蓬勃发展，成为城市天际线上一道亮丽的风景线（见图 5-10）。

1904 年，花甲之年的作家亨利·詹姆斯，回到他阔别了二十多年的故乡纽约。詹姆斯在欧洲打下了半壁江山，获得了著名作家的声望。此行受到某杂志的邀稿，他写下了题为《重访纽约》（*New York Revisited*）的散文集。站在哈德逊河边，詹姆斯凝视着水边的摩天高楼，感慨万千。那些高楼仿佛密密麻麻的针插在一个靠枕上，也似一

图 5-10　纽约曼哈顿城天际线

朵朵亭亭玉立的玫瑰等待着采摘。詹姆斯感叹过于新潮、肤浅、商业气息浓重的摩天大楼撕裂了历史感，颠覆了纽约地标三一教堂与城堡公园的地位。他童年记忆中的纽约已然消失，工业化的进程让他在故乡成了异客。拔地而起的摩天大楼和混杂的移民人群，与他心中对历史与宗教的怀旧之情更是格格不入。詹姆斯童年时代的纽约消失了，工业化进程让他在故乡成了异客。他讨厌那条斜穿曼哈顿的"百老汇"大道，在曼哈顿留下了许多不规则的三角形空地，与詹姆斯欣赏的古典主义的对称与崇高情趣相去甚远。

　　詹姆斯虽然并不待见现代主义的高楼，他依然不能否认纽约的魅力。论自然的雅致，纽约不能与那不勒斯、好望角、悉尼、西雅图、旧金山和里约热内卢相提并论。如果不是出于浪漫与风光，那么这个港口究竟以什么著称呢？在詹姆斯看来，是活力，活力造就了纽约坚不可摧的霸主地位。宽阔的水域、繁忙的码头、不息的船只，将纽约的野心与自负表现得淋漓尽致，这就是詹姆斯感受到的纽约生机。

在纽约居住了大半年之后，我重新翻开了之前并不太喜欢的浪漫诗人惠特曼的《草叶集》。令我意想不到的是，这次的阅读让我产生了相见恨晚之感。

> 我正在我的城市找个独特完美的东西，
> 瞧那儿！就冒出了个土著的名字。

这是《草叶集》中一首题为《曼纳哈塔》的首句，诗中这个"土著的名字"是"Mannahatta"，印第安语本意为"岛屿"，现在的曼哈顿就是由此而来。惠特曼不喜欢"纽约"这个带有英国殖民意味的名称，本土词"曼纳哈塔"在他听来更加悦耳动听。曼哈顿对惠特曼意味着什么呢？它是"忙忙碌碌、波光闪闪的城市！高楼和桅杆的城市！栖息在海湾的城市！我的城市！"[①]。在惠特曼的笔下，曼哈顿密密麻麻的街道、辽阔无际的水域、巍峨耸立的大厦与繁忙穿梭的蒸汽船，就像"曼纳哈塔"这个名词的语音那样是流动的、富有节律的。惠特曼诗句的节奏与曼哈顿的脉搏产生了共鸣。

对于旅居纽约的我来说，曼哈顿的高楼像是穿了铁裙的公主，冷若冰霜，高不可攀，夺走了让我倍感快乐的天空。直到一年访问结束之际，我才恍然大悟还有另一种视角下的纽约。平日里我脚踏实地穿行于纽约，看到的是平面的、令人诟病的纽约——凹凸不平的马路、

---

① [美]惠特曼著，邹仲之译：《草叶集》，上海译文出版社2016年版，第542页。

摩肩接踵的人群、臭气熏天的地铁、街角的垃圾、凌乱的小摊、与你抢马路的车流。偶尔坐在双层游览车穿行在曼哈顿的大街小巷，任凭这个野性的城市在我面前慢慢展开，似乎可以避开令人不悦的垃圾与裂缝。但坐在巴士上，终不如登上洛克菲勒中心的观景台，注视高空视角下的纽约，有翻阅 20 世纪半卷美国现代建筑史之感。

在洛克菲勒中心的正北方向，便是享誉全球的中央公园。中央公园就像钢筋丛林中的一片绿洲，源源不断地给曼哈顿提供清新的氧气。这座占地 843 公顷的辽阔公园，拥有一个巨大水库（106 公顷）、三个湖泊、三十六座桥梁、一座动物园、两个溜冰场、七个大草坪、二十一个儿童游乐场。此外，公园内还有七座喷泉雕塑、一百五十处自饮水设施，以及遍布公园的树林、林荫跑道……不愧为曼哈顿下城（金融中心）与中城区（商贸、行政、娱乐中心）的后花园。纽约大都市艺术博物馆和夏天上演免费的莎士比亚戏剧的露天剧场，也坐落在中央公园。19 世纪中叶，著名建筑师奥姆斯特德与英国雕塑家沃克斯（Calvert Vaux）在欧洲特别是英国公园的启发下，精心设计了中央公园的景观布置，使之成为美国第一座可与欧洲媲美的公园。站在洛克菲勒中心的高台上，你可以清晰地俯瞰中央公园的全貌。波光粼粼的水域、翠绿的草地与郁郁葱葱的树林的轮廓尽收眼底，仿佛是在观赏一个巨大的沙盘模型。你可以轻松地辨识出自己在公园中漫步的足迹，感受那份与大自然亲密接触的宁静与美好。

转到南边，依稀可见纽约公共图书馆（建于 1910 年）和中央火车站（建于 1913 年）的古典主义沉稳身影。它们是学院派新古典主义建筑晚期流派——布杂艺术的代表建筑。纽约公共图书馆采用大理石作为主要建筑材料，融合古希腊科林斯柱式、圆拱、三角墙等古典建筑元素，彰显出古典建筑的庄严肃穆之美，同时也透露出古典文化的深遂与理性之精神。而中央火车站则以古典装饰风格的立面与内饰，给予通勤之人稳定与信赖之感。这座占地49公顷的庞大建筑拥有44个站台和67条铁路，四通八达，平均每10分钟就有一班城际火车出发，将市区与新泽西州、长岛、纽约上州紧密相连，创造了大城市通勤的奇迹。火车站正立面的中央，装饰着"交通之神"墨丘利的雕塑与巨大的时钟，寓意着通行平安与时间的精准。火车站内部金碧辉煌，与外观简约的古典多立克柱式形成了鲜明的对比。特别值得一提的是，大厅的天空穹顶呈现翡翠般的夺目色彩，美轮美奂。每天，有多达75万名的通勤者在这里匆匆赶往目的地，但在忙碌之余，他们也能抬头仰望这片翠绿的"天空"，享受片刻的自由与宁静。

在两次世界大战之间，装饰艺术（Art Deco）逐渐取代了布杂艺术，成为纽约最引人瞩目的艺术风格。克莱斯勒大楼（Chrysler Building，共77层）便是这一风格的典范之作。这座由克莱斯勒公司建造的摩天大楼，主要采用不锈钢作为建筑材料，其设计灵感来源于汽车配件。例如，楼顶的尖塔酷似汽车的散热器护栅，滴水嘴则借鉴了汽车引擎盖上的美国鹰形状，而大楼腰部的装饰则模仿了散热器盖与车轮的形态。最引人注目的无疑是楼顶的皇冠，它由七个大小递减的弧形拱叠加而成，这一设计不仅满足了纽约高楼建设的要求，让更多阳光能够照射到周围，还在视觉上赋予了整座大楼一种亭亭玉立的优雅姿态。弧形拱上的V形窗户令人联想到罗马式教堂的V形雕刻（见图5-11），为这座皇冠增添了庄重而典雅的气质。克莱斯勒大楼的设计，巧妙地融合了现代技术与古典意象，展现了装饰艺术的独特魅力。每次我远眺克莱斯勒大楼的皇冠，都仿佛看到了一条蓬松的百褶裙，为钢筋水泥的摩天大楼增添了一抹别样的柔软意味。到了晚上，皇冠被点亮，如同星空里的那些繁星俏皮地说着悄悄话。据说皇冠上

图 5-11 克莱斯勒大楼（顶部）

还有一个露台，只租给特定用户使用，不知道是谁有幸在皇冠高楼上远眺，就像我们远眺它那样。

从洛克菲勒观景台向东边眺望，东河与中央公园之间，两栋高楼以其独树一帜的国际风格与后现代风格永久镌刻在 20 世纪西方建筑史上。20 世纪 50 年代的纽约建筑深受德国工业风影响，缔造了"国际风格"的巅峰之作。1958 年，德国包豪斯建筑学院前院长路德维希·密斯·凡德罗（Ludwig Mies van der Rohe）设计完成了西格拉姆大厦（Seagram Building）。这座建筑以简约的风格、玻璃的材质和反复出现的长方格子图形，生动诠释了现代建筑"少即是多"的建筑理念。西格拉姆大厦功能实用，其流线型的外表更成为大城市竞相模仿的写字楼典范。而在 1984 年，菲利普·约翰逊（Philip Johnson）主导设计的后现代建筑前索尼楼，则是对简约主义、功能主义的现代风格的一次反拨。前索尼大楼的屋顶采用了一个被钻了圆孔的古希腊神庙女儿墙设计，巧妙地融合了古典建筑元素与现代建材，又诙谐地破坏了古典建筑的构件，真是对传统的批判性继承。这令我想到位于曼哈顿上城区的惠特尼艺术博物馆。这座博物馆以其粗野派建筑风格（Brutalism）而独树一帜，一反"国际风格"的光滑外观，采用暴露粗犷、毛糙的混凝土表面，并青睐方格子与最大化的内部空间表现。其简洁明了的外形由几个花岗岩方块叠加而成，与大都会艺术博物馆的古典派建筑传统形成鲜明对比，凸显了美国 20 世纪粗野派建筑的功能至上风格。作为专门陈列美国本土艺术家的艺术馆，惠特尼艺术博物馆在外形与内容上达到了完美的统一。

洛克菲勒观景台的西边便是哈德逊河，这条峡湾以早期探险家亨利·哈德逊命名。它是纽约与新泽西的天然交界线。站在观景台上，可以欣赏到哈德逊河的壮丽景色。在这条壮丽的天际线中，赫斯特公司新总部（Hearst Tower）以其独特的姿态吸引着人们的目光。这座位于美国曼哈顿第八大道 56 街的建筑，是 21 世纪初建筑师诺曼·福斯特（Norman Foster）的杰作。他在一个建于 19 世纪 20 年代的 6 层旧建筑的基础上，巧妙地融入了现代元素，建造了这座共有 46 层高、达到 182 米的摩天大楼。整座建筑由不锈钢和玻璃构成，呈现出一种现代而时尚的美感。其承重的三角形钢结构不仅为建筑提供了稳固的支撑，还构建出了别致的空间分层与鲜明的几何轮廓。这座建筑不仅在外观上引人注目，更在节能环保方面有着出色的表现。导热石灰岩和埋在地板下的聚乙烯水管被用于调温，有效地维持了建筑内部的温度稳定。雨水被储存在地下室的水箱中，以供循环使用，这一设计不仅节约了水资源，还降低了建筑的运行成本。更令人钦佩的是，建筑中的 85% 钢材都是再生材料，这一举措充分体现了赫斯特公司对环保和可持续发展的高度重视。赫斯特大厦是有机建筑的典范。

事实上，位于中央公园东侧第五大道的古根海姆博物馆，也是一栋早期的有机建筑。博物馆由赖特于 1943 年设计，主体是一个巨大的螺旋式圆形展厅，所有建筑元素采用圆形与曲线，以缓和周围建筑的方正感，并呼应中央公园的宁静松弛感。从外观的大肚子形象到室内的回廊、坡道、门框、墙角和扶手，古根海姆博物馆柔和的曲线模拟了自然曲线的延伸与流动性，一洗传统博物馆的硬朗印象。踏入博物馆，圆形展厅类似于苏美尔建筑中的坡道金字塔神庙（ziggurat），观众可以沿着唯一的螺旋形坡道游览六层的展厅，不会迷路，更不用担心错过任何展品。值得一提的是，要是你在三、四层驻足，你可以俯瞰到低层展厅、展品和观众，静止的艺术品与流动的观众在这个回廊达成了卓越的戏剧效果（图 5-12）。白色的墙体与观众的服饰进一步烘托了可爱的对比，正如下之琳的名诗所形容的：“你在桥上看风景 / 看风景的人在楼上看你 / 明月装饰了你的窗子 / 你装饰了别人的梦。”纽约古根海姆博物馆的有机性，在观展体验的流动性与掌控感方面得到了充分展现。每一层的小展示厅都可达到与主展厅的有机融合的效果，创造出别具一格的布展与观展关系，这令古根海姆博物馆从纽约众多博物馆中脱颖而出，也是我特别喜欢它的地方。

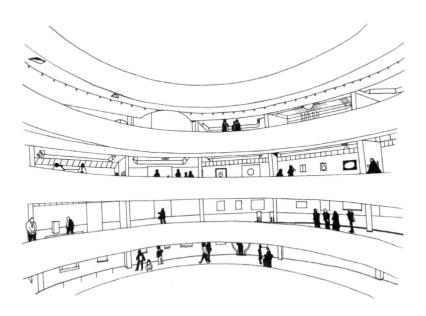

图 5-12　纽约古根海姆博物馆画廊（俞鳕 / 绘）

纽约作为现代建筑的高峰，吸引了无数电影制片人和导演选择它作为电影的背景。摧毁曼哈顿密集的高楼变成了摧毁工业文明的一种象征，或者说纽约的"毁灭"代表着美国梦的最终失落。气候灾难片《后天》（2004）以纽约公立图书馆为中心，将这座人类的垂直城市冰封在新的冰河纪。科幻片也对纽约的天际线青睐有加，例如金刚在帝国大厦顶部与飞机搏斗，帝国大厦与自由女神像的被炸，超人在纽约上空飞翔，蜘蛛侠矫健的身影穿行在纽约的高楼大厦之间，都是我们熟悉的场景。不管是正义还是邪恶，纽约的高楼大厦与地标都成为了电影拍摄的最完美场景。

纽约的丰富性自然逃不过作家敏锐的目光。德莱塞（Theodore Dreiser）的散文集《大城市的色彩》记录了作家在20世纪头十五年间初到纽约时的所见所闻。作为美国批判现实主义的代表作家，德莱塞关心社会底层人物的生活与命运，正像他在前言里描述的：

> 我写在这里的小篇章，不是关于这个城市的少数精英，尽管是他们造就了这个城市的光辉；我的主人公恰恰是这些闪光人物的对立面，是社会被遗忘的角落，城市的另一面。因为在那时候，我没有什么钱去享受城市的奢侈消费，所以经常在这个城市的各个社区中散步，打发自由的光阴。从中我发现了最奇特、最独有、最有意思的人群，与富人形成了鲜明的对比。我思索着他们的人生，突然，好像发现了一个崭新的世界城市与她新生的活力：他们的爱情、热情、幻想与失落！ [①]

---

① Theodore Dreiser, *The Color of a Great City*, Syracuse, NY: Syracuse University Press, 1996, pp. x-xi.

一百年之后，德莱塞的许多篇章还在纽约继续。《我的梦中城市》里描述的那个菲律宾妇女，宁可在纽约守着蚁巢，也不愿意居住在乡间的别墅里，可见大城市的魅力，它超越了物质空间的舒适感，而更多地体现文化、生活的多样性。一百年前，苦力披星戴月地工作，如今，在地铁站的早晚高峰，我们依然可以看到行色匆匆的人群，他们为了生活奔波，为了梦想奋斗。街头拖着满满小推车的商贩，披萨店、快餐店和沙拉吧里的服务生，他们操着各自的乡音，用辛勤的汗水书写着新世纪下层人民的生活篇章。他们与一百多年前的苦力一样，都在为了谋生而奋力拼搏。纽约的摩天大楼天际线，无疑是20世纪美国崛起并引领全球建筑潮流的生动写照。然而，在这座繁华都市的阴影之下，纽约的街头依然有鸽子在飞翔、乞丐在流浪、三明治商贩在叫卖、长凳上的男人在流离失所。

哈莱姆

——黑人文艺复兴之光

19 世纪废奴运动成功，南方黑人摆脱了奴隶的身份，然而因受教育程度普遍较低，仍脱离不了作为廉价劳动力被压榨的命运。一战之后，纽约经济繁荣，南方黑人作家、音乐家、画家陆陆续续来到纽约成为"北漂一族"，憧憬着美国梦的最终实现。他们聚集在哈莱姆——曼哈顿 125 街到 155 街的区域，创办自己的杂志，经营咖啡馆与爵士俱乐部，形成了自己独特的文化圈。黑人群体从农村涌入城市，从南方迁移到北方，形成一股大规模的迁移狂潮。他们与聚集于巴黎等国际大都市的非裔知识分子一起互相影响，共同推动国际性的黑人文艺复兴。

哈莱姆文艺复兴受世界美术潮流的深远影响，尤其是毕加索和高更基于非洲面具与土著生活的创作。这些作品的成功激发了白人对"原始"生活方式的兴趣，更增强了美国非裔探索自身母族文化的信心与兴趣。

图 5-13　《大熔炉》宣传海报（1908）

哈莱姆文艺复兴同时也是对多族裔移民史的回应。1908 年，赞格威尔（Israel Zangwill）的剧作《大熔炉》（*The Melting Pot*，见图 5-13）大获成功，使得"美国熔炉"这个概念家喻户晓。随着时间的推移，这一观念受到了挑战。1915 年，霍勒斯·卡伦（Horace Kallen）提出了文化多元主义的观点，他强调族裔在参与美国民主制度的同时，也应保持族裔文化的独立性与凝聚力。他反对"美国熔炉"这样的提法，因为它暗示着各族裔都要放弃自己的文化特色，融入以白人文化为中心的美国主流。与之相反，黑人历史学家、社会学家和泛非洲运动领袖杜波依斯（W. E. B. Du Bois）则倡导多元文化融合（melting）。美国的独特性和多样性正是得益于不同族裔的贡献，包括非裔美国人在音乐、艺术等方面的创造，如布鲁斯和爵士音乐。非裔美国人自导自演的第一部音乐剧《翻翻起舞》（*Shuffle Along*）1921 年在百老汇首演获得巨大成功，推动了黑人音乐剧的发展，影响了后续几十年的音乐剧创作，被认为是哈莱姆文艺复兴的开篇之作。杜波依斯所理解的"熔炉"是多种文化的融合，而非单一文化的主导。对"熔炉"概念的不同理解反映了美国社会中关于族裔、文化和身份认同的复杂讨论。卡伦的观点强调文化的多样性和独立性，而杜波依斯则更看重不同文化之间的融合与共生。

在这样的社会大背景下，主流出版社（例如 Alfred A. Knopf、Harcourt Brace、Boni & Liveright）开始脱离单一的英国文学出版传统，推出现代主义的翻译作品，这慢慢打开了出版界的"眼界"，为出版黑人文学作品做了铺垫。同时，"全美有色人种协进会"（NAACP）积极创刊，诗人兰斯顿·休斯（Langston Hughes）

图 5-14 "全美有色人种协进会"期刊《危机》第一期（1910）

的《黑人谈河》，就是他 18 岁时发表在《危机》（见图 5-14）的成名诗。通过河流这一意象，休斯将黑人的历史与世界大河的古老和深邃相联系，展现了黑人文化的深厚底蕴和历史传承：

> 大河，我早已认识你们
>
> 与地球同龄的大河我早已认识你们
>
> 比人类年长的大河我早已认识你们
>
> 我的灵魂变得与你们一样深沉

幼发拉底河里，我沐浴着晨曦初露

刚果河畔，我搭建了木屋小憩

尼罗河上，我堆起了金字塔

密西西比河前，我听见了她高声欢唱林肯南下新奥尔良

密西西比河前，我目睹了夕阳下她那融成一片金碧辉煌的泥泞胸膛

大河，我早已认识你们

年深岁久的大河、古老幽暗的大河

我的灵魂与你们一道

从亘古流到永恒 ①

　　休斯在这首诗里流露出来的黑人自信，逐渐上升到黑人文艺自觉自立的理论高度。1926 年，他发表在《民族》杂志上的《黑人艺术家与种族大山》一文直截了当地指出："要成为一位真正的艺术家，你必须推倒那座种族歧视的大山，即长期以来，黑人在被压迫的状态下，内心渴望变得跟白人一样，效仿白人，并受到白人认可的种族自卑烙印。只有拒绝同化，摒弃白人的标准，深耕黑人的文化传统，才能创作出真正的艺术。"休斯鼓励年轻的非裔艺术家："我们当自豪地展现自我。是美，是丑，我们不介意别人的标准。我们已经站在种族歧视的山顶上，自由自在。"② 同年，休斯创办了自己的期刊《火！！》

---

① Langston Hughes, "The Negro Speaks of Rivers," *Poetry Foundation*, https://www.poetryfoundation.org/poems/44428/the-negro-speaks-of-rivers, accessed on Nov 1, 2023.

② Langston Hughes, "The Negro Artist and the Racial Mountain", *The Nation*, 1926, Vol. 122, No. 2181: 629-694.

（ *Fire!!* ），向世人展现新一代有人文素养的黑人知识分子的才华，这是对青年黑人知识分子的极大鼓励。尽管由于经费原因，该刊在创刊号之后即被迫停刊，大量滞销的刊物最终毁于一场大火，但是黑人创作的火苗已经点燃，星星之火造燎原之势，这才是文艺复兴的真正价值所在。

哈莱姆文艺复兴通过深入挖掘黑人文化中的独特音乐风格，不仅扩展了以杜波依斯为代表的黑人精英文化的内涵，也为黑人争取解放和获得民权的斗争，提供了表达自主性。休斯的获奖诗作《疲倦的布鲁斯》就是其中的一个鲜明例子。这首诗写于 1925 年，荣获《机遇》杂志诗歌比赛一等奖。休斯将切分音、摇摆舞巧妙地融入诗行之中，运用押头韵、尾韵以及多处反复的诗歌技巧，成功地模拟了布鲁斯音乐的即兴风格和忧伤的呢喃。在《疲倦的布鲁斯》中，休斯咏叹了黑人布鲁斯歌手的逝去，布鲁斯音乐不仅是这首诗的忧伤基调，更是那忧伤的主角——黑人的命运。那位布鲁斯歌手的疲惫和无法得到慰藉的境遇，就如同那首疲倦的布鲁斯一样，永远地沉睡了。布鲁斯的审美价值源自黑人文化内部，犹如一束强光投射到美国文坛，照亮了黑人艺术如"乌檀木"般独特而美丽的特质。

哈莱姆文艺复兴在 20 世纪 20 年代掀起了黑人知识分子探索文化身份与使命的第一次高潮（1924—1929 年），是黑人为实现美国梦的一次战役的胜利。然而随着美国进入经济大萧条与二次世界大战以及战后的政治格局大震荡，黑人文化的影响力再次受挫。休斯在 1951 年的诗作《哈莱姆》中控诉麦卡锡主义的罪行，在它一再压榨下，黑人的美国梦一再拖延。然而，正是这种压迫和限制，最终可能像炸药一样爆炸，这是黑人创造力喷发的威力，也预示了黑人民权运动的爆发。

梦延迟实现会变成什么样？

会不会像葡萄那样

在太阳底下卷成了干？

抑或 像一个伤口发了炎

流脓流一地？

会不会像腐肉一样发臭？

抑或像颗久置的糖

又硬又硌牙

也许啊，它就像一副重担

中间陷了下去

抑或它砰地炸开了花 [1]

① Langston Hughes, "Harlem," *The Collected Works of Langston Hughes*, https://www.poetryfoundation.org/poems/46548/harlem, accessed on Oct. 1, 2023.

梦在66号公路

19世纪末期，美国崇尚个性化的交通工具与生活方式。自行车成为时代新宠，风靡一时。然而，真正改变美国人生活方式的，是1908年亨利·福特推出的价廉物美的T型车。这促使联邦政府加快公路的建设。1916年，美国通过法律，拨款用于公路建设。到20世纪20年代末，驾车横穿美国成为了精英分子的旅行方式，他们逃离东部城市的喧嚣，去欣赏西部更为壮观的景色。这种车轮上的生活方式，构成大众羡慕的美国梦的一部分。

66号公路（图5-15）——美国第一条横贯东西的公路，从芝加哥到圣莫尼卡。1926年挂牌通车，长达2400英里（约合3862千米），被称为"母亲公路"。到了30年代，在美国经济大萧条与沙尘暴的双重袭击下，俄克拉荷马的农民沿着66号公路向加州逃难。斯坦贝克的小说《愤怒的葡萄》这么描述："66号公路是一条迁徙之路……是

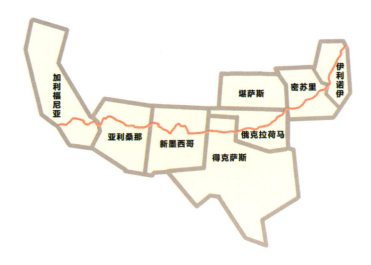

图 5-15 66 号公路示意图

一群人的逃亡之路……66 号是母亲之路。"①

　　等到美国加入第二次世界大战，66 号公路作为运输新兵前往加州圣迭戈军港的主要路径之一，被赋予保家卫国的爱国意义。特别值得一提的是，来自俄克拉荷马州各保留区的印第安人，在太平洋战场上担任通讯员，以民族语言为密码，为战争的胜利立下汗马功劳。

　　应该说，66 号公路的建成极大推动了美国西部地区及其沿海城市的建设与发展。战后"婴儿潮"时代到来，大众旅游业兴起，美国公众开始探索公路沿途壮美的景点，如大峡谷、托波克峡、迪斯尼公园、加州的沙滩等。美丽的西部逐渐为大众熟知，掀起美国公众度假新方式的热潮。与此同时，西部的牛仔文化也因好莱坞西部大片的推广，而成为年轻人追捧的精神象征。自由与独立精神吸引更多人踏上

①　John Steinbeck, *Grapes of Wrath* (e-book), ch. 12, https://faculty.georgetown.edu/bassr/511/projects/fran/final/NEW.HTM, accessed on Oct. 1, 2023.

了 66 号公路。《逍遥骑士》和《雌雄大盗》等公路电影，进一步将这条公路推上新的热度。而在《阿甘正传》中，主人公从阿拉巴马跑到西海岸的圣莫尼卡，正是沿着 66 号公路。滚石乐队的摇滚歌曲《在 66 号公路找点刺激》（"Route 66"）将 66 号公路沿路的地名广为流传，这首歌一再被翻唱，使 66 号公路深入人心：

它从圣路易到密苏里

俄克拉荷马城多美丽

从得克萨斯的阿马里洛

到新墨西哥的盖洛普，

还有高原沙漠弗拉格斯塔夫在亚利桑那

别忘记美丽城市威诺纳

金曼、巴斯托、圣伯纳迪诺

你会把握机会

来加利福尼亚吗？

在 66 号公路找点刺激

在 66 号公路找点刺激

在 66 号公路找点刺激

Well, it goes from St. Louis

Down to Missouri

Oklahoma City looks oh so pretty

You'll see Amarillo

And Gallup, New Mexico

Flagstaff, Arizona

Don't forget Winona

Kingman, Barstow, San Bernadino

Would you get hip to this kindly tip

And go take that California trip?

Get your kicks on Route 66

Well, get your kicks on Route 66

Well, get your kicks on Route 66

在五六十年代的青年文化中，"垮掉的一代"代表人物凯鲁亚克的小说《在路上》中穷游式的公路旅行，刮起年轻人的"朝圣"旋风。《在路上》一共有四条线路，除了脍炙人口的66号公路，另外一条是6号——一条少有风景的路，被称为非主流美国公路。《在路上》描绘了一群在二战中成长的年轻人，通过公路旅行、搭车或开车，从纽约到加州，从纽约到墨西哥，四次穿越美国大陆。他们一无所有又无所畏惧，狂喝滥饮中只顾前行，"因为无处可去，所以一切可去，永远在星光下前行"，一针见血地代表了年轻人身无分文、放荡不羁的生活态度。①凯鲁亚克用一部打字机和一卷120英尺（约合36.6米）长的打印纸，历时3个星期敲完了《在路上》的文稿。这种不分章节、反情节的"自发性写作"，代表了美国战后后现代文化和流行大众文化的一种趋势。没有精心雕琢，没有情节主题、没有旅行目的，却是小说《在路上》的目的。读完小说，书名"在路上"也许比书中的内容更重要，它启示了过程的无限可能性，阐释了美国梦中积极的一面，那便是前路值得期待与拥有的积极心态。

---

① Jack Kerouac, *On the Road*, New York: The Viking Press, 1959, p. 19.

66 号公路代表着"车轮上的国家"从东到西的流动性，经由小说和电影的渲染，成为自由、财富、叛逆、个性的象征。1944 年，富兰克林·罗斯福总统立法修建州际公路，到七八十年代建成了 99% 的美国高速公路系统。66 号公路被更高效的高速公路代替，1985 年 66 号公路在国家公路系统里被正式除名。后来，在密苏里州与亚利桑那州的努力下，在历史文艺爱好者的推动下，66 号公路以"66 号历史公路"（Historic Route 66）的名义得到了复活。尽管如此，66 号公路曾经的光芒已经暗淡。周边的汽车旅馆，也少有人问津。这条历史公路，也许真的已经走到了迟暮之年。

然而，"在路上"的精神一直受到年轻人的追捧，凯鲁亚克笔下的青年可以视为近代最早的"背包客"。西方青年长到 18 岁，或上大学或背上行囊去看看外面的世界。不知不觉，"行在路上"的美国梦，已经超越了国界。

百老汇

——音乐剧与先锋剧的交相辉映

　　每当华灯初上，在曼哈顿的 42 街到 53 街之间，40 多家剧场前人声鼎沸。它们就是百老汇剧场，简称"百老汇"。① 百老汇剧场的霓虹灯点亮了纽约曼哈顿下城区的夜晚。这里是全球音乐剧和话剧的圣地，无数艺术家和观众心中的梦想之地。

　　百老汇演出剧目包括了历史悠久的话剧，更以 20 世纪发展成型的大型商业化音乐剧著称。1866 年，一个机缘巧合促成了美国本土剧种——音乐剧的雏形。当时一个法国芭蕾舞团受邀到美国演出，剧院却突遭大火烧毁。情急之下，黑脸走唱秀（minstrel show）伸出了援助之手，邀请芭蕾舞团同台演出。于是，欧洲歌舞剧与美国本土通俗音乐的表演形式即兴融合在一起，诞生了美国音乐剧的先声《黑色牧羊棍》（*The Black Crook*）。此时正值美国铁路蓬勃发展，《黑色牧羊

---

① 曼哈顿 42 街到 46 街，还是闻名遐迩的时报广场（Times Square）暨《纽约时报》的生产基地，经常被误译为"时代广场"。

棍》得以在美国各地巡回演出，获得巨大反响。"来自百老汇"的字样赫然出现在宣传册上，树立了百老汇在美国剧场的中心地位。

不过，以歌舞形式讲故事的艺术样式的正式形成，还需等待半个世纪。1927 年，《演艺船》(*Show Boat*) 上演，标志着音乐剧的正式诞生。不同于歌舞剧中女演员穿着露骨的芭蕾舞裙唱唱跳跳，《演艺船》一开幕，密西西比河畔的黑奴们正在辛苦劳作：

> 黑鬼在密西西比河上劳作
>
> 黑鬼工作时白人却在玩乐——
>
> 他们往船上装载成捆的棉花，
>
> 直到审判日来临，也得不到休息。

这部以"黑鬼"开场的音乐剧，突破了《黑色牧羊棍》以来的低俗歌舞和插科打诨，奠定了其现实主义的基调。这首脍炙人口的歌曲《盛开的棉花》("Cotton Blossom") 同时是这艘演艺船的名字，唱响了一条在密西西比河来回巡演的演出船所目睹的人生百态。

故事的主线讲述船长女儿"白玉兰"(Magnolia) 的坎坷人生，她与英俊的赌徒一见钟情，婚后搬到芝加哥生活，后者输光了家产之后抛妻弃女，只留她一个弱女子在芝加哥夜总会靠卖唱而生。而船上的当红女歌手朱莉被揭发有黑人血统（朱迪长得像白人，一直被当作白人），犯了与白人的通婚罪受到警察追查。为了不拖累整艘船，朱莉夫妇主动离开了演艺船，去芝加哥打工。这是音乐剧史上第一次表现黑白通婚的议题，极具革命性。朱莉身份没被揭发之前，作为白人可以在船上唱歌，身份暴露之后，被迫"北漂"。当她最后巧遇"白玉兰"也到芝加哥的夜总会来试唱，主动辞职，把工作机会留给了好朋友，这是落难女性的珍贵友谊。最后丈夫因为经济窘迫离开了她，朱莉酗酒而死，而这一切的起因就是她的黑人身份。而船上的佣人——黑人老年夫妻乔与奎尼的世界，直接反映了美国内战胜利之后黑人的现实生活。

《演艺船》第一次以歌舞的形式刻画了三代人的人物命运，见证了美国内战后 40 年的峥嵘岁月（1880—1920 年）。"白玉兰"草率的婚姻击碎一个天真烂漫的女孩的爱情梦，然而她在大都市单打独斗、以不俗的表演天赋站稳了脚跟，成功抚养女儿，实现了普通白种人的美国梦。而同样才华横溢的朱莉，命运没有眷顾她，自从她的黑人身份暴露，她的美国梦宣告破灭，最后以一个小人物的悲剧告终。正如剧中《苦难在逼近》（"Mis'ry's comin' aroun'"）歌中所唱：

> 苦难正逼近，
> 苦难正逼近，
> 我们知道它正逼近，
> 但不知道会降临到谁身上。

音乐剧《演艺船》第一次留下无数脍炙人口的歌曲，表达少女怀春的《假装》，表现爱情的《我忍不住爱他》《你就是爱》《我为什么爱你》，反映黑人悲惨命运的《盛开的棉花》《苦难在逼近》《老人河》。在一百年之前，音乐剧的开山之作竟已经达到如此高的艺术水平。我甚至在这些歌里，听到了《悲惨世界》里的开篇旋律。

还记得这条密西西比河吗？ 19 世纪马克·吐温笔下的密西西比河，象征着黑奴悲惨命运的密西西比河，在这部音乐剧中，是个隐身的叙述者，就像乔演唱的《老人河》那样：

有一个老人叫密西西比；

那就是我想成为的老人！

他在乎世界的麻烦吗？

他在乎这片土地是否自由吗？

老河啊，

那条老河

他一定知道些什么

但什么都不说，

他只是不停地流淌，

他继续流淌着。

乔像千千万万在密西西比河畔劳作的黑人苦工一样，奴隶的身份虽然已经取缔，但是黑人的身份没有改变，还是实际的"奴隶"：

你和我，我们汗流浃背，

身体疼痛难忍，饱受折磨——

拖起那驳船！

抬起那捆棉花！

稍微喝点酒，

你就会进监狱……

啊，我厌倦了

尝试的疲惫；

我厌倦了生活

也害怕死亡

乔希望黑人被视如草芥的历史能重写，能像密西西比河这条老河啊，能"一直流淌着"。《演艺船》以歌舞形式再现了白人、混血儿、黑人的各自命运，在当时的美国堪称惊世骇俗，以至于首演落幕后观众没敢鼓掌，悄然退场。没想到，第二天排队购票的人数排了整整两个街区，接下来几天，《纽约时报》等主流媒体的影评蜂拥而至，好评如潮，富有创意的《演艺船》获得了空前成功！

从 20 世纪 20 年代末的《演艺船》发展起来的百老汇音乐剧，到了 20 世纪 40 到 60 年代，达到了成熟的黄金期。这一时期的音乐剧作品，不仅在艺术上达到了较高的水准，而且在主题和形式上也更加多样化。从轻松的喜剧和浪漫爱情故事如《俄克拉荷马！》《音乐之声》到更为严肃和主题明确的作品如《西城故事》，音乐剧开始关注社会问题，如 50 年代纽约贫民窟帮派之间的冲突以及波多黎各移民的梦想，并试图传达深层次的思想。

20 世纪 80 年代欧洲音乐剧风靡百老汇，音乐剧四大名剧——《悲惨世界》（1980 法语，1985 英语）、《歌剧魅影》（1986）、《猫》（1981）、《西贡小姐》（1989）皆首先在伦敦制作演出，后来到百老汇。①1986 年，以《西城故事》入行的史蒂芬·桑德海姆，带来一部以著名点彩派画家乔治·修拉的创作为剧本、形式新颖的音乐剧《星期天午后与乔治相约于公园》。当我 2006 年以 20 英镑买了一张学生

---

① 话剧传统由欧洲而来，伦敦的剧场业在伊丽莎白一世时代就已经发达。1663 年成立的德鲁里巷皇家剧院（Theatre Royal Drury Lane）是伦敦西区首家剧院。百老汇首家剧院建于 1735 年，比伦敦迟了半个多世纪。目前伦敦西区剧场业拥有 40 座剧场，与百老汇数量相当。然而，音乐剧的根在百老汇，可以说音乐剧是欧洲歌剧文化血脉与美国本土联姻的结晶。音乐剧一般在百老汇首演，再传到伦敦西区，很多剧目同时在英语界的这两个剧场中心上演。

半价票坐到金碧辉煌的剧院观看此剧，并不知道这将颠覆我对剧场的认识。从第一幕开场（见图 5-16），我就被震惊了，地面会移动，舞台能升降、一棵棵树也能"走近走远"，音乐剧的场景切换呈现出高度的机械化和巧妙的艺术感，与剧情无缝衔接。《星期天午后与乔治相约于公园》是第一部在百老汇利用投影映射（project mapping）以及大功率激光器的演出，视觉效果惊艳。后来我才了解到音乐剧每个剧目都有其量身定制的舞台，除了演员的歌唱水准之外，音乐剧的场景布置和变换具有极高的艺术性。

20 世纪 90 年代的百老汇剧场依然上演着美国梦。1996 年推出的《吉屋出租》（Rent）聚焦艾滋病患者、变性人等各种社会边缘人物的人生梦想，收获了票房与奖项的成功。21 世纪，百老汇仍然盛况空

图 5-16　音乐剧《星期天午后与乔治相约于公园》剧照（俞蟠／绘）

前，除了一些经典剧目的巡演或者复演之外，演绎摇滚乐梦想的《孟菲斯》（2009）、美国建国之梦的《汉密尔顿》（2015），都掀起了百老汇的新高潮。这些作品将节奏布鲁斯、摇滚、说唱等美国本土的音乐风格发展到极致，极具美国特色，这也是百老汇音乐剧成功的一大重要元素。

外百老汇（Off-Broadway）的诞生则可追溯到二战后。新一代导演不满足百老汇越来越"工整"的剧本，和它追求形式欢乐、追逐资本成功而缺乏思想性与探索性的趋势。改革就势在必行，由此诞生了外百老汇与外外百老汇剧场（Off-Off-Broadway）。相比百老汇，外百老汇与外外百老汇剧场更加隐蔽，很多剧场租用了废旧的工厂或学校，门票价格从 10 到 80 美元不等，俗称小剧场。百老汇剧场以其华丽的舞台与宏大的规模著称，能够容纳多达 500 人的观众，为观众带来震撼的视听盛宴，外百老汇剧场大约容纳 100～200 人，外外百老汇则只能接待 100 人以下的观众。剧场规模越小，越容易上演先锋剧目。百老汇剧场金碧辉煌，不允许自带饮料，可购买剧场特制的与表演相关的杯子与饮料。外百老汇也设有小卖部，观众可以在进场前购买饮料。至于外外百老汇剧场，除了售票服务外，就没有其他商业服务了。

外百老汇剧场既有百老汇的精湛演绎，又有外外百老汇的先锋创意，深得我心。外百老汇剧目《彼得与摘星人》是众所周知的迪斯尼动画片《彼得潘与温迪》的姐妹篇，追述了彼得潘如何学会飞翔的故事。剧中 12 位演员扮演孤儿、父女、海盗与孤岛土著，围绕着一艘破船，展开海上探险。纽约著名的外百老汇剧场包括茱莉亚·迈尔斯剧院（Juliet Miles Theatre）、公共项目剧院（Public Project）、普罗文斯顿剧院（Provincetown Playhouse）、122 小学剧院（P. S. 122），以及纽约市中心剧院（New York City Center）等。纽约公共剧院比之前拜访的茱莉亚·迈尔斯剧院规模大一些，有点类似于破落的百老汇剧场。全价门票为 70 美元，我定时去排队，在剧院开门前买到 20 美元的特价票（rush ticket）。在这个剧中，我特别欣赏演员用最简单的道具，比如一把梯子、几段绳子、一艘破船和一个箱子，通过随意组合和精确的动作，无缝地切换场景。特别是那段绳子，拧成各种形状表现船只的倾斜与狭小的船舱，惟妙惟肖（见图 5-17）。剧中唯一的女演员表演投入，聪明、幽默、机灵，令人难忘。

图 5-17　《彼得与摘星人》用一条绳子演绎船上的情景（俞鳕／绘）

相比活泼的《彼得与摘星人》，《维特堡》（Wittenberg）则是一出深刻的历史剧。1517 年的秋天，丹麦王子哈姆雷特作为德国维特堡大学大四的学生，刚刚结束暑期去波兰的交流访问，在那里他师从天文学家哥白尼。哥白尼的日心说深深震撼了哈姆雷特，对他的价值观产生了冲击。回到维特堡大学后，哈姆雷特不知道未来要何去何从。维特堡大学有两位著名的导师，哲学家浮士德和神学家马丁·路德。哈姆雷特的学术道路是跟随德国民间传说的著名人物，还是德国新教改革的领袖？是选择崇尚知识与自由的智者，还是谦卑等待天启的神父？是选择崇尚人性还是神性？

根据克里斯托弗·马洛的《浮士德博士的悲惨历史》，16 世纪初，浮士德先生正在维特堡大学教书。历史上马丁·路德神父也在维特堡大学教书，并于 1517 年写成了《九十五条论纲》，贴在威特堡大学教堂的门上。而根据莎士比亚的《哈姆雷特——来自丹麦的悲剧》，哈姆雷特也曾在维特堡大学就读。于是一个历史人物和两个文学名著的主人公，穿越时空在这里相遇了。外百老汇话剧《维特堡》正是基于这样一个巧合，将浮士德代表的人本主义者的理性怀疑精神，以及马丁·路德代表的神本主义者对基督的皈依和对上帝的追寻，做了深刻的演绎。哈姆雷特是四年级的学生，正在为选择一个专业而苦恼不已。哈姆雷特会跟从谁的理念，行走谁的道路呢？人文主义还是神本主义呢？是哲学还是神学？是理性和怀疑，还是虔诚呢？

在幽默诙谐的对话和看似荒谬的场景中，西方文化两大支柱——古希腊的人本精神与希伯来文明的神本精神之间展开了激烈的较量。马丁·路德谴责天主教贩卖赎罪符，推崇《圣经》的教导，追求基督的本质；浮士德则崇尚理性、追求爱情与世俗享乐，以及对人生意义的探索。最好看的戏剧常常寓教于乐，深入浅出。该剧充分利用了历史文本（马丁·路德的宗教改革）和文学文本（浮士德博士的故事与哈姆雷特王子的故事）进行重新创作，并引用了《圣经》、亚里士多德、奥古斯丁、莎士比亚等作家的作品。在基本符合经典文本的前提下，该剧喜剧化地演绎了马丁·路德《九十五条论纲》的导火线。马丁·路德对赎罪符的深恶痛绝导致他便秘，不得不就医治疗。浮士德给他开了一副特殊的方剂，包括来自麦加的神奇豆和每天写日记。《九十五条论纲》正是来源于马丁·路德的日记，浮士德把该日记拿到新建立的印刷厂，并贴了一张在教堂门口。《维特堡》完整地补充了哈姆雷特王子在维特堡大学的求学经历，包括他从浮士德老师那里了解到的试探国王的戏中戏《宫札勾的谋杀》(*The Murder of Gonzago*)。该剧演绎的浮士德似乎更贴近歌德版本，他被描绘为一个人文主义的文艺复兴时代的全才，同时拥有哲学、医学、法律与文学四个博士学位。

该剧还注重运用典型话语，使得浮士德与马丁·路德的对话成为戏剧冲突的核心。当马丁·路德谈到《圣经》没有明确提到炼狱，更没有赎罪符概念的时候，浮士德回应道："既然你相信唯有《圣经》、唯有信仰，那牧师有什么用呢？教皇有什么用呢？教会有什么用呢？统统除掉。"马丁·路德对之："听起来我想挽救教会，而你想置它于死地。"浮士德反驳："听起来你想牺牲病人，挽救癌症。"[1]一针见血的对话，大快人心。该剧以幽默的台词、逼真的表演、与大众文化的融合（比如浮士德酒吧献唱），深深吸引着观众。剧一开场，哈姆雷特在学校教堂门口偶遇浮士德教授，教授一眼看出这个留学归来的特等生有些变了，于是给他开了一个方剂：吃豹子胆（leopard's bane）。这个杜撰的药方是"医治痛苦的丹麦人精神的良方"（the bane for brains of Danes in pain），这个押了头韵和谐元韵的幽默，让人会心一笑。当浮士德教授弹奏起鲁特琴，改编美国 20 世纪 50 年代的流行歌曲《顺其自然》("Que Sera, Sera")时，娱乐与教育已经完美地结合在一起。

---

[1] David Davalos, *Wittenberg: A Tragical-Comical-Historical in Two Acts*, New York: Dramatists Play Service Inc., 2010, p. 32.

外百老汇的剧本比百老汇深刻得多，在形式上也有一些革新，当哈姆雷特打赢了网球赛后，他兴奋地与两边的观众击掌祝贺，打破了观众与演员的界限。

哥伦比亚大学教授安妮·博加特（Anne Bogart）根据现代主义作家弗吉尼亚·伍尔夫的自传、书信、散文与小说导演了一部单人戏剧，剧名叫《房间》。"为了写小说，女人必须有钱，和一间自己的房间。"这是伍尔夫 1928 年在剑桥大学做讲座时说的一句话。讲座后来结集出版，名为《一间自己的房间》。"拥有自己的房间"从此成为一个符号，成为知识女性争取创作与出版权的象征。

我看到剧名就很感兴趣，不知导演会如何演绎这位文思敏捷，与乔伊斯共同开创"意识流"的女作家。茱莉亚·迈尔斯剧院为学生提供了当天的特价票，我提前 1 小时来到剧院，如愿以偿地以 15 美元的价格买到了 60 美元的票。因为小剧场的演出通常不超过 1 个月的时间，一个剧目安排两次演出结束后与导演、演员的免费座谈，所以需要提前预订有座谈的演出票。剧场不大，100 余人的位置基本坐满了，舞台相当简易。不一会儿，坐在我前三排（F 排）的一位女士站了起来，"晚上好！"她一袭黑衣，体态僵硬地走到了台上："当你踏入这个房间的时候，你有什么感受？你的心境是怎样的？"观众一时懵了，不知道这葫芦里卖什么药。她停顿了一会，开始自言自语。我这才明白，这位黑衣女士便是此剧的主人公弗吉尼亚·伍尔夫。从观众席上走上舞台的方式，出人意料地拉近了与观众的距离。

伍尔夫的讲座让我仿佛穿越回到 1928 年。她的语言现在听来觉得有点做作，她在台上的姿态，重现 100 多年前的僵硬。伍尔夫的独白持续了 15 分钟，面对一个没有布景、对话和音响的舞台，观众开始觉得无聊。单人剧确实具有挑战性。整个舞台只是一间空荡荡的房间，唯一的道具是一把椅子（图 5-18）。场景很简单，偶尔会在白墙上出现一个窗子的投影，时而敲几下伦敦大本钟。这种极端简约的戏剧风格，再加上只有一个演员，一个角色，难度非常大。我才明白，古希腊悲剧之父埃斯库罗斯是多么伟大，他通过增加第二个演员，让角色

图 5-18 《房间》剧照（申屠青／绘）

之间能够对话，从而产生戏剧冲突让戏剧大有看头。大约 30 分钟后，伍尔夫渐入佳境，她从说教转变为内心独白。从她炮竹般流利的台词和飓风般麻利的肢体语言里，喷发出对写作的激情、人生的感悟、对男权的愤怒以及在精神层面的追求。她近乎疯狂的舞蹈与台词的音效完美结合在一起，让人看到一个激烈与自己抗争、与舆论抗争、与世界抗争的灵魂。导演非常出色地演绎了弗吉尼亚·伍尔夫的巨大能量，通过语速与动作的速度来展现作家的意识流文学风格。整出戏共 85 分钟，前 30 分钟以讲座人的姿态与观众对话，但是由于作家当年的那些女权主义观点现在听来已并不新鲜，加上缺乏戏剧手段的辅助，感觉有些沉闷。后 55 分钟转换向表现作家的内心世界，表现作家对时空的叙述创新，非常成功。她的语言就像一个压力锅，积蓄着巨大的能量。演出结束后，我为这最初的 30 分钟感到遗憾。要是在前半段多一些创意，例如舞台的变换或者表现手法的创新，将更为出色。带着震撼、遗憾和感慨，我离开了剧院。这个剧本引发了我对生存空间、创作空间、想象空间的重新思考。它不是一出完美的戏剧。

之后的几天里，我一直在思考它，思考它的不完美之处。当我走出百老汇剧《比利·艾略特》的剧场时，我觉得那是一出完美的音乐剧，但是之后我从没再想着它。这就是百老汇与外百老汇的区别了。

纽约人民热爱百老汇音乐剧，连华盛顿特区的中学也组团前来观赏百老汇的剧目，来自天涯海角的游客更是争相一睹百老汇的风采。尽管百老汇一场表演的票价高达 60～200 美元，但这里依然热闹非凡，各种肤色的观众操着不同的语言，驻足在屏幕不断滚动、霓虹灯闪烁的剧场门口拍照留念，这一幕本身就充满了戏剧色彩。

百老汇以大制作的歌舞场景与舞台动画为卖点，外百老汇剧目则投资较小，内容与形式更有创意，各有千秋，不过作为喜欢思考的观众，我自然更容易陶醉在聚焦思想交锋的小剧场。百老汇音乐剧就像时报广场的霓虹灯那样令人愉悦，然而外百老汇与外外百老汇的剧目演出，却能透过创新的故事主题与新锐的戏剧表达带给我认知挑战，它点亮了思维的灯塔，更令人刻骨铭心。

都市大学的国际梦

1831 年，由美国著名前财政部部长艾伯特·加勒廷（Albert Galatin）等有识之士倡议，在纽约创办一所兼容并蓄、为所有人开放的新型大学。当时，哥伦比亚大学作为纽约唯一的大学，具有强烈的宗教倾向和深厚的英伦学术传统，只接受特权阶层的申请。正如伦敦建立了平民大学——伦敦大学，纽约大学立志要为不带任何宗教倾向的新兴中产阶级服务，以培养实用技能、服务大都市的发展为目标，开拓出一条不同于哥伦比亚大学的办学方针。

纽约大学的崛起正当纽约成为美国乃至世界第一都市之时，纽约大学凭借敏锐的洞察力，充分利用了纽约的繁荣和城市与大学共生互惠的有利条件，将它办成了一所著名的新常青藤大学。21 世纪，纽约大学又在中东与中国建立了阿布扎比纽约大学与上海纽约大学，结合亚洲两大国际都市的特色，将纽约大学的成熟办学经验，向全世界推广。

纽约大学从诞生的那一天起，就与纽约城建立了紧密的共生关系。城市的资源即为大学的资源，大学的资源又源源不断地回馈于城市。纽约国际金融中心的地位和国际艺术中心的资源，使得纽约大学的相关专业成为业界的执牛耳者。纽约大学的总部坐落在曼哈顿下城区的格林尼治村，学校主体以华盛顿广场公园为中心，向四周呈辐射状扩散。这里位置优越，第五大道从这里起步，华尔街金融区、百老汇娱乐区、34 街商业区都近在咫尺，纽约大学是一所不折不扣的都市大学。

纽约大学深知纽约丰富的文艺资源是其独特的优势，因此鼓励学生充分利用这些资源，实地考察艺术作品，以培养审美情趣，并建立起个性化的美学批评。在各类课程中，教授积极引导学生走出课堂，深入纽约的文化现场。例如，在"中世纪艺术文化"课程中，教授会带领学生前往纽约大都会博物馆的中世纪馆参观，让学生亲身感受中世纪艺术的魅力。在"西方现代建筑"课程中，学生实地考察洛克菲勒中心，通过观察和分析这座标志性建筑的设计理念和风格特点，深入理解现代建筑的发展趋势。

"二十世纪现代建筑"由一位 70 岁开外的 K 教授主讲。这位气度非凡的纽约客用她精心制作的幻灯胶片，一帧一帧地展示并讲解不同流派的现代建筑，包括其结构、材料、特征以及背后的设计师和建筑掌故。她避免使用艰深的理论和难懂的术语，使得课程内容既专业又易于理解。K 教授人文积淀深厚，用拉丁文、法语、德语、意大利语等多种语言解释西方建筑涉及的地名、人名和文化现象，如数家珍，使得每一堂课都如同一场文化盛宴，让我流连忘返。特别令我印象深刻的是，每次上课前 K 教授会通报近期纽约的讲座、会议以及艺术博物馆的信息，鼓励同学参与相关的文化活动，提高自己的艺术修养。

有一次，纽约市博物馆举办纽约大学校友主持的讨论会，教授详细介绍了内容，感兴趣的同学可以报名，以她的嘉宾身份免费入场。纽约的学术讲座大部分是免费的，但有时遇到知名的教授（如哈罗德·布鲁姆）或者电影制片人（就如这次讨论会首先播放她的新作《布鲁克林》，展播她的成名作《曼哈顿》，然后讨论），就会收取20～30美元不等的入场费。我通过K教授报名参加了这场活动，到现场发现我的名字在特邀嘉宾之列，只需报上名字即可入场。通过K教授的课堂，我同时亲身体验了纽约这座城市的学术氛围和文化魅力，收获颇丰。

文学课程"经典重访与再创作"的F教授则为同学们精心安排了一场别具一格的文学体验——"辣妈妈"实验剧场（La Mama）的木偶剧《雅典妇女和平化解战争》（Lysistrata）。这场基于阿里斯托芬同名喜剧改编的木偶剧，让我们参与到经典文本的戏剧改编舞台中。"辣妈妈"实验剧场藏身于一个看似破旧的工厂建筑中，经过好一番周折，我们终于找到了这家隐藏在城市角落的著名外外百老汇剧场。教授为大家购票（票价25美元）后，安排大家入场。尽管外表不起眼，但剧场内部却充满了生机与活力。简易的阶梯式座位容纳了百余名观众，营造出一种亲切而随性的氛围。演出开始前，我们被斯基普·希瑞（Sxip Shirey）摆弄的打击乐音所吸引，他的卷发和专注的神情酷似伟大的音乐家贝多芬。随着音乐的响起，舞台上的两个巨大木偶头像开始说话，紧接着讲述河马生育的视频投影出现在墙面上，这是一个充满奇幻的开场。

随着剧情的展开，我们被带入了古希腊的世界。一个真人大小的木偶出现了，从我的座位可以看到木偶背后穿黑衣服的演员正在操控它。转眼间，更多木偶出场了。一群雅典妇女联合斯巴达妇女，聚在一起，共同谴责雅典与斯巴达之战。主角吕西斯忒拉忒（Lysistrata）

图 5-19 《雅典妇女和平化解战争》男子歌队
（苏炜铭／绘）

提议妇女通过性罢工来迫使战士（她们的先生）停止战斗。她的奇思妙想引发了妇女的热烈讨论和最终的认同。当即，妇女占领了雅典卫城，与赶来的士兵发生了冲突，以此来表达她们渴望和平的强硬立场。这时，男女歌队上场（在古希腊戏剧里，歌队扮演重要的角色，可以起到点评剧情的功能）。歌队由领队一人操纵四个连体木偶，这样看起来就像一个歌队（见图 5-19）。男歌队外表夸张诙谐，发色差异代表不同年纪，他们拖着巨大的下体，象征着性欲。男歌队又唱又跳，表达他们要求性的权利。女歌队同样由一个演员控制四个连体木偶，她们的衣着各异，胸口都挂着巨大的假乳。女歌队的领唱者为妇女领袖说话："这个老妇正在与整个城邦作对／让我告诉你为什么／因为我们将男人生下来／你们却去送死！"女歌队附和："我们将男人生下来／你们却去送死……"

导演在男女对抗的过程中，巧妙穿插了三段当代的新闻报道，将肯尼亚、英国妇女性罢工争取权利的真实故事与喜剧相结合，使得整个作品具有了强烈的时效性和现实意义。这种跨时空的叙事手法让我们更加深入地思考了性别、权力和社会公正等问题。整场演出内容丰富、形式多样，不仅融合了演唱、舞蹈、新闻和动画等多媒体元素，还巧妙地运用了木偶这一独特的艺术表现形式，将阿里斯托芬的这个滑稽粗俗的喜剧演绎得恰到好处，避免了很多无法表现的场景。虽然有些演员的表演还不够成熟，但整体来说，这场先锋木偶剧为我们呈现了一个充满创意和深度的文学改编作品。外外百老汇的演出以创新见长，经常挑战有争议的剧本与主题，善于运用拼接、融合以及黑色幽默等后现代表现手法。通过观赏这场先锋木偶剧，学生不仅亲历了改编的各种可能性和经典再创作的魅力，还加深了对课堂理论学习与文本分析的深度。F教授的精心安排让我们在轻松愉快的氛围中感受到了文学的力量和艺术的魅力。

当然，纽约大学的世界梦并不限于充分利用国际大都市的各种资源培养学生，也不限于将校区拓展到世界各地，而是美国作为世界移民人口最多、移民文化最丰富的国家，它的学术视野是全世界的。例如，上文提到的"经典重访与再创作"课程聚焦后现代文化对经典文本在全世界范围内的改写与重新创作，不仅是对经典文本的致敬，更是对全球文化多样性的一种认知。曾为英国的殖民地，美国经历了世代移民的再建设，又成为后现代主战场，它包容了来自世界各地的各种故事，改写既是继承，也是创新。

我有一天在图书馆晃悠，意外地发现了一张掉落在地上的讲义，原来是讨论课"经典重访与再创作"的教学大纲。一口气读完大纲，欣喜若狂。当时距离上课时间只有半个小时了，我意识到这是一个难得的机会，尽管来不及给教授写信申请旁听资格，我还是决定直接赶去教室。"经典重访与再创作"是一门容纳15人左右的讨论课，主要以同学发言为主，教授则担任主持人的角色。原本我打算先"浑水摸鱼"，等下课后再向老师解释我的情况。然而，出乎我意料的是，上课的第一件事就是自我介绍。当轮到我做介绍时，同学们不免感到惊讶，毕竟我是一个"不速之客"。好在F教授对我的贸然闯入并没有表示出任何不悦。相反，她幽默地说："原来你拾金不昧，捡到我丢的教学大纲了。欢迎你！"看到教授由衷的笑容，我心中的担忧瞬间烟消云散。我深感庆幸，能够在这样的机缘巧合下加入这个特别的课堂。

在这门课程中，老师精心挑选了一系列经典文本，并鼓励我们轮流进行课堂报告，深入讨论仿写、改编经典作品的实践与理论。这种互动式的学习方式不仅让我们对原著有了更深刻的理解，还促使我们思考如何在新的语境下，赋予经典作品新的生命。通过阅读历史上各个时代的睡美人版本，俄狄浦斯王的故事与根据它仿写的非洲故事《不能怨神》、俄瑞斯忒斯三联剧、尤金·奥尼尔仿写的《悲悼三部曲》和《圣经·约伯记》，以及乔伊斯《恩典》、莎士比亚《奥赛罗》、亨利·詹姆斯《螺丝在拧紧》等经典作品及其仿写作品，我们得以跨越时空的界限，与不同文化、不同时代的经典文本进行对话。我深刻体会到文本细读的魅力，体察到各个群体、各个时代对传统、知识、文化的批判继承的特殊性。从某种程度上说，美国文化本身就是重访经典与再创作的最好阐释。作为一个移民国家，美国文化本身就具有多元性和包容性。在这个过程中，美国不断吸收和融合来自世界各地的文化元素，形成了独特的文化景观。而这种文化融合的过程，实际上就是对经典的再创作和再阐释。

　　美国在 20 世纪凭借其强大的经济实力与发达的文化产业，在国际舞台上一手遮天，然而对于国内的种族不公正与矛盾，始终缺乏强硬的态度和行之有效的解决措施。虽然内战的胜利废除了奴隶制度，但针对黑人的偏见与种族隔离长期存在，黑人因为交不起选举税，在获得公民身份的大约 100 年间（1868—1964 年）也难以行使选举权。

　　一战之后，哈莱姆黑人文艺复兴掀起了黑人知识分子的文艺自觉。白人知识分子也参与了为黑人鸣不平的抗争。1923 年，爱尔兰裔剧作家尤金·奥涅尔的剧本《上帝的儿女都有翅膀》在纽约大学的普罗文斯顿剧场上演。剧名借用了黑人同名灵歌（寓意族裔平等的诉求），因大胆触及黑白种族通婚这个禁忌话题，引起了社会舆论的激烈争论。《上帝的儿女都有翅膀》聚焦纽约下城区的一个三岔路口，一条街上住着黑人，另一条街上住着白人。白人女孩艾拉与黑人男孩吉姆经常一起过家家、玩弹珠，一个脸上抹白石灰，要成为白人，一个脸上涂巧克力，扮演黑人，他们天真地立下盟约，永远是好朋友。六年后，女孩已经完全忘记了童年的誓言，不屑与吉姆为伍。再过两载，她孩子夭折，遭人抛弃，吉姆成为她落难后唯一的依靠。当白人讽刺挖苦他为"黑鬼"，艾拉反驳："他是世界上唯一的白人，善良、洁白。你们都是黑人——心灵漆黑。"六个月后，他俩结婚。可是婚后不久，女孩就变得郁郁寡欢，神经兮兮。她瞧不起吉姆，后来愈演愈烈，甚至要拿刀杀他。吉姆请家人来照顾她，但家人都被她折磨得无法坚持下去。他妹妹坦言道："我内心深处无法改变的种族观念，不能容忍她，我无法再照看她。"吉姆有个梦想，他想成为一名律师。然而，艾拉一直对此耿耿于怀。最终，他几度落榜，她却欣喜若狂："吉姆，不要伤心，不要紧，你看魔鬼死了。要是你成功了，魔鬼就不会死，他会住在你里面。那我就必须杀死你，不然魔鬼就会杀死我。现在不要紧了，我已经杀死了魔鬼。"这疯狂的表现主义叙事风格，深度讽刺了白人断然不能接受黑人成功的畸形心态。

20 世纪 40 年代，美国参与的反法西斯战争胜利，对美国少数民族来说是一场思想革命。二战之后，反种族歧视、争取平等的公民权益的新一轮运动，首先在纽约拉开序幕。

1945 年，一位黑人妇女带着 5 岁的儿子从纽约宾州火车站出发，途经北卡的时候，列车员要求黑人转移车厢。这位妈妈拖着孩子，提着行李好不容易挪到了目的地，发现已经没位子了。她于是折回原来的座位，列车员非常愤怒，叫来了警察，敲了她的后背，推了她的儿子，强行拉他们到已经满员的车厢。这位妇女返回纽约之后，求助于左翼的律师事务所，终于在两年后赢得官司，获赔 3000 美元。

1946 年 2 月凄冷的夜晚，四名黑人在长岛欢聚，想去喝杯咖啡，却被白人店主以售空为由拒之门外。酒店、咖啡店、计程车拒绝为黑人服务，白人游泳池也不对黑人开放，此类种族隔离存在已久。一番抗议无果之后，黑人悻悻然离开，店主却以黑人闹事为名报了警。警察以行为不端逮捕了他们。当黑人质问逮捕理由的时候，警察踢了他们私处，开了两枪，造成二死一伤，而肇事警察却被无罪释放。消息传出，纽约爆发了为期 5 个月的声讨请愿运动。"全美有色人种协进会"与民权运动的律师一起写了请愿书给纽约州州长杜威，里面提到"我们刚刚成功打败了法西斯的卑劣行径，我们不允许他们在本土滋生"。

1955 年，在阿拉巴马州蒙哥马利的一辆公共汽车上，"全美有色人种协进会"活动家罗莎·帕克斯（Rosa Parks）因拒绝让座给一位白人乘客而被捕，这引起了大规模的黑人反抗公交运动，迫使蒙哥马利的公交系统终止了长达几百年的种族隔离。

总之，黑人请愿与维权的路是非常曲折的。1954 到 1968 年的民权运动期间，出现多起种族冲突和警察杀害黑人的案件。鲍勃·迪伦脍炙人口的歌曲《牛津城》（"Oxford Town"），回应的即是 1962 年密西西比大学招收黑人学生引发骚乱，最终造成二死的悲惨事件。密西西比大学坐落在牛津城，这首歌声援当地黑人反抗不平等，又因为密西西比河是黑奴贩卖贸易中一条臭名昭著的运输河，因此这首歌也是献给整个黑人社区的。

牛津城、牛津城

每个人都低下了头

太阳收起了光芒

太阳就此隐藏

他去了牛津城

枪支棍棒跟着他去了牛津城
跟着他棕色的肤色
去了牛津城

最好不要去牛津城
在那个拐弯处牛津城
来到门前却不能入内
就因他是有色人种
你们怎么想，我的朋友？

我，我的女儿，她的儿子
催泪弹在等着我们
午后的牛津城
大家唱起了一首忧伤的歌
密西西比的月光下死了 2 个人
谁来调查谁来主持公道

　　歌词押了元音 [au] 的 town、down、ground、brown，元音 [ɔː] 的 bomb、from，元音 [uː] 的 moon、soon，辅音 [n] 的 noon、tune、skin 的韵脚，故而朗朗上口。

　　鲍勃·迪伦的另一首长歌《哈蒂·卡罗尔的孤独之死》（"The Lonesome Death of Hattie Carrol"），真实记录了 60 年代的一起谋杀案。24 岁富有的农场主威廉用一根藤条结束了 51 岁黑人女服务员的性命。迪伦抨击富人获保释出狱，黑人白白受死的不公对待。通过流行音乐，为社会边缘人士发声，矛头直指广泛的种族歧视，正是迪伦的正义所在，也是艺术工作者的良知所在。鲍勃·迪伦获得诺贝尔奖文学奖，与他在美国民权运动中产生的影响不无关系。

William Zanzinger，24 岁
坐拥烟草农场 600 公顷
父母有钱有势
脉络亨通马里兰政府高官
被捕后　他耸了耸肩龇牙咧嘴　骂骂咧咧
下一分钟保释出狱

……

Hattie Carroll，51 岁
厨房帮手，10 个孩子的母亲
她端饭菜、倒垃圾
与餐桌上的贵客没有丝毫冲突
清理桌上的残渣，倒烟灰缸时
头顶却被抡了一藤条
抽疼了脑袋　要了命

人人尊重的法院落下法槌
众生平等的法槌　谁也不能操控
面对这个无理由伤人的罪犯
法官用他最尊贵的声音，从他的黑袍子里
做出裁决——六个月监禁

　　暴露和批评罪恶的良心人，

　　正用破布掩面

　　正当号啕大哭

　　经过多方干预，1963 年 8 月 28 日开庭审判，杀人犯只获刑 6 个月。这天正是华盛顿民权游行的日子，马丁·路德·金在林肯纪念堂的石阶上，面对参与"华盛顿广场工作与自由"游行的 25 万人发表演说《我有一个梦想》。这场游行路线从华盛顿纪念碑延伸到林肯纪念堂，全长不到 1 英里（约合 1.6 千米），却标志着美国部分实现了《人权宣言》的允诺，走向了废奴运动的胜利。然而，这也只是迈出了一小步。黑人长期遭受警察暴力、拒绝入住旅店、城市各种设施"仅仅白人可用"。马丁·路德·金感到痛心疾首："100 年后，黑人依然没有获得自由。100 年后，黑人依然悲惨地被种族隔离与种族歧视的枷锁羁绊。"① 他发出振聋发聩的呼声："尽管我们面临着今天和明天的重重困难，但我依然怀揣一个梦想。这个梦想深深扎根于伟大的美国梦之中。我梦想有一天，这个国家将会奋起，实现其立国信条的真谛：我们认为这些真理是不言而喻的：人人生而平等。"②

　　1964 年 7 月，警察射杀一名 15 岁的非裔少年，引发了哈莱姆黑人暴乱，造成 1 人死亡 100 多人受伤，成百上千名黑人被捕。如今，距离马丁·路德·金的美国梦又过去了半个世纪，警察暴力远没有结

---

① ［美］金，等著，曲英姿译：《世界上最伟大的 50 次演讲》，机械工业出版社 2009 年版，第 7 页。

② ［美］金，等著，曲英姿译：《世界上最伟大的 50 次演讲》，机械工业出版社 2009 年版，第 9 页。

束，2013 年"黑命攸关"组织（#BlackLivesMatter）成立，不断呼吁黑人平权。在 2020 年全球新冠肺炎疫情期间，乔治·弗洛伊德发出"长官，求求你！我呼吸不了……"的求救信号，而暴力执警的白人长官置若罔闻。在乔治窒息的这一刻，美国梦——"生命权、自由权和追求幸福的权利"还远没有实现。

延伸读物

古埃及

[英] 农顿编著，王硕译：《埃及考古笔记》，华中科技大学出版社2021年版。

【埃及学离不开考古学家的贡献。此书展现埃及学家的笔记、手绘、影像等珍贵图像史料，让我们对埃及学功臣的工作一窥究竟。】

[英] 平奇著，邢颖译：《走近埃及神话》，外语教学与研究出版社2007年版。

【通过文物解释古埃及神话。每章展示一件文物，讨论神话的一个主题。】

[英] 肖著，颜海英译：《重构古埃及》，外语教学与研究出版社2007年版。

【围绕纳尼尔泥板阐释埃及古文明，以小见大，思路很有启发

性，论证充分，值得学习。】

Assmann, Jan, *The Mind of Egypt: History and Meaning in the Time of the Pharaohs*, trans. Andrew Jenins, Cambridge: Harvard University Press, 2003.

【通过古代文明留下的痕迹（考古发现）与记忆（后世对前世的继承）两个侧面展示埃及各个时期的文化特质。】

Florida Center for Instructional Technology, College of Education, University of South Florida, "Egyptian Ornament," *ClipArt ETC*, http://etc.usf.edu/clipart/galleries/179-egyptian-ornament, accessed on Nov. 20th, 2023.

【精美的埃及建筑、雕塑、柱子、装饰素描，有助于直观感受埃及的装饰风格。】

Hayter, Simon, *Ancient Egypt and Archaeology Web Site*, https://www.ancient-egypt.co.uk/index_1.htm, accessed on May 15th, 2024.

【埃及建筑网站，内容翔实、图片高清、考古信息完备。】

Silverman, David P., eds., *Ancient Egypt*, London: Dunnan Baird Publishers Ltd., 1997.

【200 多幅高质量插图，插图说明详尽。】

Stierlin, Henri, *The World of Pharaohs*, trans. Erica Abrams, New York: Sunflower Books, 1978.

【以古埃及文明发展阶段为顺序，简单扼要，配以清晰的特写插图。】

Van den Dungen,Wim, *The Book of the Hidden Chamber*, http://www.sofiatopia.org/maat/hidden_chamber03.htm, accessed on Nov. 20th, 2023.

【《冥界之书》全文，图文并茂。】

Žabkar, Louis V., *Hymns to Isis in Her Temple at Philae*, Brandeis: Brandeis University Press, 1988.

【收录诸多献给伊西丝的赞美诗，对了解古埃及的思维模式大有裨益。】

古希腊

[波兰] 巴特利克著，尹楠译：《创意知识迷宫：古希腊人的世界》，湖南美术出版社 2021 年版。

【迷宫设计精巧，蕴含古希腊英雄传奇，配图精美，寓教于乐。】

陈洪文、水建馥选编：《古希腊三大悲剧家研究》，中国社会科学出版社 1986 年版。

【历代欧洲文艺批评家对古希腊三大悲剧家的文学批评选译。】

[法] 杜歇著，司徒双、完永祥译：《风格的特征》，生活・读书・新知三联书店 2003 年版。

【以建筑的装饰要素与建筑构件为视角，配以精美的插画，简明扼要地阐述了从古埃及、古希腊、古罗马、中世纪、文艺复兴各建筑思潮的风格特征，对建筑爱好者来说不啻一本专注细节的建筑科普书。】

[美] 汉密尔顿著，葛海滨译：《希腊精神：西方文明的源泉》，辽宁教育出版社 2003 年版。

【经典的文明普及性专著，译文准确优美，文字可读性强，是洞察古希腊文明光芒的佳作。】

[法] 吉莉亚妮著，陈剑平译：《古希腊，古希腊！》，海峡书局 2023

年版。

【很有创意的立体书，是对大众读者，尤其是孩子的知识普及。】

罗念生编：《古希腊罗马文学作品选》，北京出版社 1988 年版。

【精心编撰的文选，老一辈翻译家的文字严谨优美。】

[英] 斯皮维著，王志超译：《萨尔珀冬陶瓶：一只古希腊陶瓶的前世今生与英雄之死》，北京燕山出版社 2021 年版。

【讲述萨尔珀冬陶瓶的发现、流通与修复的故事，分析瓶画的文化语境，阐述史诗的教育意义，并追踪了这幅瓶画对基督教艺术的启示与影响。这种以小见大，从艺术品实物出发的文化与艺术史梳理，深入浅出，是对普通艺术史的有益补充。】

[英] 斯图塔德著，吴晓雷译：《神游希腊：从奥林匹斯山到特洛伊的探秘》，华中科技大学出版社 2023 年版。

【以诗性的语言追溯 22 座城市遗迹的前世今生，它们是英雄神话故事的主场，也是希腊史的主要地标。此书旁征博引，援引了多部古希腊文学作品，历史讲解深入浅出，配以绘制精美的彩图，读来兴致盎然又受益良多。】

孙道天：《古希腊历史遗产》，上海辞书出版社 2004 年版。

【系统介绍古希腊的历史遗产，文字可读性强，适合入门。】

Hamilton, Edith, *Mythology: Timeless Tales of Gods and Heroes*, New York: Warner Books, Inc., 1999.

【结构清晰、语言优美的古希腊神话故事集。】

Harris, Stephen, and Gloria Platzner, *Classical Mythology: Images* and Insights, Houston, TX: Mayfield Publishing Company, 1995.

【系统展现古希腊神话文本、阐述其研究方法的力作，插图精

美。】

Osborne, Robin, *The Transformation of Athens: Painted Pottery and the Creation of Classical Greece*, Princeton, NJ: Princeton University Press, 2018.

【仔细分析上百张公元前 520 年到公元前 440 年雅典的红绘作品，论述士兵、运动员、宴会、宗教主题的演化与变迁。】

Scott, Michael, *Delphi: A History of the Center of the Ancient World*, Princeton, NJ: Princeton University Press, 2015.

【系统深入的学术书籍，帮助读者理解古希腊精神中心的历史。】

意大利

[英] 罗斯金著，孙静译：《威尼斯的石头》，山东画报出版社 2014 年版。

【强烈推荐。英国著名艺术史家罗斯金花费 1 年多时光，绘制 3000 多幅插画，从采石场、墙基、墙面、挑檐、拱顶、扶壁、装饰为单元，自下而上、由内而外地阐述了威尼斯建筑的构造，刻画了威尼斯建筑的灵魂。文采飞扬，配图精美。】

[古罗马] 维特鲁威著，[美] 罗兰英译，陈平中译：《建筑十书》，北京大学出版社 2017 年版。

【源于古罗马时期的建筑思想的第一手资料，能了解古典时代的建筑理念，趣味盎然。】

赵鑫珊：《罗马风建筑：信仰与象征》，上海辞书出版社 2008 年版。

【聚焦罗马风（式）建筑风格，细致周全，深入浅出，图文并茂。】

BBC Documentary, *Meet the Romans with Mary Beard*, 2012.

【历史学家玛丽·比尔德带你行走罗马街头，根据罗马普通人遗留下来的痕迹，还原罗马历史文化。讲解逻辑强，语言清晰漂亮，视频拍摄宏大精深。】

Frommel, Christoph Luitpold, *The Architecture of the Italian Renaissance*, trans. Peter Spring, London: Thames & Hudson, 2007.
【深入介绍意大利文艺复兴建筑的作品，配图细致，对建筑的社会背景有较好的交代。】

Hibbard, Howard, *Bernini*, New York: Penguin Books, 1965.
【大插图，对贝尼尼作品的讲解鞭辟入里，局部刻画深入。】

Kaminski, Marion, *Art and Architecture: Venice*, trans. Mark Cole and Eithne McCarthy, Cologne: Könemann, 2000.
【全彩印刷，简单明了，配以高质量的照片与手绘插图，适合作为威尼斯艺术的入门书。】

Morton, Henry Vollam, *The Fountains of Rome*, New York: The Macmillan Company, 1966.
【点面结合，系统阐述罗马引水渠的由来、恢复史与每条引水渠的特征与供给的主要喷泉。】

Rockwell, Anne, *Filippo's Dome: Brunelleschi and the Cathedral of Florence*, New York: MacMillan and Co Ltd., 1967.
【图文并茂的小书。】

不列颠

[英]奥威尔著，肖宏宇译：《英国人与英国精神》，北京大学出版社2023年版。

【奥威尔素以犀利幽默的文风著称，此译本很好地展现了作者鞭辟入里的观察。】

[英] 法雷尔著，杨至德、杨军、魏彤春译：《伦敦城市构型形成与发展》，2 版，华中科技大学出版社 2015 年版。
【知名城市规划师的力作，探索伦敦城的构建逻辑、城市肌理、有序与无序的基础设施。全彩印刷，分析深入。】

[英] 肯尼迪著，沈志雄译：《英国海上主导权的兴衰》，人民出版社 2014 年版。
【结构清晰、史实充分、译文精炼，对了解英国的崛起与衰落大有裨益。】

刘怡：《哥特建筑与英国哥特小说互文性研究：1764—1820》，四川大学出版社 2011 年版。
【"详细论述了哥特小说兴起的文化动因以及与哥特建筑的密切关联，剖析了哥特建筑与哥特空间在小说中的深层寓意与文学功能，并力图深入诠释二者在浪漫主义精神美学上所达到高度一致与呼应。"】

BBC Documentary, *The Adventure of English: The Biography of a Language*, 2003.
【内容翔实的英语发展史，从英语的发端到成熟与传播到世界各地，阐述明晰，例证丰富。】

BBC Documentary, *What the Romans Did for Us*, 2000.
【作家、科学家亚当·哈特·戴维斯充满激情地走访不列颠的古罗马时期古迹——马赛克、浴场、暖气、引水渠、罗马大道、罗马下水道系统、窗玻璃等。】

Durkin, Philip, *Borrowed Words: A History of Loanwords in English*,

Oxford: Oxford University Press, 2015.

【作为《牛津英语词典》的副主编，作者详细地介绍了英文外来词的来龙去脉。直观的图表有助于普通读者了解各个语种对英语的影响。】

Horobin, Simon, *How English Became English: A Short History of a Global Language*, Oxford: Oxford University Press, 2016.

【一部短小精悍的英语史。从例子入手，回顾了古英语吸纳拉丁文、古维京语、古法语到文艺复兴之后与更多国家商贸交流的历程。探讨了作为一门杂交语言，英语面对的权威、种类、规范等问题。】

Lacey, Robert, *Great Tales from English History: A Treasury of True Stories about the Extraordinary People who Made Britain Great,* London: Little, Brown and Company, 2003.

【非常生动的不列颠历史小故事，诙谐有趣。】

Sinclair, Mick, *The Thames: A Cultural History*, Oxford: Oxford University Press, 2007.

【泰晤士河的文化史，涉及英国 9 个郡的地理文化，非常深入，可读性强。】

Williams, Kevin, *Read All About It!: A History of the British Newspaper*, London and New York: Routledge, 2010.

【英国报纸的来龙去脉，结构清晰，实例丰富。】

美利坚

[美] 弗兰姆普敦著，张钦楠等译：《现代建筑：一部批判的历史》，生

活·读书·新知三联书店 2012 年版。

【"本书是对 20 世纪的建筑及其起源的一次全面审视，1980 年问世以来便受到广泛赞誉，从而成为该领域的经典之作。"】

[美] 惠特克著，张育南、陈阳、王远楠译：《建筑与美国梦》，中国建筑工业出版社 2019 年版。

【作者认为大到城市规划，小到私人建筑的门廊与后院，美国建筑体现出自由、平等、民主、进步的理念。】

[美] 杰斐逊、林肯，等著，张文武，等译：《美国理想之书》，安徽文艺出版社 2013 年版。

【美国 200 年来有志之士的演讲与杂文精选集，分成殖民与独立、废奴与内战、忠诚与异议、和平与自由、良知与梦想五个板块展示美国人构建国家的理想，第一手资料养分充沛，值得--读。这些理想是否都实现了，那是另一个问题。】

罗薇：《百老汇音乐剧》，清华大学出版社 2013 年版。

【美国音乐剧"形成—发展—成熟—辉煌—裂变—多元化发展"的百年历程。深入浅出，语言优美。】

Adams, James Truslow, *The Epic of America*, London and New York: Routledge, 2017.

【虽然本书关于内战的见解失之偏颇，但是这第一部提出"美国梦"的专著（1931）能帮助我们了解并批判美国主流阶层的理想。】

Bloom, Harold, and Blake Hobby, *Bloom's Literary Themes*: *The American Dream,* New York: Infobase Publishing, 2009.

【探讨了 19 部美国梦相关的文学作品。】

Cullen, Jim, *The American Dream: A Short History of an Idea That Shaped a Nation*, 9th ed., Oxford: Oxford University Press, 2004.

【阐述了美国梦的不同方面——敬虔克己、共和平等、自强不息、发家致富、青春貌美。】

Glaze, Nathan, and Cynthia R. Field, eds., *The National Mall: Rethinking Washington's Monumental Core*, Baltimore: Johns Hopkins University Press, 2008.

【有关华盛顿广场建设史的文集，知识性强，兼备趣味性。】

Houston, Alan, ed., *Franklin*: *The Autobiography and Other Writings on Politics, Economics, and Virtue*, Cambridge: Cambridge University Press, 2004.

【美国精神第一人富兰克林的自传与杂文，发人深省！】

Khan, Yasmin Sabina, *Enlightening the World: The Creation of the Statue of Liberty*, Ithaca and London: Cornell University Press, 2011.

【自由女神像的前世今生。】

Ratner-Rosenhagen, Jennifer, *American Intellectual History*: *A Very Short Introduction*, Oxford: Oxford University Press, 2021.

【短小精悍、清晰明了的美国思想史。】

Runte, Alfred, *National Parks: The American Experience*, 5th ed., Lanham, MD: Lyons Press, 2021.

【史料丰富，论证了国家公园的鲜明美国特色。】

跋

爬格子始于 2010 年的寒冬，我蛰居纽约公寓，窗外大雪纷飞，窗内点燃文字取暖，细数"大苹果"丰富的文艺资源。2015 年申请出版经费之际，灵机一动不妨顺藤摸瓜，将 2006 年以来在英国、美国、意大利、希腊、埃及的留学与考察串成一条西方文明的古迹线路。刹那之间，我仿佛看到了这本书的真正模样。

此书的诞生，得益于诸多缪斯女神。刘雪岚老师在厦门大学外文学院开设的课程"欧洲文化入门"，是对我的知识启蒙与情怀启迪。热爱"欧洲文化入门"的同学们，激励我迈出知行合一的脚步，书写是为了再次遇见你们！2014 级英语系学生——刘文瑾、苏炜铭、申屠青、俞鳕、胡心悦、马文康精心绘制的涂色作品，作为文化的秘密花园，是整本书的点睛之笔！作为课堂的延续，与同学合作课题，施展他们的才情，我倍感荣幸。

我的行走受"美国精品课程"（The Great Courses）旗下"教堂"

课程的启发。教授与助手实地考察了欧洲著名的教堂，制作了他自己的幻灯片，敬业精神令人感动。2006年，首访英国。厦门大学外文学院组织的暑期学习，收获良多，英镑与人民币1：15的汇率让人咋舌。2010年，素昧平生的纽约大学Matthew Santiroco教授热心地搭建了访学平台，无偿提供资源；艺术史系Carol Krinsky教授的西方建筑课程打开了我的视野，又通过邮件指导我在纽约的文化探索。2013年，意大利是与"吾家有女初长成"第一次结伴的国际旅行，有很多美好的瞬间，惊艳于"意大利制造"，不需要在旅途中自制中餐，这是一个美景与美食共存的国家。2014年，在美丽的希腊偶遇美丽的Jenny小妹妹，教我希腊语，在我的邀请下来到中国留学，是"中希"友谊的美好见证。2015年，"曹阿瞒"与"丁猫"去到埃及，在"母牛女神"的庇护下，一路欢声笑语，酣畅淋漓，在黄沙之下重温了20年前的同桌情谊。

在漫长的成书过程中，受到张跃博士、潘澜博士、陈民女士、项颐倩博士的指点。诸同学王立冕、金璐、沈雨露、苗鑫、杨碧花、王慧敏、何卓忧、陈圆圆阅读了样篇，提出了中肯的意见。苏欲晓教授校对了古希腊章节，刘月洁博士与代乐博士指点了篇章结构，郭兰芳博士推荐图片资源、校对了法语部分，胡云娥与杨丽萍老师分别修订了英国和埃及两个篇章的文字，蒋晓岚女士通读了书稿，在可读性方面提出了宝贵建议，向他们表示诚挚的感谢！杨哲教授、刘东威博士、邓万莉女士、肖兵先生的摄影作品为本书添光，感谢他们。厦门大学出版社高奕欢编辑一遍遍审阅文稿，修订了不少错误与纰漏，正是因为她的敬业与专业，此书才能顺利付梓！感谢她不辞辛劳，为笔者出谋划策，为读者把关。

巧妇难为无米之炊，厦门大学与国家留学基金委的三次留学资助，让我的英美之行成为可能。我的先生慷慨解囊，坚定我在希腊、罗马、埃及行走的脚步。

我没料到今天是忍着颈椎间盘突出的疼痛做最后的校稿，而这病就是十年来这部书稿（当然，还有别的罪魁祸首）"赏"给我的终身"礼物"。想到这里，我真有点后悔。或许行走就够了，未必要有文字；或许写下来就够了，不必一遍遍字斟句酌。不过，事已至此，我只能期盼将来投入更多时间迈开脚步，仰望天空，多用脖子写写字吧（骨科医生的建议）！

顶着贻笑大方的压力，将有限的行走与读书体会结集出版可谓如履薄冰。本书所涉内容较广，虽几经斟酌，但仍不免有错误与不足之处，敬请读者不吝指教（zeromom@163.com）。

丁晓君
2023 年 10 月 28 日于厦门大学
定稿于 2024 年 10 月 20 日